EL JUEGO EUROPEO

LAS CLAVES DEL SUCESO EN EL FÚTBOL DE EUROPA: LOS ROLES, LOS MÉTODOS, LOS CLUBES

DAN FIELDSEND

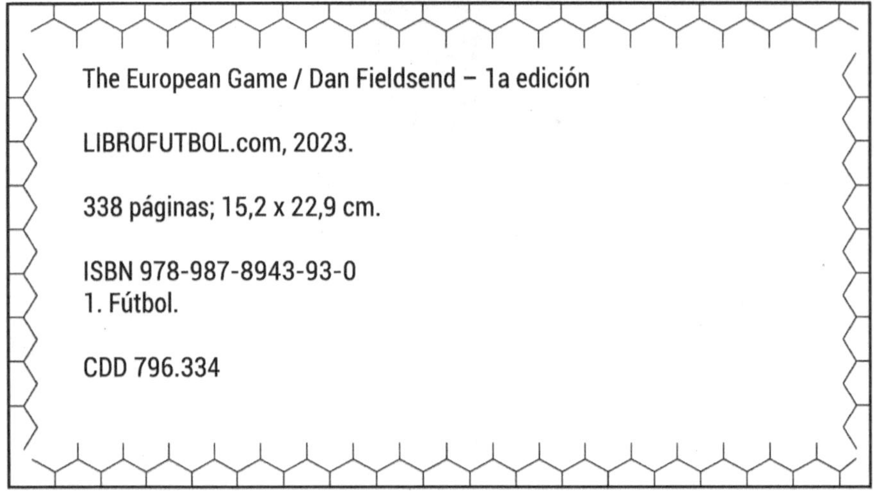

The European Game / Dan Fieldsend – 1a edición

LIBROFUTBOL.com, 2023.

338 páginas; 15,2 x 22,9 cm.

ISBN 978-987-8943-93-0
1. Fútbol.

CDD 796.334

THE EUROPEAN GAME
de Daniel Fieldsend

Cubierta: Luciano Medvetkin	Nombre del autor: ©Daniel Fieldsend
© 2023– Daniel Fieldsend © 2023– LIBROFUTBOL.com	Todos los derechos reservados

ISBN 978-987-8943-93-0	1ª edición: febrero 2023

ediciones@librofutbol.com

+54 9 11 2215 1982

librofutbol

Av. del Libertador 6898 – Nuñez –Ciudad de Buenos Aires–Argentina

ÍNDICE

"Para mamá y papá

"Un cielo dorado"

NOTA DEL AUTOR

Hubo un tiempo en el que el fútbol en Europa mantenía cierto grado de misterio. Esos días soleados de *calcio*, cuando Edgar Davis en la Juventus y Ronaldo en el Inter pudieron encantar a una generación de potenciales eurófilos. Verlos era fascinante, en parte debido a la elusividad de lo regular que se veían las imágenes. Esa aura se perdería con el pasar del tiempo, en una época globalizada y con una sociedad embriagada del consumo visual, dejando al descubierto lo que alguna vez fue ese alucinante enigma del fútbol. Mi generación vio al sol ponerse en el misterio, dejando tras de sí una perdurable nostalgia por el fútbol del continente, con nombres como Barcelona, Bayern Múnich y Ajax, y todo lo que estos equipos solían representar.

Como luego terminé trabajando en el fútbol, logré labrarme una oportunidad de visitar esos clubes (y otros más), mandando cientos de *e-mails* a lo largo de varios meses, trazando una ruta a lo largo del continente basada en las respuestas que recibía. Mi intención era descubrir si esos clubes mantenían aquella cultura única que los llevó a la fama, o si la era de la hipercomunicación los había convertido a todos en una triste amalgama de similitud.

Yo no pretendía escribir un libro al respecto. Solo pensaba en tener una aventura, un capricho personal. Sin embargo, debido al nivel y la abundancia de mis descubrimientos, le pregunté al *staff* si les importaba que documentara sus métodos de manera oficial. No

tuvieron ninguna objeción y, de hecho, estaban a favor de la idea. Mientras estuve allí, les hice algunas preguntas sobre las que tenía interés particular. Al regresar y leer nuevamente mientras transcribía, me pareció que *The European Game* podría dividirse en tres aspectos.

Primero, el libro explora los roles de los empleados en los equipos de fútbol, desde los propietarios y gerentes hasta los agentes y *scouts*. Empleados trabajando a tales capacidades. Segundo, explica los métodos usados para hacer que ellos y sus clubes sean exitosos. Tercero, es un retrato de los clubes que visité y los componentes que los hacen especiales. Quien lea podrá saltar entre capítulos en cualquier orden que él o ella desee, desde Milán hasta Ámsterdam, pero recomiendo seguir el viaje en la secuencia ordenada. Cubriendo estos tres aspectos específicos, espero que la diversidad del proyecto lo haga algo único. Dentro de cada capítulo hay pequeños segmentos de descubrimientos: acerca del viaje, de la sociedad, de la identidad y del arraigo. He escrito sobre fanáticos, tácticas, entrenamientos, fichajes, política, finanzas, liderazgo y el día a día de la vida europea.

En un tren en algún lugar en medio de Francia, comencé a leer una revista manchada de café que estaba metida en la bolsa de la silla de adelante. Casi todo estaba en francés, por supuesto, pero seguí revisando las bonitas imágenes y los extraños anuncios para luchar contra las garras del aburrimiento. Extrañamente, entre las letras alienígenas había un artículo escrito en inglés. Era acerca de las experiencias de viaje de una mujer y de cómo los lugares que visitaba, los entornos reales, esculpían los sistemas de creencias de su gente y viceversa. Psicogeografía fue el término que ella utilizó: "El estudio de las influencias mutuas entre las personas y el lugar". Me gustó la idea y la retuve, para luego redefinirla bajo la perspectiva del fútbol. Aparece en la mayoría de los capítulos, ya que encontré que existía una relación obvia entre el éxito de un club y su relación con el entorno que lo rodea. En Bilbao, como leerán más adelante, en las escuelas, el Athletic les enseña a los jóvenes la oprimida historia de la región para inspirar orgullo. En el Feyenoord alinean a los jugadores con la fortaleza de roterdameses locales, entrenándolos bajo lluvia y granizo. Todos los clubes deben mirar hacia adentro, hacia sus ambientes locales y encontrar qué es lo que los hace culturalmente únicos, aprovechándolo para mantener su identidad.

Por último, déjenme explicar mi método. Conocer y pasar tiempo en los clubes fue esencial para conseguir una visión estudiada. Pude haber escrito partes de este libro desde casa una vez que tomé la decisión sobre mis intenciones, pero, citando a da Vinci: "La experiencia siempre ha sido amante de cualquier buen escritor". Solo habiendo estado ahí es que soy capaz de explicarlo todo de manera completa.

Deben permitirme también el complacerme en el romanticismo de la forma que escogí para viajar. Volar de un sitio a otro hubiera sido hacer trampa. Solo un viaje sobre rieles —pasando montañas y campos— ofrece un placer visual por horas y horas. Más allá de los tranquilos viñedos de Burdeos, el terreno arenoso del norte de España y el reflejo azul del Mediterráneo fueron una inspiración. Intenté capturar esto en lo posible. Volar te lleva de un complejo genérico de vidrio y metal a otro, todo lo que está en medio se pasa por alto. En tren, vi a grandes países cambiar.

Espero que disfruten de este libro. Hay una pasión por el fútbol que compone estas páginas que sé que ustedes comparten. Gracias por ser parte de este proyecto.

Dan Fieldsend, febrero 2017

Posdata: la noción de un libro acerca del juego europeo es bastante anterior al *Brexit*. El hecho de no incluir clubes británicos no supone un posicionamiento político, solo es un nicho concreto.

Advertencia: los puntos de vista expresados en el libro por los miembros y el *staff* de los clubes son, en la mayoría de los casos, teorías personales, opiniones, ideas y maneras de trabajar que, aunque contribuyan con la efectividad y el éxito de un club, no son representativas de toda la institución. Por ejemplo, algunas personas del personal pasan de un club a otro y se llevan sus creencias con ellos. Sin embargo, los clubes, en cada capítulo, fungen como una fantástica base para explorar las formas en las que funciona el juego moderno.

CAPÍTULO 1

CREANDO UN SUPERCLUB: SOCCERNOMICS EN PARÍS

Después de pasar un día en cada extremo del Eurostar, las similitudes entre Londres y París se hicieron aparentes. Parece que existen dos caras de cada ciudad. Hay una que ve el turista —con catedrales, museos y otros puntos de interés— y está la educada aunque económicamente resentida periferia, donde la mayoría de la gente vive. Esas personas bien vestidas y bien habladas del interior, que generan el bullicio en ambas capitales, atrapadas en esa feroz misión competitiva de la prosperidad, difieren poco en su semblante. Son tranquilos y educados, amablemente corteses. En el metro dentro del Periférico de París, al igual que en el subterráneo de Londres, la conversación es investigación. Algo increíble acerca de la ciudad de París es su insistencia por presentar nuevas decoraciones de fina arquitectura a la salida de cada estación. No puede haber otro lugar del mundo que se adorne con tanta atención. La constante invisible de la que hablaba Lawrence Durrell como "una sensación del buen vivir" se puede sentir en los monumentos y los sonidos. Es la única ciudad lo suficientemente sensible para atesorar tantas formas de arte, con ambiciosas personas determinadas a ver sus pinturas callejeras algún día colgando de

las paredes del Louvre. Por fin, afortunadamente, para esta bella metrópoli hay un equipo de fútbol enamorando a su gente con valiosas exhibiciones.

Aunque no todo el tiempo fue así. Hubo una época en la que el emblema del Paris Saint-Germain era muy vergonzoso, sin el peso de la sofisticación, desmerecedor de las tiendas de regalos de la ciudad. El club comenzó a inclinarse hacia el favor de la sociedad parisina cuando el famoso sueco Ibrahimović (el jugador es conocido como Ibra y caricaturizado como Zlatan) llegó del Milan. Llevando una camisa color blanco cristalino, sonriendo frente a la Torre Eiffel, con un suéter del PSG en la mano, rodeado de un público adorador... Esta fue la imagen destacada del renacimiento de un club de fútbol. "Es un sueño hecho realidad", dijo en el momento, antes de admitir: "No conozco mucho acerca de la Liga de Francia".

Ni debería. Cuando Ibra se presentó en el Camp Nou frente a 55 000 fans del Barcelona allá en el 2009, la Primera División francesa (Ligue 1) estaba en estado de decadencia. Esa temporada, el PSG promedió 33 266 espectadores; el Lyon, 34 767, y el AS Monaco, con su aparentemente desinteresada base de fanáticos, 7894. Ocho temporadas después, Ibrahimović llegó a Francia, atrajo inversores comerciales, elevó el nivel de curiosidad y se fue. En la estela de su partida dejó una gran ola de interés. En 2016, el PSG promedió una asistencia de 44 433 personas (un incremento del 33,5% provocado por cinco años de títulos ligueros ganados); el Lyon, 38 113 (un incremento del 9,6%, que sería mayor si no fuera por la ubicación de su nuevo estadio a las afueras de la ciudad), y el AS Monaco, 9752 (un 23,5% de incremento, impresionante para los de la costa del sur).

El ascenso del PSG y la Ligue 1 se debe más que todo al dinero proveniente del Golfo Pérsico, lo cual coincidió con una gentrificación de imagen y espectadores. Durante la mayor parte de su historia, el Estado de Qatar, un país desértico en la Península Arábiga, confió en la caza de perlas y la explotación de piedras preciosas para lograr una economía estable. El país considerado como una potencia financiera tuvo su nacimiento en 1971, cuando la reserva de gas natural más grande del mundo, el Yacimiento North Dome, fue descubierto frente a su costa. A pesar de todo el potencial económico de Qatar, Sheikh Khalifa bin Hamad Al Thani, el gobernante, fue incapaz de capitalizarlo. Fue destituido de su mandato en un *coup d'État* sin sangre por su hijo, Hamad bin Khalifa Al Thani, y otros miembros de la familia. Ocurrió en 1995, mientras estaba fuera del país, en Ginebra.

Desde ese momento hasta 2013, Sheikh Hamad (para abreviar) transformó Qatar de una tierra desértica naturalmente bendecida, aunque de bajo rendimiento, al más grande exportador de petróleo y gas después del milenio. No confiarían más en la pesca de perlas. Uno de sus primeros movimientos fue apresurar el desarrollo del Yacimiento North Dome. El PIB del país se disparó y Qatar amasó una riqueza estatal de 170 000 millones de dólares. Inteligentemente, Sheikh Hamad trató las ganancias de los recursos naturales como una especie de fondos de cobertura. Fundó la Qatar Investment Authority en 2003 y compró algunas empresas de occidente como Harrods, Porsche y Volkswagen. Si el pozo se secaba, por decirlo de alguna forma, el dinero estaría a salvo.

Su hijo, Sheikh Tamim, fue educado en Inglaterra en la Harrow School. Mientras estuvo allí, el joven jeque presenció la influencia del fútbol en la cultura occidental y llegó a admirar el deporte. La Qatar Investment Authority estableció una rama deportiva en 2005, la Qatar Sports Investments (QSi), para que la administrara un amigo cercano de Sheikh Tamim: Nasser Al-Khelaifi. En 2011, de manera coherente con su estrategia para penetrar la consciencia occidental, la QSi gastó 70 millones de euros para comprar al joven pero preocupado club Paris Saint-Germain.

Al momento de la compra, el PSG se encontraba en un infierno ardiente. "Un paso en falso de los fanáticos asegura que el PSG pierda incluso cuando logra ganar", fue un titular de *The Guardian* a comienzos de 2008, cuando el club quedó décimonoveno en la Ligue 1.[1] Los aficionados habían desplegado una bandera despectiva en contra del Lens en la final de la Copa de la Liga de Francia, llamando a los Ch'tis del norte pedófilos endogámicos, incitando la

---

1 Andrews, M (2015). "Being Special: The Rise of Super Clubs in European Football". *Working Papers – Harvard*. 229 (1), 2–43.

indignación nacional. Pero esto tiene una razón: durante una reunión de almuerzo con Michel Platini y el presidente (Nicolas) Sarkozy, representantes de Qatar decidieron invertir en el PSG. Eran el club más importante en una ciudad de 12 millones de habitantes. ¿Qué importaba que los fans tuvieran un componente violento y que la asistencia del público estuviese decayendo? Esto era París, la elegante capital espiritual de Europa. Hogar de la burguesía, el arte, la moda, la comida y la buena vida. Su posición céntrica y sus famosos monumentos atraen más turistas que ningún otro lugar en el mundo. Además, esto era el fútbol moderno: depender de los fans locales ya no era importante. El gobierno de Qatar tenía un plan de negocio de monopolizar instituciones occidentales y, como el apoyo al PSG de Sarkozy probablemente influyó, poseer el club parisino sería una continuación de esto. A Sheikh Tamim y Nasser Al-Khelaifi les gustó el proyecto —el PSG era similar en muchas maneras al Qatar en el que crecieron durante la década de 1980, ambos eran un gigante durmiente en miniatura— y decidieron que financiarían al PSG para hacerlo un "superclub", sin importar el costo. "Los ingresos generados por las empresas están para ser reinvertidos en Qatar", expresa el sitio web de la QSi.

LA DOMINACIÓN DEL SUPERCLUB

Un artículo de la Universidad de Harvard escrito por Matt Andrews en 2015 comparó los superclubes con corporaciones multinacionales o trasnacionales. Los define como clubes que tienen "ingresos mucho mayores a los clubes promedio, (el potencial para) ganar muchos más partidos y títulos, y mayor probabilidad de contribuir positivamente a sus economías". Los superclubes actuales son (excluyendo a los ingleses): el Real Madrid (con ingresos de 620,1 millones de euros en 2016, según Deloitte), el Barcelona (620,2 millones de euros), el Bayern Múnich (592 millones de euros), el Paris Saint-Germain (520,9 millones de euros) y la Juventus (341,1 millones de euros). Se definen como tales debido a su presupuesto y a su habilidad para monopolizar la riqueza en el ámbito interno de sus competiciones. La Juventus, por ejemplo, ganó 159 millones de euros más que el Napoli, que quedó en segundo lugar en 2016, y el Bayern Múnich ingresó unos 194 millones de euros más que el Borussia Dortmund.

El aspecto más siniestro del dominio de los superclubes es su aferramiento al éxito que se fortalece con cada temporada que pasa. "Los clubes exitosos ganan más por ingresos de TV, los cuales luego les permiten adquirir y mantener mejores jugadores, y esto les posibilita el seguir siendo exitosos", escribió Gab Marcotti para ESPN sobre el ciclo perpetuo. El PSG y el Bayern ganaron cuatro títulos de Liga consecutivos en Francia y Alemania, respectivamente, de 2012 a 2016, y la Juventus levantó cinco trofeos seguidos en Italia. En España, habiendo superado a la Seria A de Italia como la casa de las superestrellas del fútbol, el Barcelona y el Real Madrid compartieron 25 de los 30 títulos ligueros entre 1986 y 2016.

Históricamente, como explica el artículo de Harvard, los superclubes han construido una marca a lo largo de los años. Su éxito vino de identificar inversionistas y ofrecerles nuevos productos a través de campañas de publicidad por los medios. Como la sociedad evolucionó, los superclubes reconocieron este giro —que fue de la dependencia local y la venta de entradas a la internacionalización— mucho antes que sus rivales. El Manchester United, por ejemplo, se dio cuenta de la comercialización en el fútbol, o por lo menos la capitalizó, antes que el Liverpool. Lo mismo hizo el Bayern Múnich con el Dortmund, al igual que el Real Madrid con el Valencia. Nuevas formas de financiación estuvieron disponibles y estos usaron su trayectoria para atraer patrocinadores, acuerdos con la televisión y nuevos fanáticos.

Pero de esa cosecha de superclubes (Bayern, Juventus, Real Madrid y Barcelona), todos tuvieron una trayectoria que ofrecer. Su estatus estaba formado en años de éxito. Tomemos de ejemplo al Bayern Múnich. Luego de la Segunda Guerra Mundial y de la creación de la Alemania Oriental comunista, grandes empresas como Siemens se mudaron a Múnich. Antes de que la Bundesliga llegara en 1963, Audi y BMW se habían mudado a la ciudad y su población aumentó. Estas compañías decidieron invertir en el FC Bayern y no en su rival, el 1860 München, debido al éxito interno que había conseguido en la década de 1970. En un universo paralelo, el 1860

pudo haber sido un superclub en vez del Bayern; habría convencido a Gerd Müller (del TSV Nördlingen) y Franz Beckenbauer (del Giesing) de que se les unieran en vez de a sus rivales de la ciudad (cuando era niño, una vez Beckenbauer fue abofeteado en la cara mientras jugaba contra el 1860 y por eso decidió jugar para el Bayern cuando tuvo la edad suficiente para hacerlo).

El Bayern se mudó en 1972 al Estadio Olímpico, con una capacidad para 70 000 personas, y empezó a ser representado por la compañía alemana Adidas en 1974. Desde entonces ha mantenido su posición como el club más rico del país, más tarde uniéndose a una banda de equiparados superclubes del continente. Del mismo modo, la nota de Harvard explica cómo el éxito del Real Madrid y el Barcelona, unido a una temprana internacionalización, sentó las bases para la promoción de su marca y su subsecuente estatus de superclub, citando como ejemplos las llegadas de Alfredo di Stéfano de Colombia en 1953, y de Johan Cruyff de Países Bajos en 1973. "El Real Madrid es legendario por haberse construido en una mezcla de legado histórico e identidad de marca, lo cual se remonta a la identidad nacionalista de la España de Franco", expresa el artículo.

UNIÉNDOSE A LA FIESTA

Sin embargo, gracias a los avances de la globalización y a la comunicación instantánea, no es obligatorio que un club tenga una historia llena de éxito en sus competiciones para convertirse en "súper". El PSG es la prueba viviente de ello. "Ahora el mundo es instantáneo, digital. Tomó 50 años para que el Real Madrid se transformara en un gran club mundial. Ahora esto puede hacerse en cinco años", le dijo Jean-Claude Blanc, el director general del club, a Simon Kuper del Financial Times.

Durante mi visita en París, el PSG me mostró un reporte que usualmente se presenta a potenciales inversores comerciales. Es sutil, pero entre los muchos párrafos en los que alaban sus éxitos recientes, uno puede analizar dónde sintieron el PSG y la QSi que estaban sus áreas fundamentales de inversión. Con esto me refiero a los puntos en los que decidieron enfocarse para impulsar a la institución de la incompetencia hacia el significado de un superclub. De ser el eternamente decepcionante club de la capital y la fusión del Paris FC con el Stade Saint-Germain en 1970, con un problema de hooligans y sin dinero, pasando a ser uno de los equipos más ricos y patrocinados del mundo del fútbol, el PSG ha evolucionado como ninguna entidad lo había hecho antes. Y, según el reporte, lo ha hecho así: mejorando las instalaciones del club, priorizando el desarrollo académico, creando un estilo de juego favorable, aprovechando el poder de los medios de comunicación e invirtiendo en jugadores famosos.

Paso 1: las instalaciones

Hubo un tiempo en el que el parisino mundano no soñaba con ser visto en le football. Pero con la gentrificación de lo tradicional, muchas veces rebelde, los fans y el aumento en la presencia de celebridades (Kendall Jenner, Gigi Hadid, Rihanna, Jay Z y Beyoncé), el estadio Parc des Princes remplazó en moda al Théâtre de la Ville. "Sueña en Grande", leí en una señal afuera de la entrada de los jugadores la tarde en la que llegué. Estaba escrito en un perfecto inglés, la lengua del consumo. Debajo, donde los fans se mezclaban en un solo punto, corría una alfombra roja y una cuerda de terciopelo. El PSG, como todo lo indicaba, había hecho realidad sus sueños.

Cédric es un estudiante de París y un seguidor del PSG de toda la vida. Nos reunimos a las afueras del Parc des Princes, una estructura de bloques de cemento gris edificada sobre la carretera A13, en un día nublado de febrero. Trabajadores de construcción rodeaban el complejo con cascos amarillos de seguridad, con conversaciones inaudibles debido al ruido de los taladros. "¡Están embelleciendo el estadio para la Eurocopa!", gritó Cédric.

Un estadio es la cara que un club desea que le represente. El Parc des Princes se erige en medio de las dos caras de París, lo suficientemente cerca de los dos millones de habitantes más acomodados que viven entre las carreteras principales, y de los diez millones menos acomodados que viven en las afueras. Fotos de

las "leyendas del club" estaban colgadas en el estadio para gran disgusto de Cédric. "Hay más fotos de Beckham que de las verdaderas leyendas, como Raí o Pauleta". Efectivamente, adentro había cuatro imágenes de David Beckham, tomadas durante el período de cinco meses que estuvo en el PSG (en los cuales se presentó en diez partidos de liga), en contraste con dos de Pauleta, que una vez tuvo el récord de goleador del PSG, y una de Raí.

Lo que deploraba Cédric era, como él sentía, un intento de olvidar su propia historia por parte del club. La presencia de Beckham atraía celebridades, hombres de negocio, clientes y otros miembros ricos de la sociedad al Parc des Princes, que a su vez se transformó para acomodarlos mejor. "El programa de acogida y hospitalidad del Paris Saint-Germain también ha acercado un considerable número de clientes corporativos", confirmó el reporte del club. "Han sido atraídos a la excepcional colección de 14 suites lujosas del Parc des Princes y al amplio rango de servicios premium que se ofrecen". Las ganancias del programa de hospitalidad se multiplicaron por seis entre 2011 y 2016, alcanzando los 24,6 millones de euros.

"Gracias a un incremento en la cantidad de asientos VIP, a la reorganización del Parc, la mejora de las áreas de refrigerios y la creación de nuevos productos, el Paris Saint-Germain ha puesto en marcha una de las políticas de emisión de boletos más competitivas en el mundo del fútbol", escribieron. Sin embargo, los precios competitivos del PSG se asemejaban más a las tarifas de teatro que a las de fútbol, como se quejó Cédric. El precio promedio de los tickets de temporada aumentó de 460 euros en 2011 a 938 euros en 2015. De aquí viene la gentrificación de los fans y el consecuente atractivo del club para la clase media. "El Paris Saint-Germain ahora tiene un estadio del tamaño de su ambición", concluye el reporte.

La Universidad de Harvard escribió que los superclubes crearían nuevos productos para mantener su estatus de élite. El PSG, en concordancia con esta regla, creó un servicio de recepción junto con American Express. "Esta alianza va en línea con nuestra estrategia, iniciada hace tres años, de reposicionar el club como una marca premium", dijo Frédéric Longuépée, el director comercial. Los clientes son llevados con chófer alrededor de le Gai Paree, luego a un juego de la Champions League y entonces son invitados a una fiesta posterior al partido con los jugadores. "Representamos a París, Francia y Qatar", explicó Ibrahimović —el niño proveniente de un ghetto en Malmö—.

Paso 2: la academia

El Barcelona y el Bayern Múnich ganaron las Ligas de Campeones de 2011 y 2015 con una visión clara de cómo jugar al fútbol, permitiendo a los jugadores más jóvenes una transición a sus filas con mayor facilidad. El Barcelona tenía siete jugadores de la cantera en su equipo completo, mientras que el Bayern empezó con cuatro. Un reclamo histórico que se le achaca al Paris Saint-Germain es que estaban ciegos ante el talento local que se encontraba bajo sus narices. "El mejor jugador que pasó por aquí ha sido (Mamadou) Sakho. Era nuestro capitán a los 18 y pudo haber sido nuestro (Paolo) Maldini, pero lo vendimos", me dijo más tarde Cédric durante nuestro viaje en tren a Lyon. El PSG jugaba contra el OL ese fin de semana y teníamos entradas.

"Hemos sido indiferentes con los jugadores locales. Nuestra academia nunca ha sido buena, pero está mejorando", agregó. En 2015, el ganador del premio Golden Boy —un trofeo otorgado al mejor jugador europeo por debajo de los 21 años— fue Anthony Martial, un delantero crecido en París, pero fichado por el Lyon. Kingsley Coman, otro talento parisino que se dejó ir en el PSG, fue el otro finalista. Otras estrellas de una región más amplia de París que se pasaron por alto son: Riyad Mahrez, Lassana Diarra, N'Golo Kanté, Abou Diaby, Patrice Evra, Hatem Ben Arfa y Paul Pogba, el futbolista más caro del mundo. Incluso Didier Drogba pasó sus años de formación en la ciudad, pero no fue fichado por el club.

Si bien se puede argumentar que algunos talentos son silenciosos y requieren de años para mostrarse, como fue el caso con Drogba, Kanté y Mahrez, quienes necesitaron tiempo para desarrollarse lentamente, otros talentos hacen ruido desde una temprana edad. Thierry Henry y David Trezeguet fueron ejemplos de ello. A los 20,

fueron campeones de la Copa Mundial con Francia, además de ganadores de la Champions League a los 22. Ambos fueron pasados por alto por el PSG como jugadores jóvenes, a pesar de vivir en los suburbios de la ciudad.

Trezeguet nació en Francia, pero se crio en Buenos Aires. Cuando se mudó a París en 1995, fue a una prueba con el PSG y pidió un apartamento para que su familia pudiera mudarse también. El club lo rechazó. Por lo tanto, se unió al AS Monaco, donde formaría una amistad con un compañero de exilio, Henry. "¡Mi sueño era el PSG! Durante el examen de entrenamiento, Luis Fernández me dijo: 'David, tú vas a quedarte aquí'. La única cosa que quería en el contrato era un apartamento para mi familia. Se supone que ya estaba acordado, pero finalmente mi petición no fue aceptada. Dos días después, me encontraba forzado a dejar París", aseguró.

Las afueras de la ciudad son un semillero. Mientras el PSG pudo haber fallado reconociendo esto, otros clubes no lo hicieron. Alrededor del 25% de los futbolistas profesionales franceses vienen de los suburbios. Un club amateur al oeste de París, el CO Les Unis, saca provecho de la negligencia del PSG a pesar de estar en el sexto nivel del fútbol francés. Este club atrajo y desarrolló a Patrice Evra, Yaya Sanogo y Thierry Henry antes de que las academias profesionales se los llevaran a otro lado. Anthony Martial también estuvo en el Les Unis y el club recibió 270 000 libras cuando se unió al Manchester United.

"El Paris Saint-Germain se mostró complaciente con su academia en el pasado, y le permitió irse a Anelka, mientras Evra y Henry se colaban por la red", dijo Jonathan Johnson de ESPN y beIN durante la cena. "Trezeguet también estaba desesperado por alistarse en el PSG, pero el club no apreció la juventud en su momento. Ahora han aprendido de esto y, aunque han perdido a Kingsley Coman, han luchado con uñas y dientes para conservar a Adrien Rabiot en el club. Quieren ofrecer contratos a largo plazo a los jugadores jóvenes de manera temprana y están desesperados por mantener a Presnel Kimpembe".

El reporte describe el progreso hecho a nivel juvenil con orgullo: "La academia de jóvenes del Paris Saint-Germain está comprometida a trasmitir la filosofía y los valores del fútbol basado en la posesión". Con su potencial de recursos, el PSG siempre tuvo la capacidad de tener la mejor academia del mundo; la QSi los ayudó a darse cuenta de esto.

Paso 3: el estilo de juego

Entre las celebridades futbolistas de renombre firmadas del extranjero, el PSG invirtió en un joven talento proveniente de la pequeña Pescara, en la Segunda Liga italiana, e inmediatamente buscó promocionarlo como la cara de los pósteres del "estilo de juego" del club. "Marco Verratti, en el corazón del centro del campo parisino, fue una vez más el ancla de la filosofía de juego del equipo basada en la posesión. El joven italiano emergió como uno de los mejores centrocampistas de Europa, dominando las estadísticas nacionales con un promedio de 102,8 balones jugados por partido y 86,2 pases completados", declara orgulloso el reporte. Esa "filosofía basada en la posesión" que el PSG desea crear, según siente Cédric, fue en parte la razón por la que Laurent Blanc dimitió a favor del español Unai Emery: falló en crear un estilo de juego merecedor de respeto.

El éxito para la QSi, que ya está bendecida con riquezas, es cómo son percibidos por la sociedad. Anhelan que el PSG sea un amo de las artes, digno de París, razón por la cual haber perdido contra el Barcelona en 2017 —siendo ellos el club que estaba en la cima de la montaña del fútbol y para quienes la QSi también es patrocinadora— fue particularmente doloroso. No fue el resultado lo que más disgustó a los parisinos (una derrota por 6-1 luego de haber conseguido una gran victoria en casa por 4-0), sino los rasgos de mediocridad que matizaron el desempeño en el encuentro. Incluso cuando ganaron en casa, el Barça tenía controlado el balón enfrente de los patrocinadores y clientes VIP, sumando un 57% de la posesión, jugando como debería hacerlo un gran club; como creyó que podría hacerlo el PSG. "Todo el mundo está molesto", dijo Nas-

ser Al-Khelaifi después de la derrota por 6-1, cuando el Barcelona controló un 71% de la pelota.

A pesar de que la posesión no necesariamente siempre dirige al éxito, contiene un rasgo de elitismo. Es una manera proactiva de acercarse a los partidos, que separa a los grandes clubes de los pequeños; aquellos que llevan el juego a sus oponentes, comparados con aquellos que reaccionan ante las fuerzas del otro. Como dijo Arrigo Sacchi: "Todos los grandes conjuntos tienen la misma característica de querer tener el control del campo y del balón". El estilo que el PSG quiere desarrollar es uno que controle la posesión y, por lo tanto, el resultado del juego. Por esto, el exentrenador del Barcelona, Carles Romagosa, fue reclutado como director técnico para ayudar a desarrollar esta manera de jugar.

Fundamentalmente, para que el fútbol de tenencia tuviera éxito, el club decidió después de la derrota del Barça que los jugadores dentro de la estructura del equipo debían tener una mejor toma de decisiones en todo momento. Tenían que saber a quién era necesario que le dieran un pase, cuándo, con qué propósito, la potencia justa y el ángulo adecuado. También tenían que ver la imagen desde una perspectiva más grande: para mover a los oponentes con el objetivo de crear espacios en algún lado para explotarlos.

Carles Romagosa, durante el tiempo que estuvo en la Universidad de Vic, trabajó para mejorar la toma de decisiones en los atletas. "Junto a sus colegas, Carles Romagosa implementará el método Ekkono, un nuevo enfoque de entrenamiento que destaca y mejora las funciones cognitivas de los futbolistas", escribió Le Parisien al momento de su contratación. El método se divide en cuatro áreas específicas: el juego, la percepción, las preguntas y los conceptos. Por ejemplo, en "el juego", Romagosa explicaba que era importante diseñar ejercicios que imitaran el fútbol, así los jugadores eran capaces de trasladar el contenido de la sesión a situaciones de la vida real. En cuanto a las preguntas, el exentrenador del Barça considera esencial fabricar problemas para los futbolistas dentro y fuera del campo, más que darles las soluciones.

La academia Camp des Loges del PSG, ubicada cómodamente dentro del bosque nacional de Saint-Germain, al lado del castillo de verano de Luis XIV, haría implementar una filosofía de posesión al estilo del valorado FC Barcelona. Todos los jóvenes en cualquier grupo de edad serían entrenados para estar confiados con la pelota, para jugar con los terceros hombres con facilidad. Al hacerlo, como se redactó en el artículo de Harvard, fomentarían una imagen más atractiva, acorde con su estatus de superclub.

Paso 4: el control de los medios

Alrededor de los tiempos en los que ensañaba en Eton (con George Orwell como uno de sus estudiantes), Aldous Huxley comenzó a considerar el potencial de los medios en la consciencia ciudadana. Al momento de su muerte en 1961, ya se había convertido en un gran pensador del tema. "Una sociedad —escribió en Brave New World— en la que la mayoría de sus miembros gastan la mayor parte de su tiempo no en el lugar, en el aquí y ahora o en el futuro calculable, sino en algún otro lado, en los otros mundos irrelevantes del deporte y las telenovelas, de la mitología y la fantasía metafísica, tendrá muy difícil resistirse al abuso de aquellos que manipulen estos mundos".[2]

La manipulación de los medios para influir en la toma de decisiones y en el afecto de los fanáticos del deporte, en especial del fútbol, ese rebaño masivo de gente, habría sido algo de gran interés para él si estuviera vivo hoy. Por hoy me refiero a esta época de hipercomunicación. Incluso Jean-Claude Blanc reconoció cómo el fútbol fluye más libremente que nunca, con el PSG capaz de lograr en cinco años lo que al Real Madrid le tomó 50. Hay unos "borregos" de un número considerable de integrantes que esperan bastante impacientes por un equipo al cual apoyar. Su afecto está abierto a los clubes, su localización es irrelevante. Con el uso de los medios, los clubes son capaces de sobrepasar la localidad y asegurar nuevos fanáticos en horizontes de escala mundial.

---

2   Huxley, A (1946). *Brave New World.* New York: Harper & Bros.

El profesor Richard Giulianotti, de la Universidad de Loughborough, es uno de los principales académicos especializados en la compleja relación que hay entre la globalización y el fútbol. Su artículo de 2002 titulado "Defensores, seguidores, fanáticos y flâneurs: una taxonomía de las identidades de los espectadores en el fútbol" está entre las piezas de trabajo más esclarecedoras sobre las diferencias entre los tipos de fanáticos. En su artículo introdujo los potenciales clientes de clase acomodada listados por los clubes de élite como una campaña prioritaria. Giulianotti partió la identidad del "espectador" en cuatro categorías, describiendo los tipos de intereses que cada tipo tiene en su deseado equipo.

El espectador "tradicional" es el que tiene el arraigo emocional más profundo con la entidad, con una relación que recuerda a alguna que tendría con un miembro de su familia. El segundo tipo es "el seguidor", quien no está definido por un lazo emocional con un club en particular, sino que, en cambio, se mantiene informado del desarrollo entre los equipos y los protagonistas en los cuales tiene un interés especial. El tercer tipo de espectador es el "fan" consumidor; generalmente no es de la ciudad del conjunto y se muestra identificado con él y sus jugadores a través del consumo de sus productos, autenticando su sentimiento de pertenencia. La última forma de espectador, y tal vez la más importante, es el flâneur.

Descritos como burgueses, y por lo tanto en busca de una multiplicidad de experiencias en el fútbol, son consumidores que no provienen de ningún lugar en particular. Debido a su potencial de recursos, los clubes los han proveído con una vidriera de productos cada vez más grande en la que perderse a mirar, creando así una especie de comunidad de cosmopolitas. "El flâneur era un paseante urbano moderno: hombres, normalmente en su completa adultez, paseaban por los bulevares y mercados. Adoptan una relación desapegada con los equipos, incluso con sus favoritos. Un verdadero flâneur pertenece únicamente a una comunidad virtual de paseantes que ven vidrieras de productos alrededor de los clubes".[3]

---

3   Giulianotti, R (2002). "Supporters, Followers, Fans, and Flâneurs: A Taxonomy of Spectator Identities in Football". *Journal of Sport and Social Issues.* 26 (1), 25–46.

De manera acorde, flâneur era un título dado a los mirones que perdían el tiempo en las calles de París del siglo XIX. El círculo interno de la ciudad era una fusión de miembros ricos de la sociedad, con sus individualidades combinadas para crear una comunidad de intereses mutuos. Durante la mayoría de su tiempo, estas personas, cuya más grande ambición era ser vistas entre la multitud, encontraban al fútbol muy pasado de moda. Los hombres y las mujeres de alta posición debían ir al Théâtre de la Ville o a la Ópera Garnier, no a un juego de fútbol, donde los hooligans de las afueras se reunían a pelear. La toma de control catarí coincidió con una prohibición masiva de conocidos hinchas violentos, permitiéndole al club transformarse para darle la bienvenida tanto a la adinerada comunidad interna de la ciudad como a la gente con influencia financiera alrededor del mundo.

"Como uno de los diez mejores clubes del mundo del fútbol, la marca del Paris Saint-Germain disfruta de un posicionamiento de nivel mundial. Esto se debe principalmente a su extensa cobertura mediática en el extranjero (la cobertura internacional representa un 70% de la audiencia televisiva en general del club)", proclama el reporte. Alrededor de 2,8 millones de personas vieron jugar al PSG contra el FC Barcelona en 2013. Después del encuentro, el técnico del PSG, Carlo Ancelotti, enfrentó algunas preguntas de la prensa referentes a si había dejado jugar a David Beckham (casi nunca usado durante esa temporada) en vez de al joven Marco Verratti debido a la importancia comercial a nivel mundial ligada a la imagen. Este negó que Qatar tuviera alguna influencia en su decisión.

El reporte declara: "(Nuestra) web oficial ahora está disponible en ocho idiomas y continúa atrayendo más y más fanáticos. Esta temporada registró más de 30 millones de sesiones, con más de un tercio de ellas viniendo del extranjero". Las mentes de los jóvenes flâneurs de Asia y América pueden ser subyugadas por superclubes como el PSG, especialmente si estos últimos ponen tanto énfasis en buscarlos y darles la bienvenida.

Paso 5: inversión en talento

Incluso teniendo una fuerte presencia mediática, un estadio mejorado y una excelente academia, el PSG seguiría sin ser un superclub. El catalizador de su estatus actual fue una inversión en nombres de alto perfil en el mundo del fútbol —tanto jugadores como otro personal—. En el frente de su estadio, sobre la alfombra roja, mezcladas entre las palabras "Sueña en grande" hay imágenes gigantescas de los futbolistas estelares del PSG. Ellos, más que cualquier otra cosa, definen a este gigante moderno. Ahí están Ángel Di María, Thiago Silva y Edinson Cavani en azul y rojo. Al principio también estaban David Beckham y Zlatan Ibrahimović. Desde mayo de 2011 hasta agosto de 2016, el PSG gastó 509 480 000 libras en jugadores en un intento por anunciarse. Su rival más cercano, el Olympique Lyon, en ese mismo período de tiempo invirtió solo 58 millones de libras en transferencias (unos 451 millones menos). Para enfatizar el exceso del PSG desde una perspectiva continental, otro club que está buscando convertirse en "súper", el Borussia Dortmund, gastó 219 millones de libras en ese lapso, pero recibió 179 millones en ventas.[4]

Cédric es poseedor de un boleto de temporada —uno de los afortunados "tradicionales" que todavía quedan— y considera innecesario el gasto bruto del club. "Ellos (los inversores cataríes) estuvieron gastando el dinero como diciendo: 'Mírennos, para nosotros es un negocio', pero había otros jugadores disponibles por poco dinero, como (Philippe) Coutinho, que se fue a Inglaterra, e incluso (Carlos) Tévez". Se está refiriendo a dos ofertas en particular. De la misma forma que Lucas Moura fue contratado por 30 millones de libras, Philippe Coutinho se unió al Liverpool por nueve millones. De manera similar, el atractivo (comercialmente) Edinson Cavani le costó al PSG 48 millones de libras, mientras que el internacional argentino Carlos Tévez, un jugador similar en muchos aspectos, se unió por 6,75 millones a la Juventus, donde fue elegido dos veces el mejor jugador de la temporada de la Serie A. Las transferencias son fáciles de destacar en retrospectiva, pero Cédric más

---

4   Todas las finanzas mostradas a lo largo del libro son tomadas de la fidedigna transfermarkt.com (a menos que se especifique de otra forma).

que nada lamenta la reputación de mucho gasto que han tenido que llevar al hombro los fans desde entonces. "Nunca confiamos en Ibrahimović, ¿sabes? Queríamos quedarnos con Kévin Gameiro, en cambio", asegura.

EL PSG Y SOCCERNOMICS

Tan estructurada está la jerarquía de la riqueza en el fútbol que incluso equipos con éxitos más raros de ver, como el Leicester City, que se las arreglan para ganar prestigiosas competiciones desde una posición inferior, tienen que luchar para mantener a sus jugadores una vez que llegan los superclubes a solicitarlos. Simon Kuper, escritor del Financial Times y autor de Football Against the Enemy y Soccernomics, predijo estas luchas en febrero de 2016, meses antes de que los Foxes ganaran la Premier League. "Sus mejores jugadores serán comprados por los clubes ricos y las cosas se igualarán. Pueden mejorar drásticamente su futuro, pero ¿en términos de hacer algo como el Nottingham Forest y mantener el éxito? —se encogió de hombros—. Se apagarán, pero tal vez no ahora". El joven local N'Golo Kanté luego probaría que Simon estaba en lo correcto, firmando para el Chelsea FC.

Coincidimos en una cita en el Café Funambules una mañana de otoño. Las motonetas pasaban zumbando en la calle gris que estaba detrás en el momento en que Simon revolvía su café entre las preguntas. Como residente parisino de antigüedad, estuvo de acuerdo en discutir la evolución del fútbol local desde que salió su libro Soccernomics en 2009. "Tenías esta área de 12 millones de habitantes y un mal club que nunca se clasificaba para la Champions League o la Copa de la UEFA. Y si lo comparas con Londres, que tiene ocho millones de personas y seis clubes bastante buenos, había una gran brecha. Cuando los cataríes vinieron con su dinero, pensaron de inmediato que obtendrían a los mejores jugadores. La primera temporada solo consiguieron a (Javier) Pastore. Luego el Milan comenzó a caer y firmaron a Ibrahimović y Thiago Silva. Ahí fue cuando el proyecto despegó".

Soccernomics puede usarse de apoyo al escrutar algunas de las decisiones tempranas del PSG en el mercado de las transferencias. En los primeros capítulos del libro, Kuper y su coautor, Stefan Szynanski, identificaron cuatro ineficiencias universales en el mercado de las transferencias; errores que se comenten continuamente por parte de los clubes de élite. Más que errores individuales, son "desviaciones de la racionalidad" y todas se relacionan de una manera o de otra con el PSG:

1. Un nuevo entrenador gasta dinero

"Comúnmente, el nuevo entrenador quiere dejar su marca en su nuevo bando. Así que compra a sus propios jugadores. Entonces tiene que 'depurar' algunas de las compras hechas por su predecesor, usualmente a precio de descuento".

No fue al entrenador, sino al director de fútbol, Leonardo, a quien la QSi le entregó el dinero en un principio. "Él es quien va a desarrollar el club", le dijo Nasser Al-Khelaifi a los medios. Blaise Matuidi (ocho millones de euros) sería un buen remplazo para Claude Makélélé, de 38 años, mientras que el extremo Jérémy Ménez (ocho millones de euros) se veía apropiado para llenar el rol de Ludovic Giuly. Kévin Gameiro (11 millones de euros) había marcado 22 goles el año anterior, pero entonces estaban Momo Sissoko (siete millones de euros), Diego Lugano (tres millones de euros), Milan Biševac (3,2 millones de euros) y Salvatore Sirigu (3,9 millones de euros), quienes firmaron un mayor salario que ningún otro jugador que ya estuviera en el equipo. Javier Pastore (42 millones de euros) fue la firma de marquesina para anunciar la llegada del club.

Según los hallazgos de Soccernomics, la ventana de las transferencias prueba un fracaso para Leonardo y el entrenador Antoine Kombouaré (uno fue despedido, el otro renunció). El Montpellier pasó a ganar la Liga y el nuevo entrenador, Carlo Ancelotti, se deshizo de Biševac (quien se fue al Lyon por 2,7 millones de euros), de Sissoko (quien se fue de manera gratuita), de Lugano (quien se fue gratis al West Brom), de Gameiro (quien se fue al Sevilla por siete millones de euros) y de Ménez (quien se fue gratis al AC Milan). Una pérdida total sobre los 22 millones de euros.

2. Estrellas de recientes Mundiales y Champions Leagues están sobrevaloradas

"El peor momento para firmar a un jugador es en verano, justo cuando ha tenido un buen desempeño en un gran campeonato. Todo el mundo en el mercado de las transferencias ha visto qué tan bueno es".

Es más un síntoma del clima del mercado en general que del PSG que todos los jugadores sean firmados generalmente luego de una buena racha de desempeño —en especial si este último es visible constantemente—. En épocas anteriores, los mayores torneos, como la Copa del Mundo y la Champions League, eran las únicas oportunidades que tenían los futbolistas para ser vistos. Pero en una era globalizada, su desempeño es analizado a lo largo de todo el año y, en consecuencia, hay un mayor grado de transferencias de atletas. Más que aparecer en un torneo cada cuatro años, un "golpe de suerte" puede presentarse en otros lugares. Un estimado de 300 millones de personas vieron la final de la Eurocopa 2016, mientras que alrededor de 380 millones de personas observaron la definición de la Champions League 2016. Las "estrellas", por lo tanto, pueden aparecer tanto en competiciones anuales como en torneos internacionales de cada cuatro años.

El mercado de las transferencias ahora se alinea, según Rupert Fryer, con la teoría de negocios del Dr. Laurence J. Peter, "El principio de Peter" que establece: "Todos en una organización se enfocan en ser promovidos hasta que alcanzan su nivel de incompetencia. En ese punto paran de ser promovidos". En otras palabras, se trata de un jugador encontrando su nivel. Más que el reflejo de la ambición de un atleta, es culpa de los clubes que los jugadores sean firmados después de un gran momento de forma. En un deseo de estar liderando el grupo, los grandes conjuntos intentan firmar a los futbolistas tan pronto como comienza el golpe de suerte. Rivales del mismo estatus compiten por la compra de algún nombre y, por consiguiente, lo sobrevaloran. La presencia del Barcelona y el Manchester United elevó la oferta del PSG por Marquinhos a 29 millones de libras, como lo hizo la Juventus con Marco Verratti y el Arsenal con Yohan Cabaye (este último siendo un buen ejemplo del principio de incompetencia de Peter; firmado por 21 millones de libras después de haber tenido un buen año con el Newcastle, pero vendido luego por diez millones una temporada más tarde). "Estaba en un gran club, pero solo para estar en el banquillo, eso fue algo decepcionante para mí", le dijo más tarde a The Telegraph.

3. Algunas nacionalidades están sobrevaloradas

"La nacionalidad que está más de moda de todas es la brasileña".

Tras la toma de posesión, la QSi apuntó al brasileño Leonardo como director, adquiriéndolo desde el Inter Milan. Se fue en 2013, pero para entonces el proceso ya había comenzado. Para 2015, el PSG había gastado más de 137 millones de libras en siete brasileños. Para crear un producto comercial el equipo necesitaba jugadores emocionantes, y los brasileños son históricamente conocidos por ser los más extravagantes y atractivos, desde Pelé hasta Ronaldo. Como Simon escribió en Soccernomics: "La nacionalidad expresa una autoridad, una vocación nata por el trabajo (cualquiera que sea esa habilidad natural)".

Thiago Silva se convirtió en el defensor más caro de la historia cuando se incorporó al PSG por 35 millones de libras, luego Marquinhos, llegado de la Roma, en el defensor joven más caro por 29 millones de libras. "Estoy encantado de unirme al Paris Saint-Germain, un club donde tantos brasileños han jugado y ayudado a escribir la historia", dijo el de 19 años al firmar. Pero el excéntrico y peludo defensor brasileño David Luiz (con 26,6 millones de likes en Facebook) le quitó el título a Silva como el defensor más caro, costándole al PSG 50 millones de libras en 2014. Después de dos temporadas sería vendido al Chelsea por 34 millones de libras, tal vez probando que la nacionalidad, aun siendo atractiva, puede estar sobrevalorada.

4. Los caballeros las prefieren rubias

"Los scouts buscan jugadores que 'lucen' en parte. Tal vez en el fútbol, los rubios son considerados que lucen más como superestrellas".

La superestrella más rubia y más notoria en el fútbol es David Beckham. Con una celebridad como esposa y su famoso hijo rubio, Beckham es un ícono global. La Escuela de Marketing de Londres lo valora en 508 millones de libras. Al firmarlo, el PSG intentó lucirse ante los fans fuera de Francia (el nombre Beckham es un refrán para el comercio, especialmente en Asia y América). A pesar de haber sido el jugador más viejo de la Ligue 1 al incorporarse, llegó con aspectos intangibles que eran centrales para la campaña de promoción de marca del PSG. "Es lo suficientemente listo para saberlo, con su perfil podría ser que se lo esté presionando hacia el entrenador por otras razones que no se refieren al fútbol", dijo después Carlo Ancelotti.

Antes de 2011, Beckham tenía poco interés en el PSG. Él era más grande que el club. Pero tras dejar el LA Galaxy, la familia estuvo abierta a mudarse a la cosmopolita París. Su esposa Victoria estaba arraigada a la industria de moda local, mientras que su hijo Brooklyn estaba dispuesto a unirse a la academia del PSG. Tan aparentemente unilateral era la relación de Beckham con el PSG que este no aceptó un salario, sino que, en cambio, ofreció sus 170 000 libras semanales a la caridad local (sus salarios representaban solo un cinco por ciento del total de sus ingresos como el jugador de fútbol más rico del planeta). Sin embargo, parecía que era una decisión de negocio (más que una de fútbol) el contratar al rubio. El día posterior a su juego contra el Barcelona, L'Equipe le dio tres marcas de diez por su desempeño, escribiendo cómo su compañero en el centro del campo, Blaise Matuidi, tuvo que "luchar por ambos".

*

SOCCERNOMICS CAMBIANDO

Soccernomics reconoce que los clubes de provincias históricamente han conseguido más éxito que los de las capitales (sistemas

dictatoriales fascistas permitieron que el Madrid y Lisboa fueran la excepción). El Liverpool y el Manchester United, más que el Arsenal y el Tottenham, dominaron el fútbol inglés entre 1960 y 2005. En Alemania, el Bayern, el Hamburg, el Dortmund y el Schalke se mantienen más anclados al éxito que el Hertha Berlin. Las ciudades industriales de Milán y Turín han dejado a los clubes de Roma detrás. La Haya (siendo la capital política de Países Bajos) tiene al ADO en la Eredivisie, pero nunca desafía a Rotterdam y Eindhoven. Glasgow se abruma ante el Hearts y el Hibs de Edimburgo, mientras que el PSG es el único que busca ponerse al día con los títulos ganados del Marseille y el Saint-Étienne. Lo que impulsó a estas ciudades provinciales a tener clubes exitosos fue el arraigo y la dependencia de sus comunidades en una era de escapismo de la industria.

Cuando Soccernomics se publicó por primera vez en 2009, el Chelsea aún no había ganado la Champions League y el PSG aún no había sido adquirido. Debido a esto, Simon escribió: "Los londinenses no van por ahí cantando acerca de su ciudad, y no creen que un premio para el Chelsea o el Arsenal vaya a incrementar el estatus de Londres. El fútbol importa incluso menos en París, donde es posible pasar toda la vida sin saber que el fútbol existe. El Paris Saint-Germain, cuya base no está enteramente dentro de la carretera de circunvalación periférica a la ciudad, difícilmente se va a convertir en el foco principal del orgullo parisino".

Con el tiempo, esto cambió gradualmente. En París, camisetas falsas del PSG se venden junto a las boinas tradicionales en los puestos de las afueras del Louvre. Mientras que una investigación de Visita Gran Bretaña encontró que dos de cada cinco turistas en el Reino Unido tienen el deporte en su agenda de viaje. "Tomó un largo tiempo para que los clubes de Londres crearan una historia y tradición, pero ahora se están acercando", reconoció Simon.

En París, el 59,9% de los turistas marcan "ver monumentos y sitios de interés" como sus planes para la estadía. Los eventos son citados como una razón por el 9,4%, con el fútbol cayendo varios puntos porcentuales por debajo en esa ambigua categoría. Dado que la abrumadora mayoría de las personas que visitan la capital francesa son de Estados Unidos y China (países donde el fútbol aún se sigue desarrollando), es justo decir que el PSG nunca desbancará a los sitios de interés de la ciudad. Sin embargo, el club ha crecido. Para probar esto, me mostraron su informe. En él alaban un incremento de un 165% en las ganancias por ventas de boletos en los cinco años desde que la QSi tomó el mando, así como un crecimiento del doble en el número de miembros a 10 000 y el aumento de los poseedores de tickets de temporada a 37 000. Incluso si el PSG no está enfocado en el orgullo parisino, las personas ahora son conscientes de su existencia.

BURGUESIFICACIÓN

Ha habido un cambio en el poder dentro del fútbol, ya que de las tradicionales áreas de provincia de la clase trabajadora que dominaban Europa —Rotterdam, Glasgow, Liverpool, Nottingham, Mönchengladbach, Eindhoven, Brujas, Birmingham— el éxito se ha reubicado en climas más adinerados como Londres y París. El ascenso del PSG es un símbolo de esto. Para Simon, la transferencia del poder se debe más a una "burguesificación" del fútbol en general que a su preferencia por parte de las capitales. De hecho, los futbolistas ahora están prefiriendo ejercer su trabajo en lugares más encantadores. El juego francés se ha alejado de los días gloriosos de los pueblos mineros de Saint-Étienne y Lens, y de la ciudad portuaria de Marsella —tres zonas de clase trabajadora—, a una era de dominación de la clase media por el Olympique Lyon y el Paris Saint-Germain. "Tienes la desindustrialización que golpeó sus puestos con fuerza —me dijo Simon—. Ahora el norte es bastante pobre. Las regiones adineradas de Francia son las que tienen la más alta tecnología y los mejores servicios, como Lyon, París y Toulouse, que son excelentes en el rugby. Hay bases de patrocinio más grandes en estas zonas, lo cual es significativo cuando las ofertas de TV son menores de lo que son en Inglaterra. Hay una dependencia en que los fans paguen un buen dinero, lo que pueden hacer más en estas áreas. Hace muchos años, el fútbol era exitoso en las zonas de clase trabajadora, pero ahora es más popular en cualquier otro lado, así que le va bien en las ciudades ricas".

Desde el nuevo milenio, este deporte ha sido ganado por clubes provenientes de climas ricos, con pueblos de clase media, como la Juventus de Turín, el AC y el Inter de Milán, el Ajax de Amsterdam, el Bayern Múnich, el Lyon y el Barcelona, con el Porto y el Sevilla probando también el agua. Cuando Gylfi Sigurðsson y Clint Dempsey escogieron al Tottenham sobre el Liverpool en 2012, esto ilustró una preferencia por la metrópoli. Los inversores adinerados también preferirían hacerse cargo de clubes en lugares de clase alta, para poder entrar a estas sociedades. Así fue el caso de Roman Abramovich, quien compró el Chelsea FC mientras almorzaba en The Dorchester junto a Ken Bates, habiendo volado sobre el Puente Stamford en su helicóptero semanas antes. Se fueron los días de los dueños y fans locales dispuestos a correr con pérdidas que se encontraban en el Blackburn Rovers (Jack Walker) y el Wolverhampton Wanderers (Jack Hayward). A menudo, la parte más burguesa de un país es la capital. El PSG, el Chelsea, el Arsenal, el Real Madrid y el Atlético han ganado 68 trofeos desde el 2000, en una era de influencia cosmopolita (el Hertha Berlin, con un promedio de asistencia de 51 000 en la temporada 2016/17, podría probar con el tiempo ser otra capital en ascenso, algo más imaginable que, digamos, los clubes de fábrica del Río Rin). Si los ciudadanos ricos de la ciudad y otras zonas de clase media muestran interés en el fútbol y los inversores deciden gastar allí, entonces las regiones más pobres tendrán problemas.

LA COMPETICIÓN EUROPEA

Un pensamiento conclusivo podría ser el siguiente: tirar el dinero en un club con el objetivo de ganar la Copa de Europa, como lo ha hecho el PSG, no es original ni sostenible. Hubo un momento en el que el torneo era incalculable y había una época en la que el Steaua Bucarest, el PSV, el Estrella Roja de Belgrado, el Marsella y el Dortmund podían superar a los equipos adinerados para ganar la competición. Pero los masivos underdogs (conjuntos menospreciados o considerados más débiles) ya no tienen la posibilidad de mantener el alto desempeño en una estructura de "Liga". En ese sentido, el PSG podría tener una oportunidad.

Sin embargo, nunca existe una garantía de éxito. Si analizamos a los ganadores del campeonato en un período de diez años, solo un par de veces los favoritos antes de iniciar el torneo han llegado a la victoria (el Liverpool y el Porto también fueron grandes sorpresas cuando ganaron la Champions League en los años previos a 2006). No solo existe una impredecibilidad en la competición que el PSG debe reconocer, sino que el ganador frecuente más reciente, el FC Barcelona, ha alcanzado su éxito gracias a una visión académica a largo plazo y no a través de un gasto exuberante.

Temporada	Favorito	Probabilidad (fuente)	Ganador	Probabilidad (fuente)
2015/16	Barcelona	4/1 (SkyBet)	Real Madrid	11/2 (SkyBet)
2014/15	Real Madrid	4/1 (ibtimes)	Barcelona	5/1 (ibtimes)
2013/14	Bayern Múnich	Iguales (888)	Real Madrid	5/1 (888)
2012/13	Barcelona	9/4 (Ladbrokes)	Bayern Múnich	16/1 (Ladbrokes)
2011/12	Barcelona	2/1 (Totesport)	Chelsea	12/1 (Bet365)
2010/11	Barcelona	11/4 (Ladbrokes)	Barcelona	-
2009/10	Barcelona	4/1 (PaddyPower)	Internazionale	12/1 (PaddyPower)
2008/09	Barcelona	5/2 (Soccerlens)	Barcelona	-
2007/08	Barcelona	7/2 (Ladbrokes)	Manchester United	5/1 (Ladbrokes)
2006/07	Chelsea	3/1 (Betfair)	AC Milan	10/1 (Fiso)

Usualmente las probabilidades están determinadas a favor de los campeones reinantes, ya que los corredores de apuestas las colocan así para que las pérdidas sean mínimas. Sin embargo, el PSG enfrenta el mismo problema que tuvo el Lyon en las siete tempo-

radas previas a la toma de control catarí en París: la competencia. Un equipo ya no puede ganar la Champions League sin jugar en una Liga competitiva. El anterior director del Saint-Étienne, Damien Comolli, comprobó este problema en 2011 al momento de tomar su puesto: "Tienes que preguntarte si la Liga francesa es lo suficientemente competitiva como para ofrecerle un desafío al PSG y que pueda competir en la Champions League".

El Sevilla dominó la Europa League en parte debido a enfrentamientos regulares contra el Real Madrid, el Barcelona y el Atlético, ganando el torneo por tercera vez en 2016. Esa misma temporada, el PSG terminó 31 puntos delante del Lyon, que quedó en segundo lugar. Es una teoría aplicable al estancamiento de clubes de "Ligas de dos equipos", como el Celtic, el Basel y el Ajax —el salto de competir contra el Ross County, el Winterthur y el PEC Zwolle un sábado a competir contra el Bayern Múnich y la Juventus un miércoles es demasiado grande tanto táctica como mentalmente para ellos—.

Forbes describió la Ligue 1 como una Liga "rebosada de un amplio talento de estrellas, carente de competencia, que no puede alentar el esfuerzo del jugador o promover ambición", aunque uno puede pensar si en QSi están preocupados. La competencia llegará algún día. Por ahora, los patrocinadores se acercan, las camisas se venden con abundancia y, lo más importante para ellos, la imagen de Qatar aumenta el cariño que se le tiene en Occidente. Gab Marcotti escribió cómo estamos en una era dominada por los del uno por ciento (una minoría rica y poderosa) "y, francamente, eso no va a cambiar. El abrumador poder de los superclubes solo va a crecer", para el gran gusto del PSG. El artículo de la Universidad de Harvard termina con unas líneas similares: "Uno se pregunta si el fútbol alguna vez volverá a ser jugado en un terreno nivelado".

Para los locales que leen L'Équipe durante su trayecto a casa desde la Ópera hasta Tolbiac, estos sentimientos no les molestan. La ciudad ha llevado consigo un complejo de superioridad por siglos. Como Napoleón dijo a sus generales: "Los dientes de la envidia son impotentes aquí, estos logros son de granito". Bonaparte, ese símbolo corpóreo del orgullo francés, definitivamente habría

valorado la fría ambición del PSG. Si algún lugar merece un super-club, ese lugar es París.

CAPÍTULO 2

UN LEGADO PARA EL FUTURO: EL LYON DE AULAS

Las Mères Lyonnaises (Madres de Lyon), humildes sirvientas de los más altos estándares, atrajeron a ricos conocedores de todo el continente en los años 1800, con ganas de probar su famosa cocina. Los ingredientes proveídos localmente —aceitunas, vinos, quesos y aceites— eran preparados con tal nivel que les Mères inspiraron la invención de las guías Michelin[5]. Siendo señoritas modestas de modales ordinarios prosperando en una era de opresión de género, las Mères personificaron el carácter de los lioneses. Creían que Lyon era el hogar de los mejores ingredientes, y tenían razón. Los niños de futuras generaciones serían criados por sus madres para que comprendieran estos requisitos de excelencia. Hoy en día la ciudad mantiene ese orgullo entre su población, un deseo de ser la mejor. Por lo tanto, es sorprendente que su club, el Olympique Lyon, estuviera tanto tiempo sin competir por la gloria. Sería un miembro de esa generación futura, Jean-Michel Aulas, nacido en un pueblo pequeño de las afueras de L'Arbresle y criado en la rica

---

5 Ándre y Édouard Michelin crearon las guías con la esperanza de inspirar a las personas a manejar sus vehículos y visitar los restaurantes, desgastando así sus neumáticos.

cocina, quien llevaría el mensaje de les Mères al fútbol, presentando al Lyon con un equipo de campeones. Las sirvientas dirían: "Lucha por ser el mejor, crea algo que valga la pena saborear y ten fe en los ingredientes locales". Su Lyon reforzó esos mensajes con una fe inquebrantable en la academia de su club y su cuerpo técnico.

Una gran llanura de campo abierto separa a París de Lyon. Pueblos esporádicos, con iglesias familiares y pequeñas casas, ofrecen alguna variación a la gran extensión de tierra verde. En estos pequeños pueblos, la vida es una burbuja. Es algo significativamente diferente a la tierra de nadie de concreto que divide la mayor parte de Gran Bretaña. Mientras uno más se acerca a Lyon, más frecuentes se vuelven los pueblitos, hasta que eventualmente sus techos, que parecen de mermelada, forman una ciudad. Y es una hermosa ciudad. Durante el siglo V, Luis XI estableció a Lyon como la casa de la seda, comercializando y luego distribuyendo las telas al extranjero. La riqueza asociada con este material ha permanecido hasta ahora, exhibida en la arquitectura neoclásica y barroca.

Sin embargo, de manera parecida a París, existen dos Lyon. Hay un círculo interno adinerado y luego están las afueras más pobres. La fina arquitectura de la parte antigua yace entre los ríos Saône y Rhône. Pero toma una caminata de cinco minutos, cuando cae el atardecer, para que los turistas burgueses de Vieux se transformen en jóvenes pandilleros encapuchados. En ese sentido, Lyon es igual que cualquier otro sitio. Lo que es impresionante de la ciudad es cómo las dos comunidades (aquellos que tienen y aquellos que no) nunca cruzan estos umbrales invisibles; podrían estar en diferentes mundos. Es esta comprensión de las diferencias sociales lo que hace que este lugar sea un prisma a través del cual las estructuras humanas pueden ser vistas.

Los jóvenes árabes de la parte pobre del pueblo están locos por el fútbol. Llevan camisetas y gorras del Napoli, el Milan, el Arsenal o el Real Madrid. Incluso usan ropa del PSG; lo que sea menos del Olympique Lyon. La desilusión en la sociedad es un gran problema en Francia. Los árabes se ven a sí mismos como extranjeros dentro de sus propias ciudades y, en contraste con las características históricas de los lioneses, llevan poco orgullo de su localidad. Aún en París, Simon Kuper explicó el problema desde una perspectiva de fútbol: "En la era de 1998 tenías a chicos de campo que crecieron en pueblos, como Didier Deschamps, Bixente Lizarazu, Laurent Blanc y Fabien Barthez. Hay mucho menos de eso ahora; en su mayoría no son blancos y son de los suburbios. Ese es el problema con el fútbol francés. Estos chicos (los árabes) han sido echados a un lado y discriminados por la nación francesa, y de repente son ricos futbolistas profesionales. A muchos fanáticos franceses no les gusta eso". El ejemplo más grande de las tensiones se dio en 2010, cuando en el Mundial de Sudáfrica la selección nacional se fue a huelga. France Football halló que solo el 20% de las personas encuestadas en 2014 tenían una visión positiva del equipo. El New York Times debatió el racismo subyacente.

FÚTBOL CALLEJERO

Esa tarde, mientras el sol se reflejaba en el Río Ródano, me senté a algunos pasos de su orilla. Hombres y niños de la localidad jugaban juntos al fútbol en un terreno debajo del puente de La Guillotière. Junto a mí estaban sentados grupos de familias, con los hombres fumando mientras las mujeres charlaban y veían jugar a sus hijos. Rap francés sonaba a todo volumen por los altavoces. Era una buena atmósfera para una tarde de domingo y el talento exhibido era sorprendente. Un niño, con su brazo enyesado, pasaba a través de los adolescentes mayores a medida que estos caían una y otra vez en sus fintas. Él, como la persona que realizó la mayor cantidad de túneles, era el rey del terreno. Es en estos ambientes "de calle" y no estructurados en los que muchos de los mejores futbolistas se han desarrollado. Todo lo que se necesita es una superficie plana y una pelota —un factor importante para la popularidad del fútbol—. Creatividad, tenacidad, valentía, instinto y agresividad se desarrollan en las calles, como mencionaron Ibrahimović y Zinedine Zidane. Cuando el niño maravilla Wayne Rooney terminaba su entrenamiento en el Everton, jugaba en las calles de Liverpool con sus compañeros.

Para los jugadores es un escape; puede que nunca encuentren un mundo más allá de este vecindario. A diferencia del fútbol tradicional, este juego tiene dos sistemas de puntos: uno que implica meter el balón en la red, como se hace comúnmente; y el otro premiando al equipo con un gol por cada túnel hecho. Dentro de esta sociedad de minicampos, el estrellato llama al chico que sea capaz de superar a su oponente de la manera más vistosa y creativa. La ruleta de Zidane nació en un polvoriento campo de Marsella. De manera similar nació en Río el "flip-flap" de Ronaldo. Tristemente, el fútbol callejero en Europa se está muriendo. Los jóvenes en su mayoría provienen de antecedentes más ricos que antes y tienen alternativas a su participación al aire libre.[6]

Los ambientes económicamente desfavorecidos permiten un desarrollo continuo. Los jóvenes de Lyon odian perderse los partidos de los campos y tardar mucho en descubrir el chisme de quién se desempeñó con más audacia. Debido a la diferencia de edades —de 10 a 20 años—, los jugadores más jóvenes se esfuerzan por ser tan buenos como los más grandes, tanto verbal como técnicamente. Solo diez minutos viendo te dan la educación necesaria para entender el comportamiento de Karim Benzema.

En áreas urbanas, los terrenos de césped de tamaño completo son difíciles de conseguir. No son parte del paisaje. Debido a esto, muchos de los talentos más brutos vienen sin ninguna comprensión del lado táctico del fútbol. Generalmente su sentido del posicionamiento es pobre y a menudo tienen una mala visión en la toma de decisiones. Pero las tácticas se pueden enseñar. La técnica natural, unida a un deseo innato de ganar, forma los rasgos que la mayoría de los clubes desean. Un entrenador con conos y silbatos no puede enseñar la consciencia espacial como el fútbol callejero. Bancos, columpios y vehículos en movimiento deben ser superados con maniobras, todo mientras se mantiene siempre el control del balón. La potencia y el ángulo de un pase deben ser tan perfectos que la pelota debe pasar por el estrecho espacio que hay entre un cubo de basura y un auto, llegando a la carrera de un com-

---

6   Gentin, S (2011). "Outdoor recreation and ethnicity in Europe—A review". *Urban Forestry & Urban Greening*. 10 (3), 153–61.

pañero. También forma e inspira liderazgo a una edad en la que la personalidad aún sigue en formación. Para acordar los partidos se requiere democracia, pero usualmente se decide por aquellos que tienen las lenguas más afiladas. Los niños de la localidad adoraron a Zlatan cuando jugó en París; un hombre que vieron como la personificación de este tipo de fútbol.

Alexsandar Hemon describe al jugador callejero como un artista, su imprevisibilidad como una expresión de su naturaleza exuberante: "Lo que debe ser llamado estética neorromántica del fútbol".7 Hemon señala que estos futbolistas continuaron con su imprevisibilidad solista fuera del campo, nombrando a Garrincha, Hristo Stoichkov, Gheorghe Hagi, Paul Gascoigne y Juan Román Riquelme como ejemplos. El artista apoteósico Diego Maradona dedicó su vida a impresionar a la gente y no pudo haber sido más abierto en sus acciones, aunque aún conserva algún misterio y una sensación de frustración de no haber trasmitido sus habilidades de inspiración. Un verdadero futbolista callejero posee un talento que no se puede enseñar a otros; solamente en su ambiente natural puede ser aprendido.

Recrear el fútbol callejero es un desafío que todas las academias occidentales enfrentan ahora. Los jugadores jóvenes simplemente no están teniendo suficientes horas de desarrollo, de acuerdo con los cambios en la sociedad, y los clubes sienten que es su deber rectificar esto. El Feyenoord, como leerán más adelante, abre sus puertas una hora antes del entrenamiento y deja 50 pelotas en un campo. Les dicen a los jóvenes "vayan y diviértanse", ofreciendo la clase de tiempo no estructurado que es esencial para el desarrollo social. El Sporting de Lisboa, de manera similar, ha adoptado un enfoque de dar libertad en las prácticas de los niños. "Solo los dejamos jugar", me dijo un entrenador.

Con poner un scout en las escaleras de La Guillotière y decirle que se siente y observe, el Olympique Lyon encontraría muchos tesoros en sus bancos. Están en una ubicación afortunada. Algunos

---

7   Hemon, A (Sep 2013). *The Blizzard – The Football Quarterly*. Sunderland: Blizzard Media Ltd. 98.

futbolistas son demasiado "callejeros" a menudo les cuesta adaptarse a un ambiente académico que demanda reglas y estructura. Otros, como el prodigio Karim Benzema, que nació en Lyon de padres argelinos, son estudiantes dispuestos. Benzema era un pupilo perfecto, educado y cortés con los miembros del equipo, pero con un lado rudo endurecido en las calles. Con 17 años, en una reunión de equipo le dijeron que se presentara al resto del grupo. Inspeccionando el sitio, vio a futbolistas internacionales riéndose de él. "Yo no me reiría —interrumpió—. ¡Estoy aquí para tomar su lugar!".

"Lucha por ser el mejor, crea algo que valga la pena saborear y ten fe en los ingredientes locales"

Fue en 1987 que el exitoso empresario de IT, Jean-Michel Aulas, compró el Olympique Lyon. Su plan, titulado "OL – Europa", era establecer al Lyon, en ese entonces en la Segunda División, como una fuerza de la Ligue 1 en cuatro años. Su compra encarnó un cambio que se alejaba del presidente emocional para acercarse al propietario de negocios más racional. En primer lugar, el Lyon no era una búsqueda de gloria personal, sino una compañía manejable en bajo rendimiento en la segunda ciudad más rica de Francia. Como esta era la ciudad del cine, Pathé adquirió una participación en el club en 1999, acelerando así el crecimiento. El ascenso del Lyon no se debió a un propietario inyectando fondos para adquirir nuevos jugadores, como el Paris Saint-Germain de 2011, sino a un meticuloso, inteligente y estratégico plan.

Aulas lamentó la falta de historia y de una base de fans cuando llegó. El Lens, el Nantes y el Auxerre, clubes de pueblos más pequeños, estaban todos más engranados hacia el éxito que ellos. Sin embargo, debido a las bajas expectativas, tenía la capacidad de invertir fondos pacientemente en talentos emergentes. Era un enfoque de Tour de Francia: "Puedes adelantar a la persona que está justo delante", dijo. Florent Malouda (comprado por tres millones de libras al Guingamp; vendido por 14,25 millones al Chelsea), Michael Essien (comprado por 8,78 millones de libras al Bastia; vendido por 28,5 millones al Chelsea), Eric Abidal (comprado por 6,38 millones de libras al Lille; vendido por 11,5 millones al Barcelona) y

Mahamadou Diarra (comprado por 2,93 millones de libras al Vitesse; vendido por 19,5 millones al Real Madrid) fueron considerados inversiones sólidas, mientras que Karim Benzema (de la academia; vendido por 26,25 millones de libras al Real Madrid) fue producido localmente.

Siete títulos ligueros consecutivos serían ganados entre 2002 y 2008, pero fue en la lucha por un elusivo octavo que Aulas se equivocó. "Era una dominación total —recordó Cédric mientras nos dirigíamos hacia la estación de tren Gare de Lyon—. Cuando ganaron su séptimo título, nosotros (el PSG) terminamos tres puntos por encima del descenso". De puesto décimosexto de hecho, unos 36 puntos por debajo del Lyon. "Entonces gastaron más dinero, pensamos que no iba a terminar nunca". La caída del OL ocurrió en 2008 cuando, con ambiciones de conquistar Europa, gastaron de más en jugadores por debajo del promedio. Lisandro López, Michel Bastos, Aly Cissokho, Ederson, Jean Makoun y Kader Keïta llegaron por 72 millones de libras, teniendo un bajo rendimiento y dejando el club por 26 millones de libras. Aulas se enfrentaba a dos alternativas: o bien apostar por el gasto con la esperanza de que Lyon ganara eventualmente, o recortar gastos y reconstruir el club de manera orgánica. "Es momento de una restricción fiscal y mejor manejo de la economía —decidió—. Esto significa que tendremos menos depreciación en los próximos años". Desde 2011, Aulas vendió a los jugadores más caros del Lyon y llenó al equipo con los graduados de la academia.

La prensa francesa lo llamó "El verano de la locura". Se burlaron del Lyon por despedir 19 jugadores del equipo principal, incluyendo al gran talento de su generación, Hugo Lloris. "La temporada 2011/12 no fue buena y, aun así, gastamos cerca de 135 millones de euros en nuevos jugadores; eso fue demasiado, considerando la posición del club en ese momento —explicó Aulas—. Así que decidimos cambiar completamente nuestra política deportiva, enfocándonos en fortalecer la academia. Hoy estamos cosechando los beneficios de invertir en la juventud". Este Lyon, un club cuyo núcleo es la cantera, con una plantilla profesional llena de talentos locales, inspirado por les Mères Lyonnaises, sería el club que yo vi-

sitaría en la primavera de 2016. Un viejo fanático del Lyon, que ha estado mirándonos desde el otro lado de la cabina hasta el punto de ser incómodo, declaró poéticamente al momento de arribar el tren: "El PSG tiene tanto dinero que son como la oscuridad. Nosotros ahora los resistimos, nosotros somos la luz".

LE MODERNE CLASSIQUE

En la vieja ciudad hay traboules —pequeños pasillos entre los edificios— que fueron usados por los locales armados para evadir las tropas alemanas durante la Segunda Guerra Mundial. Los luchadores de la resistencia atraerían a la Sturmabteilung a las calles estrechas antes de desaparecer de su vista, muy convenientemente mientras las amas de casa aparecían para lanzar agua sucia desde lo alto. Era una lucha de guerrilla urbana. Una tarde de febrero, nosotros, como visitantes parisinos (yo adoptado), corrimos a través de los traboules para evitar ser reconocidos por algún Bad Gone (el grupo de ultras del Lyon). Cédric estaba en la ciudad por el Lyon-PSG, un evento de gran simbolismo, y estaba preocupado de ser reconocido. Iba a ser una batalla entre los antiguos campeones y los nuevos; entre un club que invierte cuidadosamente y uno que gasta excesivamente; entre el primero y el segundo de la Liga.

Un viaje en metro, tranvía y autocar fue necesario para llegar al recién construido campo del Lyon, el Stade des Lumières (Parc OL). Al caer la noche, ambos bandos de fanáticos se sintieron frustrados por la duración del viaje. "Deberían llamarse Olympique Decines", bromeó un parisino en referencia al lugar. Un estadio es parte de una comunidad, permitiendo a los que van a los partidos crear rituales basados en experiencias. En la academia se conoce como un "lugar de arraigo". Scannell y Gifford crearon el Modelo Tripartito en 2010 como un marco conceptual. Definieron el lugar de arraigo a través de tres "P": Persona, Proceso y Lugar (Place en inglés). En la "Persona", el arraigo ocurre tanto individualmente como formando parte de una comunidad colectiva basada en las experiencias compartidas. El "Proceso" sucedería en la dimensión de asistir a partidos regularmente, mientras que el "Lugar" es el estadio donde se congrega la comunidad.[8] Siendo más simple, el Stade de Gerland, el viejo estadio de Lyon, mantuvo en los fans un amor de piedra por el lugar —también conocido como topofilia—, algo que el Parc OL aún no tenía. El arraigo por el lugar puede tomar años y es determinado más que todo por el éxito de la fase de la "Persona".

El Parc OL fue diseñado por el mismo arquitecto que construyó el estadio Emirates del Arsenal. "De muchas maneras, varios estadios de fútbol europeos son el equivalente conceptual de las cámaras parlamentarias de herradura esparcidas a lo largo de todo el continente que son, al menos en teoría, un lugar de cortesía, consenso y colaboración —mencionó la reseña del corresponsal de arquitectura Ike Ijeh al momento de la inauguración del Parc OL—. El diseño de estadio inglés, por otro lado, se parece más a las confrontaciones de gladiadores de nuestra Cámara de los Comunes; tiende a tomar un enfoque algo más agresivo". Los estadios ingleses son famosos a lo largo de Europa por la intensidad y opresión implícita en sus diseños, con soportes más empinados, techos circundantes y la falta de pistas de atletismo, con la justificación de fomentar una conexión más enérgica entre el espectador y el campo. El Parc OL, según aclaró Ijeh, era de influencia británica. Aulas, el perpetuo anglófilo, miró al Arsenal durante todo ese momento de austeridad como una inspiración. "Es cierto que ellos pasaron por un período difícil con un montón de gente diciendo: 'No puedes construir toda esta infraestructura y tener un equipo fuerte al mismo tiempo, el club morirá', así que definitivamente hay un paralelismo entre los clubes". El Arsenal se transformó tanto en la inspiración económica como arquitectónica para el Nouveau Olympique Lyon.

Mezclada entre las razones económicas obvias para construir el Parc OL estaba una causa legal. La arquitectura es un tributo permanente a la historia. El Stade de Gerland, el hogar anterior del Lyon, aunque en decadencia y con necesidades de modernización, era un símbolo de los 60 años previos a Aulas. "Cuando empeza-

---

8   Scannell, L. & Gifford, R. (2010). "Defining place attachment: A tripartite organizing framework". *Journal of Environmental Psychology*. 30 (1), 1–10.

mos en este proyecto, nos dijimos a nosotros mismos que un gran club se define no solo por su desempeño en el campo, sino también por su desempeño fuera de él". El Parc OL es una declaración de triunfo, de riqueza, poder y estatus, pero sobre todo es un saludo a los sueños de un hombre que al invertir en el Lyon encontró un club sin ambición y sin fanáticos. En febrero, durante mi visita, 56 000 personas fueron a ver a los chicos locales enfrentarse con la rica capital. La buena arquitectura irradia absolutismo; por decirlo de alguna forma desde un enfoque personal. Para Aulas, el Parc OL justifica el trabajo de su vida: un panteón para llevar su nombre a través de las generaciones. "En Francia hay un problema cultural —dijo una vez—. Los ganadores no son populares".

Siendo algo inusual para un propietario, Aulas es adorado. Cuando impuso la austeridad en Lyon, los fans la aceptaron. Si eso significaba una plataforma para la academia, entonces que así sea. De todos modos, los ingredientes son locales. Frédéric Kanouté, Steed Malbranque y Ludovic Giuly llegaron en la década de 1990 en un Lyon que consideraba la grandeza. Luego, los graduados Sidney Govou y Hatem Ben Arfa ayudaron a asegurarla.

Esa noche, el Lyon derrotó al PSG, terminando su serie de 36 encuentros sin una derrota, con un equipo en su mayoría de cosecha propia. En su mayoría, de hecho, tenían nueve jugadores de la academia en todo su equipo. Habrían sido 12 si Clément Grenier, Nabil Fekir y el próximo jugador del Barcelona Samuel Umtiti hubieran estado disponibles. Incluso su entrenador, Bruno Génésio, era un exjugador del Lyon, nacido en la ciudad, que fue promovido de la academia de jóvenes para convertirse en técnico en 2015 —cosechado por Aulas para mantener su visión—.

Los líderes de los Bad Gones ondearon sus banderas y cantaron todo el partido. La mayoría de los cantos estaban dirigidos a Adrien Rabiot, siendo este el mejor jugador del PSG de la noche. Otros armonizaron a Anthony Lopes, el portero. En una reciente reunión de fanáticos él fue el único jugador en acudir, a pesar de que la invitación estaba abierta a todos (antes de convertirse en profesional, era un miembro de los Bad Gones). Es un deber tanto de la tribuna del norte, primero, como de la tribuna del sur, después, vociferar para honrarlo. "Pas besoin de défenseur (No se necesitan defensores)", le gritaban hombres sin camisa, en una melodía que sería luego adoptada por Will Griggs y familiarizada aquí en el Parc OS cuando Irlanda del Norte venció a Ucrania en la Eurocopa 2016. En el febrero pasado, Aulas les había dado a todos los fans un vale para canjearlo por cerveza en el entretiempo. Más tarde, en el autocar, el tranvía y el subsecuente viaje en metro al centro de la ciudad, comentaban que ahora el nuevo estadio se sentía como en casa. La topofilia puede ser una caprichosa forma de amor algunas veces.

EL FUTURO DE LA CIENCIA DEL FÚTBOL

De todas las especies en el planeta, la del humano es la más adaptable. En los cinco millones de años que han pasado desde que los homínidos emergieron en el Valle del Rift de África Oriental, el hombre ha tenido que adaptarse a la evolución del clima y los depredadores. Es nuestro instinto de supervivencia y nuestra inteligencia innata lo que nos han llevado tan lejos. Sabemos cómo combatir las amenazas, cuándo luchar y cuándo correr. Incluso hoy, el humano inteligente moderno se debe adaptar a su trabajo y a su entorno social para sobrevivir. Algunos no son capaces de hacerlo, encontrándose a sí mismos fuera de lugar en cualquier parte, mientras que otros se sienten cómodos aclimatándose. En el fútbol —la industria más cambiante en el deporte (los directores técnicos ingleses duran en promedio 1,23 años en el cargo)— el mejor personal se adapta para sobrevivir. Un hombre que lo ha hecho exitosamente es Emmanuel Orhant, el jefe médico del Lyon desde 2008.

"El director técnico trabajará con un equipo de preparadores para delanteros, o para porteros, y todos ellos tienen su propia manera de trabajar", dijo el doctor dentro de una oficina portacabinas en el complejo deportivo Tola Vologe de Lyon. Se sentó cómodamente, habiendo sobrevivido cuatro cambios en la gerencia. "Para mí no es posible tener la misma forma de trabajar con cada entrenador. Cuando el equipo cambia su director técnico, la filosofía y el tipo de trabajo que hago se modifican completamente".

La ciudad aún seguía dormida ese sábado en la mañana cuando hice mi camino por la Rue Jean Jaurès para conocerlo. Lyon aún seguía sin moverse, menos una señorita llenando la vidriera de su pastelería y un viejo hombre regando sus laureles a la primera luz del día. El Even Tola Vologe estaba sumido en el sueño cuando llamé a sus puertas. Después de varios minutos, un joven apologético llegó y cortésmente me presentó al doctor. "Debe perdonarme por mi mal inglés", se disculpó Orhant humildemente, a pesar de reproducir el idioma de manera perfectamente entendible.

Comúnmente, el personal es nómada en el fútbol. Si un técnico se marcha a otro lugar, se llevará a su personal con él. Orhant es una constante. Es tan talentoso que cada nuevo entrenador reniega de su doctor original del anterior club y deposita una fe total en él. "Para mí es muy difícil adaptarme, porque a veces no siento lo mismo que el técnico. Si pensamos completamente diferente debo adaptar mi organización para satisfacer sus necesidades. Puedo decirle lo que pienso con respecto a cómo hacemos las cosas, pero soy un chef; si el jefe quiere hacer las cosas de una manera, debo decir 'okay'. Pero eso es el fútbol". Él entiende que los clubes exitosos deben funcionar coherentemente. A pesar de tener creencias contrarias, el entrenador siempre tiene la razón.

Afuera, el lesionado mediocampista canterano Corentin Tolisso y un preparador físico estaban haciendo ejercicios de recuperación con maniquíes. Nos saludaron mientras pasaban trotando, antes de detenerse para chequear el monitor GPS de Tolisso. Sin aviso, Orhant explicó qué era lo que estaban mirando:

—El GPS nos indica si está corriendo cerca de su intensidad máxima. Podemos ver si está usando una pierna más que la otra y si está escondiendo una lesión.

—Seguro nunca ha sido mejor el uso de la tecnología en la ciencia del deporte.

—No, pero aún tiene que seguir mejorando.

—¿Cómo?

—Creo que el fútbol en el futuro será igual que la NBA y la NFL. Todo será medido. Sabremos las medidas de la sangre en todo momento, o de la piel, y en 20 años podremos medir incluso parámetros psicológicos a través de la tecnología.

Orhant cree que el doctor en la banca será capaz de verificar en su iPad y analizar si los niveles de sangre del jugador han alcanzado o no un porcentaje donde este sea susceptible de sufrir una lesión, requiriendo de esa manera una sustitución. "Sabremos el nivel máximo al que debería estar en cada momento y podremos ver si es bueno para él que juegue o no". Esto, como él piensa, funciona de la misma forma con los futbolistas que están esperando para entrar al campo —el entrenador podrá ver en su iPad si su cuerpo está lo suficientemente "caliente" como para acoplarse al tempo del juego—. "La ciencia nos debe ayudar a proteger a los jugadores. En la NFL y la NBA tienen videos de cada momento. El técnico tiene los materiales y números de las aceleraciones, así que sabe si es bueno o no, y cuándo hacer los cambios. También debería tener una tablet con los niveles del juego, de manera que pueda ver si sus jugadores están cerca de una lesión".

Las lesiones de isquiotibiales le causan a Orhant y a los médicos de todos los clubes, las mayores dificultades. Le siguen las de tobillos y rodillas. Tales males son causados por un repetitivo y excesivo uso. Entrenadores de fuerza y acondicionamiento, como Nicolai Kammann del FC Bayern (ver el capítulo de Baviera), varían el entrenamiento para los jugadores de la academia e incorporan sesiones de diferentes deportes, como el judo y la NFL, así los grupos musculares más importantes reciben variedad. Al nivel del equipo principal es más difícil implementar estos ejercicios, ya que todo debe ser específicamente para los partidos. Por lo tanto, Orhant y los entrenadores se reúnen para discutir estrategias que minimicen el potencial de lesión antes de los entrenamientos. "Hablamos durante una hora antes de la sesión. Por ejemplo, el entrenamiento para el partido contra el PSG fue a las 5:30 de la tarde, así que nos reunimos a las 4:30. Tenemos una hora para trabajar con cada jugador y discutir con él los problemas musculares. Si hay un desbalance en la fuerza del músculo, trabajaremos en ese proble-

ma por una hora". Los jugadores del Lyon también son alentados a tomar responsabilidades sobre su propia condición física. Se les brinda información con las tareas detalladas que deben hacer en casa para fortalecer los músculos. "Él sabe qué es lo que tiene que hacer una, dos y tres veces al día antes del encuentro. Le decimos que tome su tarjeta informativa y que trabaje esos ejercicios de prevención".

EL DOCUMENTO

En una mañana fría a pesar del sol, la oficina del doctor nos proveía de un cálido refugio. "Tenemos un montón de cosas que nos ayudan a prevenir las lesiones —continuó, encendiendo su ordenador y acomodándose en su silla—. Al principio de la temporada, los jugadores realizaban exámenes de preparación física y creamos ejercicios para minimizar las lesiones". Junto con los entrenadores, el departamento médico de Orhant intenta descubrir la fuerza de los músculos y nervios de cada futbolista, de manera que puedan ajustar el entrenamiento a su umbral físico: "Aprendemos acerca de cada jugador y de cómo deberíamos tratarlo, usando tablas de balance y otras tecnologías". Todos los datos son añadidos a una hoja de cálculo de Microsoft Excel que determina las capacidades atléticas de cada uno. Factores como la destreza, anteriores lesiones, extensibilidad de los músculos y biología (fuerza de los dientes y tamaño del calzado) son todos aspectos revisados a lo largo de la campaña. La data está ahí para que Orhant pueda descubrir cuál es la condición máxima para cada individuo. Consideremos a Alexandre Lacazette. Había recibido un golpe en el anterior partido de Liga contra el Lille. Orhant le realizó pruebas al delantero y comparó sus descubrimientos con el documento. Descubrió que Lacazette se encontraba con la suficiente capacidad atlética para jugar 80 minutos contra el PSG. Así lo hizo y asistió el primer gol.

"Le explicamos a cada futbolista lo que debe hacer. Y al entrenador y al equipo de preparación física se les muestra lo mismo. Durante las semanas de la temporada, cada jugador tiene este documento y el técnico sabe cuántas veces corre, la distancia y la energía empleada. (El documento) está seccionado para atacantes, mediocampistas, defensores y laterales. Sabemos exactamente lo que hace cada futbolista y después del entrenamiento es posible saber si este debería jugar el partido entero o no". El software de GPS (el sostén en el pecho que llevan los jugadores en los entrenamientos) es usado para determinar si alguien está jugando a su potencial atlético. "Entonces, durante los partidos, cuando no tenemos el GPS para ayudar, usamos una cámara especial en el campo que muestra cuántos kilómetros ha recorrido cada futbolista y a qué velocidad, con lo que podemos comparar si está corriendo a la máxima intensidad. Hacer esto solo es posible en casa, ya que no tenemos esta tecnología en los encuentros como visitantes".

En el Ajax creen que el mejor jugador simplemente no sufre lesiones. Han encontrado una correlación entre los grados más altos de talento de la academia y el menor número de inconvenientes físicos. Simplemente, sus mejores talentos se encontraban al fondo de la lista. Por lo tanto, tenían más tiempo para jugar y mejorar que otros jóvenes más propensos a las lesiones. Lyon también encontró que esto era cierto.

Le pregunté a Orhant por uno de los debates más típicos en la ciencia del deporte:

—¿Algunos atletas son más propensos a sufrir lesiones?

—No es debido a Dios que ellos siempre están lesionados. Hay un problema y debemos saber qué es. La psicología también juega un papel. Tal vez hay cosas en su vida, en su casa, que no le permiten prevenir los percances. Debemos pensar en todo. Tengo muchas conversaciones con el psicoterapeuta para poder descubrir todo y saber dónde yace el problema.

Muchas personas defienden la ingenua noción de un futbolista propenso a las lesiones. Al parecer, no hay tal cosa.

LA ERA CULTURAL

En el fútbol moderno, el órgano más importante que los técnicos deben considerar es el cerebro. Con los avances en el juego, se

ha puesto un mayor esfuerzo en comprender a los futbolistas, su moral y su aptitud. Anteriormente, los jugadores eran vistos como un producto más que como personas, y les pertenecían a los clubes. Bill Shankly ignoró a los hombres lesionados. Hoy en día, los cursos para entrenadores, desde el nivel básico hasta el de élite, contienen elementos de psicología.

—Trabajo con una clínica en la que los futbolistas hacen terapia psicológica —explicó Orhant—. Algunos jugadores no trabajarán con psicólogos para priorizar sus horas de sueño, por ejemplo, pero es importante que trabajemos con esta clínica. Otros jugadores prefieren este tipo de recuperación. Quiero que cada jugador encuentre qué es lo que funciona para ellos, incluso podría ser acupuntura. Tengo doctores especialistas en cada campo para apoyar a los futbolistas.

—¿Así que todavía tienes algunos jugadores que se resisten a este lado del juego?

—Sí, pero mi trabajo es proponer soluciones. Si el jugador decide no hacer esto, entonces depende de él. Puede tener una buena sensación con un doctor y no tenerla con otro.

El Tola Vologe es un pequeño complejo con tres campos exteriores de césped. Se encuentra bajo la sombra del Stade de Gerland, casi literalmente sobre el camino, y al igual que el estadio pronto será un elefante blanco olvidado cuando el Lyon se mude a su nuevo complejo. El doctor Orhant y yo paseamos más allá de los terrenos de juego hasta la recepción. Tuve el tiempo suficiente para una última pregunta:

—¿Por qué los futbolistas están jugando durante más tiempo en sus vidas?— pregunté, citando a Francesco Totti, de 44 años, como un ejemplo.

—En Francia no tenemos este tipo de jugadores para nada. Pasados los 30 años, no juegan tan a menudo. Para mí está en la mente del futbolista, porque después de los 30 ya no quieren trabajar tan duro. No es lo mismo en Inglaterra o Italia. También, los entrenadores no protegen a este tipo de jugadores; no adaptarán una sesión de entrenamiento para hacerla más fácil para ellos. Se deben entrenar a la misma intensidad que los jóvenes del equipo.

Con Francia como la excepción, la mayoría de los jugadores están extendiendo sus picos. Sin embargo, Orhant piensa que es una cuestión cultural. En Italia, debido al ritmo más lento de los partidos y su comprensión del manejo del juego táctico, es más normal para los futbolistas continuar hasta que están por encima de los 35 años. Verdaderos grandes como Paolo Maldini, Javier Zanetti y Francesco Totti alcanzaron los 40 años en actividad. La sociedad italiana valora más la edad que cualquier otro sitio. Su expectativa de vida promedio es de 82,94 años, más alta que en el Reino Unido o Francia, y los abuelos son el epicentro de las familias muy unidas. Culturalmente, por respeto, a los jugadores más antiguos les permiten entrenar menos debido a que las ventajas que trae su experiencia para el equipo tienen mayor valor que su desempeño. Como Rudi García dijo acerca de Totti: "Francesco no es solamente un jugador formidable (un fuoriclasse dirían en Italia), sino también un hombre con grandes cualidades fuera del campo". Marcello Lippi agregó: "Totti es el monumento del fútbol italiano".

En la Eurocopa de 2016, Gábor Király se convirtió en el jugador más longevo en haber participado en el torneo, con 40 años. Compartió su elixir de juventud con Ricardo Carvalho y Gianluigi Buffon, ambos de 38 años. Eiður Guðjohnsen de Islandia y el capitán de Ucrania, Anatoliy Tymoshchuk, jugaron con 37 años. Si un futbolista es disciplinado, puede extender su período activo por más tiempo. Pero Francia tiene elementos socialistas en la mentalidad de su pueblo. No como en Italia, donde los jugadores más viejos están de moda. Todo el mundo aquí debe contribuir equitativamente. "Está sujeto a su dieta, cuidado y niveles de intensidad en el entrenamiento", explicó Orhant, antes de agradecerme rápidamente, estrechar las manos y volver a trabajar en su documento de Excel: la herramienta de evaluación más valiosa del Lyon.

CAPÍTULO 3

VASCO EN SU GLORIA: EL ATHLETIC DE BILBAO Y EL PODER DE LA IDENTIDAD

El confeti cayó en las caras sonrientes de cientos debajo del ayuntamiento. Tarde en una cálida noche de agosto, cantaban canciones de independencia y ondeaban banderas. Los veteranos comparaban el éxito con una edad de oro previa, inspirando orgullo en la generación joven que escuchaba. No solamente habían ganado su primera pieza de plata desde 1984, sino que lo habían hecho contra el gran Barcelona de Suárez, Neymar y Messi. Y eran "ellos" quienes la habían ganado. No un equipo de extranjeros llevados a un mejor club; eran jugadores de la comunidad. Jugadores vascos. Hombres que habían sido criados para adorar el club como fanáticos.

PARA LA GENTE

El complejo de entrenamiento Lezama está anidado en un valle soleado del verdor vasco. Entrenar en medio de ese paisaje de fondo ondeante debe ser realmente satisfactorio, especialmente si eres un jugador representando un club entrelazado con la historia de tu gente. Los vascos se caracterizan como honestos y fuertes

trabajadores. Crean una atmósfera tan agradable para sus ciudades que la Francia central se siente tímida en contraste. Banderas rojas y blancas del Athletic cuelgan de cada segundo balcón y cuerda para la ropa en Bilbao; una exhibición diaria de fanatismo frenético por la "final de copa". Es como si el club se fundiera con la consciencia de los ciudadanos. En las paredes de las fábricas al borde de la ciudad, escriben en grafiti "3+4 =1", una suma que proclama que tres regiones en Francia (Lapurdi, Nafarroa Beherea y Zuberoa) y cuatro en España (Vizcaya, Guipúzcoa, Navarra, Araba) equivalen a un solo País Vasco. No todos los fanáticos del club desean politizarlo para promover la independencia —muchos buscan mantenerse como parte de España—, aunque se mantiene la imagen del Athletic de Bilbao como un símbolo del separatismo vasco.

Esta idea es reforzada por sus reglas de cantera, que establecen que todos los jugadores que representen al club deben tener lazos familiares con una región vasca más amplia. Después de la Primera Guerra Mundial, durante la década de 1920, el nacionalismo creció en España y el Athletic, en un esfuerzo por aferrarse a la comunidad local, creó esta norma. Los futbolistas que juegan para el club hoy en día están conscientes de que representan la identidad histórica políticamente arraigada de la región. Algunos sostienen que eso ayuda a fomentar la insularidad, una desconfianza de la influencia exterior. Sin embargo, las reglas de cantera también protegen al Athletic de la cara sin emociones del juego moderno; un carrusel de jugadores y personal buscando una plusvalía. "Los otros equipos parecen ser todos fotocopias", le dijo el presidente Josu Urrutia al New York Times.

Ekain Rojo es un PHD investigador en ciencias sociales de la Universidad del País Vasco. "Hubo dos grandes guerras internas y, debido al resultado, ellos (Baskonia) perdieron el derecho de ser un país; un derecho que data de la Edad Media —me explicó mientras caminamos al lado del estadio del Athletic, el San Mamés—. Era parte del proceso de centralización de España para construir un Estado fuerte". Le pregunté a Ekai por qué sentía que el Athletic de Bilbao estaba tan sociológicamente cimentado en su insularidad y cómo el fútbol promueve esta mentalidad. Explicó que la aparición del fútbol a comienzos del siglo XX coincidió con una reaparición del nacionalismo vasco. El juego se convirtió en un vehículo de expresión para las personas tanto en Cataluña como en la región vasca, mientras España "promovía agresivamente" un Estado nacional. Franco prohibió la cultura no española y en 1941 cambió por decreto el nombre del club a Atlético Bilbao. Hasta el día de hoy, el Athletic y el Barcelona están unidos por un enemigo en común: el Real Madrid, el equipo de Franco (Santiago Bernabéu, su adorado presidente, era un franquista que luchó contra los catalanes en la guerra civil). Hoy aún existen algunas tensiones, aunque la amenaza de violencia es mucho menos predominante que en años pasados.

LOS ÚLTIMOS LEONES

La idea de que el Athletic podría ser exitoso solo con jugadores locales fue consolidada en la década de 1950 cuando, mientras otros clubes españoles comenzaron a reclutar extranjeros, ellos se mantuvieron competitivos. Es su limitación autoimpuesta la que, compitiendo desde una posición inferior, les da más fuerza. Son un David luchando en una Liga de Goliaths. "O como el Asterix y Obelix del fútbol global", concluyó la antropóloga húngara Mariann Vaczi, que dedicó un año a investigar la cultura del fútbol en la región. "Los fans celebran al Athletic porque va en contra de las tendencias y normas de la competencia moderna, y mantiene una continuidad con los comienzos mismos del fútbol". Son el único club que podría replicar lo que hizo el Celtic en 1967 con los Lisbon Lions, ganando la Copa de Europa con jugadores locales. Cualquier éxito continental sería muy significativo en estos tiempos de deslocalización.

Desde un punto de vista antropológico, el Athletic era una vía única para estudiar la cultura vasca. "Es bastante intrigante que el Athletic se limite a sí mismo a un pequeño territorio en una cultura de fútbol globalizada y en expansión que prospera en la migración y el comercio de los atletas", escribió.

A pesar de que usar solo jugadores locales puede estrangular potenciales caminos de éxito en el competitivo campeonato de

España, la mayoría de los hinchas respaldan la filosofía. "Puedes ganar con menos frecuencia, pero cuando lo haces, la alegría y el orgullo de esa victoria son mucho más grandes que si fuera con extranjeros. La filosofía permite que incluso las derrotas sean celebradas, como la derrota de la Copa contra el Barcelona en 2009. Ha redefinido el significado de ganar y perder: tienes que perder juegos para ganar tradición e identidad", escribió Vaczi. En sociedades posmodernas, las identidades han sido deconstruidas desde el nacionalismo original o expresiones políticas (como estar orgulloso de provenir de determinado lugar y apreciar los valores de un área) hasta otras más nuevas, menos conmovedoras y más arraigadas a las experiencias compartidas: festivales, tendencias de redes sociales, programas favoritos de TV y estrellas de la cultura pop, por ejemplo. El fútbol, por otro lado, se ha ofrecido consistentemente como un vehículo firme de expresión. Las personas en una comunidad son tomadas por su club deportivo local y lo ven como una extensión de ellos mismos. El Athletic, a diferencia de otras entidades, refuerza ese arraigo. Probablemente sea el mejor ejemplo de conexión entre institución y fanáticos del mundo.

HUELGA DE HAMBRE

Durante la primavera de 2016 fui invitado a Lezama por el Athletic. El club mantiene más la ortografía inglesa de su nombre que la alternativa española "Atlético", en tributo a los trabajadores de astillero británicos que lo fundaron a finales del siglo XIX. El Athletic también lleva los colores del Southampton FC, ya que fueron ellos quienes proporcionaron los implementos para el equipo durante sus años de formación. A lo largo del siglo siguiente, el Athletic forjó una fuerte asociación con Gran Bretaña, siendo entrenado por ingleses en 11 oportunidades. Mientras esperé esa mañana en la moderna recepción de paredes de vidrio, me dieron una revista para leer —un elogio de 20 páginas a Howard Kendall, su último entrenador inglés—. La influencia británica llevó al Athletic a jugar un estilo de fútbol que mezclaba la aptitud local con la firmeza de John Bull, conocido localmente como la Furia. Como uno puede imaginar, era un estilo físico con pases altos dirigidos a un delantero ofensivo (Ismael Urzaiz, Fernando Llorente, Aritz Aduriz). Debido al clima británico y los campos fangosos que hacen más difícil pasar la pelota por el suelo, los futbolistas fueron receptivos con el estilo de juego y alcanzaron el éxito con él. El entrenador del equipo nacional español, el exmediocampista del Athletic, Javier Clemente, adoptó el estilo en la década de 1990 e inundó el equipo con vascos. Su España física de la Furia era un contraste directo con el Dream Team del Barcelona de la época, el equipo de Cruyff. "Yin y Yang", describió El Confidencial acerca de los estilos.

El nombramiento de Luis Aragonés para España en 2004 y luego de Marcelo Bielsa en el Athletic en 2011, cambió esto. Durante su etapa como entrenador, la era más exitosa del Athletic por muchos años, el argentino cambió el estilo e hizo que su objetivo fuera entender los nombres, las habilidades y las necesidades de cada joven jugador de 14 años en adelante, apreciando que estos eran la espina dorsal de la que dependía el club. Esa unión continúa hasta hoy. Caminando por su enorme complejo, es difícil determinar con precisión dónde termina el equipo principal y dónde empieza la academia. Tal es la dependencia del club en su sector más juvenil.

El Athletic de Bilbao está aislado del océano global de talento del que otros clubes pescan. Ellos, en cambio, tienen una piscina poco profunda de tres millones de vascos para formar (incluso menos, considerando que ese número incluye a las mujeres, los mayores y los discapacitados); una pequeña figura comparada con los otros 44,1 millones de personas en España y 742 millones en todo Europa. Es aceptado que el Ajax de Ámsterdam es un sinónimo de desarrollo de la juventud. Sin embargo, ellos no están obligados a producir jugadores locales. El Ajax puede, en cambio, beber de otras fuentes. Por ejemplo, algunos de sus más exitosos nombres de "cosecha propia" son los belgas Toby Alderweireld y Jan Vertonghen (comprados del Germinal Beerschot a los 15 años) y los daneses Viktor Fischer y Christian Eriksen (igualmente del Odense y el Midtjylland, respectivamente).

Las limitaciones autoimpuestas del Athletic hacen de ellos un interesante caso para el desarrollo de los jóvenes; francamente, no es algo en lo que puedan darse el lujo de equivocarse. Falla

en el desarrollo de talento en los jugadores jóvenes y el club será insostenible. Ellos firman vascos formados en otros clubes, pero de acuerdo con las estadísticas de transfermarkt.com, el Athletic ha gastado solamente alrededor de 60 millones de libras desde el cambio de milenio. Por lo tanto, es remarcable considerar que ellos son uno de los tres clubes, junto con el Real Madrid y el Barcelona, que nunca han sido relegados de La Liga.

INDEPENDENCIA VASCA

España es una nación que se niega a separarse. El gobierno de Madrid toma rentas de las industrias catalanas, gallegas y vascas (al igual que con cualquier otra parte del país) antes de distribuirlas. Lo que quieren estas comunidades autónomas es ser completamente independientes, o bien ser parte de una colección de territorios, dependiendo de con quién hables. En Galicia, donde la independencia es menos vocalizada, la gente promueve una idea simbólica de libertad. En la región vasca miran al Reino Unido, y particularmente a Escocia, como una inspiración. Les gusta cómo Gales, Irlanda del Norte, Inglaterra y Escocia son capaces de ser parte de un Reino Unido mientras mantienen identidades individuales. Todas las naciones del Reino (excepto Escocia) participaron en la Euro 2016 bajo uniformes propios y no como Gran Bretaña. Si el gobierno español otorgara tal independencia ideológica a sus territorios, entonces se encontrarían con menos divisiones tan marcadas.

El equipo nacional español que ganó la Copa Mundial en 2010 tenía un combinado total de diez jugadores catalanes y vascos en su grupo de 23 hombres. Si Euskadi (la tierra de los vascos) hubiera tenido la oportunidad de colocar su propio equipo en 2010, habrían tenido un buen combinado de futbolistas. César Azpilicueta, Aymeric Laporte, Javi Martínez, Xabi Alonso, Ander Herrera, Fernando Llorente y Asier Illarramendi nacieron todos cerca o dentro de la región, con lazos familiares, pero en cambio han representado a España. Actualmente, le permiten al País Vasco un amistoso por año, en Navidad. El sueño, como lo reconoció The Telegraph en 2013, es que "los onces nacionales independientes algún día representen a las regiones autónomas de España".

KONDAIRA

El entrenador jefe del equipo nacional vasco es José María Amorrortu, un verdadero hijo de la región que, en 45 años de carrera, ha entrenado a la Real Sociedad, al Athletic de Bilbao y al Eibar. No hay nadie más a tono con las demandas del juego en esta área que él y eso lo demuestra. Es un oráculo del fútbol de esta región. Además de dirigir al conjunto nacional autónomo para un partido cada año, también es el director de fútbol del Athletic. En Lezama su nombre resuena en las paredes, aunque solamente sea su apellido, como un cuento de leyenda. "¿Estás aquí por Amorrortu?", preguntó la recepcionista. Llegó llevando su chándal del club y los anteojos colgados de una cuerda, recordando bastante a Marcelo Bielsa. "Aquí todos los técnicos son de Bilbao —empezó a decir al acomodarnos en una oficina de vidrio—. No es difícil para ellos explicar qué es la filosofía del Athletic y qué significa el club".

Los jugadores jóvenes son educados en historia vasca en la escuela, así que crecen apreciando el significado de la camiseta del Athletic. "Nuestro modelo es único en el mundo del fútbol. El Club Deportivo Guadalajara tiene únicamente jugadores mexicanos, pero nosotros no tenemos solamente futbolistas españoles: nosotros tenemos solo vascos". El mismo Amorrortu fue jugador del Athletic en 1970 y entrenador en la década de 1990. Como director de fútbol tiene un papel más de control. "La función de un director debe ser estar cerca de los jugadores y de los entrenadores. Debo ayudar, apoyar, hablar con ellos y entender sus problemas. Lo más importante es que todos nos movemos en la misma dirección y que somos unidos". Su posición difiere de la del presidente, quien considera que este maneja las finanzas y las transferencias. Amorrortu se enfoca puramente en el desarrollo del fútbol.

LOS RIVALES VASCOS

Sobre un camino rural y estrecho de Lezama hay un restaurante construido en madera. A pesar de que no pertenece oficialmente al club, es aquí donde los directores traen a los clientes a beber y comer. Las paredes están revestidas con elementos relacionados con el Athletic: pines, bufandas y pinturas. En cada habitación hay fotos enmarcadas celebrando los logros del club. Una de esas imágenes, de 1976, muestra a los capitanes del Athletic y la Real Sociedad cada uno sosteniendo una esquina de la Ikurriña (la bandera blanca, verde y roja del País Vasco), un símbolo suprimido en ese momento por el régimen de Franco. Si alguna vez se necesitó una prueba de que el fútbol trasciende la rivalidad, está en esa fotografía; el Athletic perdió el juego por 5-0, pero los fanáticos del club reverencian el significado del momento y lo consideran una de sus más conmovedoras imágenes.

Durante la década de 1940, el general Franco intentó borrar las mentalidades separatistas promoviendo el provincialismo. Por un largo tiempo, los dos clubes —Athletic de Bilbao y Real Sociedad— compitieron por el honor de ser el mejor representante de la región vasca. Sin embargo, cuando la Real se desligó de su política de canteras locales en 1989, ese honor cayó a los pies del Athletic. Los fanáticos de la Real Sociedad se opusieron mucho a este cambio en la filosofía (en su autobiografía, John Aldridge —su primer extranjero firmado— recordó a los fanáticos locales escupiendo a sus pies) y como resultado convencieron al club de comprar jugadores europeos y no españoles a lo largo de la década de los 90.

A pesar de que no se agradaban el uno al otro, hay una atmósfera tranquila antes, durante y después de los partidos entre el Athletic y el Real Sociedad. Ambos clubes pertenecen a la misma región y enfrentan el mismo prejuicio antivasco de los fanáticos (a pesar de que la cultura de hinchas a distancia es casi inexistente en España). Ekain explicó cómo el sentimiento de un juego de derbi es similar al de un partido de rugby; más una visita que una invasión. Una perspectiva exterior concluiría que con la Real Sociedad teniendo la palabra "Real" en su nombre en reconocimiento a la monarquía, un símbolo obvio de España, habría más tensión entre los dos clubes. Ekain me aseguró, sin embargo, que esto apenas es reconocido por los fans de la región. Desde comienzos del siglo XX, la familia real española ha pasado sus vacaciones en San Sebastián y desde el momento de formación de la Copa del Rey, la Sociedad ha lucido el título Real.

La Real Sociedad de Fútbol tiene altos estándares que mantener. Sería fácil para ellos convertirse en un club genérico que firma y vende jugadores extranjeros, al haberse separado de sus políticas de cantera, pero no lo hacen. El "vasquismo" importa más para ellos, con el presidente del club buscando rivalizar el dominio del Athletic Club sobre el reclutamiento de los jóvenes locales. Una notable representación de esta resistencia fue el fichaje de Rubén Pardo, uno de los jugadores vascos más cortejados en España a nivel juvenil, buscado por el Real Madrid y el Athletic. La Real Sociedad fue capaz de firmar al jugador y hacer una declaración al Athletic. Le dieron una cláusula de compra de 30 millones de euros para los clubes españoles y de 60 millones de euros para los clubes vascos. La idea detrás del contrato era mostrar a los futbolistas jóvenes de esta región que había una alternativa al Athletic. Sin embargo, para consolidar su fuerza de grupo en años recientes, el Athletic de Bilbao ha buscado firmar jugadores vascos desplazados de clubes rivales. En los fichajes de Raúl García del Atlético y de Beñat (que ya era producto de la academia) del Betis, esperaron reforzar su identidad de ser un verdadero hogar para los protagonistas locales.

EDUCANDO EL ORGULLO

Iñaki Azkarraga fue buscado como maestro hace 20 años por Amorrortu. Su trabajo era educar e infundir orgullo en los jugadores jóvenes. Él reconoce lo esencial que es para el Athletic el apoyar no solo a los jugadores jóvenes, sino a sus familias también. "Una vez que la decisión está hecha (la de fichar a un jugador) los cuidamos tanto como sea posible. Tenemos a dos chicos trabajando en su educación y un chico encargándose de sus familias. Tenemos especialistas en fisioterapia, en fitness; todos aquí son muy amigables", lo cual es correcto. Hay una atmósfera cálida en

la sede. Todos sonríen y dicen ¡aupa! (un saludo informal que significa "arriba" o "vamos") al pasar —jugadores incluidos—. "Usualmente intentamos decirle a los chicos que si quieren ser futbolistas profesionales, este es el mejor lugar. La mejor manera de llegar a la Primera División es por el Athletic". Un jugador joven puede firmar por el club sin preocuparse de que su camino al equipo principal será prohibido por costosos recién llegados. Si se aplican, entonces la oportunidad llegará. "Saben que confiamos en ellos y cuando son jóvenes tienen nuestra fe, que si siguen los pasos entonces jugarán en el primer equipo". Amorrortu reafirmó el punto anterior con una hoja de cálculo, mostrando que "el 80% de nuestro equipo proviene de la academia. Les ofrecemos un mínimo de dos debuts de liga por año, a veces los aumentamos a cinco. En promedio nuestros jugadores se quedan por 7,2 años".

"POR QUÉ" ENTENDIDO. ENTENDIENDO EL "CÓMO"

Caminando por los recién cortados campos de juego de Lezama, la pregunta que me carcomía era "¿cómo?". ¿Cómo puede un club con tales restricciones hacerlo tan bien? En 2016 terminaron quintos en una Liga de gigantes. El Euro Club Index lo tiene como el decimoctavo mejor club de Europa (de 703 equipos)[9], delante del Liverpool, el Porto y ambos clubes de Milán. Tácticamente, solo tienen un grupo limitado de jugadores de dónde escoger (con una edad promedio de 27,1 años), pero aun así son capaces de burlar a sus oponentes. Amorrortu se recostó en su silla para pensar acerca de la pregunta sobre el "cómo". Sorprendentemente, señaló hacia el enfoque en la identificación cognitiva en la academia, algo que piensa que separa al Athletic de otros clubes. "Al identificar el talento, los aspectos médicos y psicológicos pueden ser medidos. Pero lo que no es claro es el aspecto mental del juego. Los tendones de un futbolista moderno están basados en estos aspectos. Estamos convencidos de que nuestros modelos de reclutamiento y formación en la academia deben estar basados en la identifica-

---

9   Una página web que predice el éxito de los equipos basado en su forma reciente y en datos de sus temporadas recientes. Euroclubindex.com. Datos tomados en noviembre de 2016.

ción y mejora de estos rasgos mentales". Destaca tales aspectos en un pedazo de papel que imprime para mí, exponiendo el punto. "Deben comprender el juego para tomar las decisiones óptimas, no bajo instrucciones estrictas. El jugador debe evaluar cuál es la decisión correcta", dijo apuntando a su cabeza. Y añadió: "Porque estamos convencidos de que nuestro método para mejorar no tanto las habilidades técnicas, sino la visión (en referencia a comprender el fútbol tácticamente) es la cosa más importante a desarrollar. Ahora hay un sistema de educación para los futbolistas que es completamente diferente al pasado. La comprensión requerida para tomar la decisión técnica correcta es muy distinta que antes. Debemos mantener su mente clara para que sean capaces de tomar las elecciones correctas".

Los entrenadores de aquí promueven una forma de rendición de cuentas por la cual los jugadores se hacen responsables de su desarrollo. No es poco común ver a niños llevando todo el equipamiento —pelotas y conos— en lugar de que lo hagan los entrenadores. Desde este punto, los futbolistas son analizados para chequear si cumplen con los objetivos del conjunto. ¿Se están desempeñando bien en la escuela? ¿Han cumplido sus metas de progreso personal? "Por supuesto, lo que queremos es que entiendan el juego con autonomía y tomen responsabilidad".

LA MISIÓN

"Nuestra misión —explicó Amorrortu con una presentación de los objetivos del club— es el entrenamiento de los jugadores". La complejidad de la práctica está enmarcada en una cultura basada en el aprendizaje, la participación y el pensamiento crítico en nombre de los futbolistas; "orientada a mejorar el desempeño con una actitud ganadora". En un momento, ganar era visto como un oponente para el desarrollo. Cursos dictaban que los jugadores necesitaban formarse en un ambiente sin competencia. Era un sistema que le permitía ganar a cada niño, a pesar de que las naciones exitosas aprovechaban la competitividad. En la actualidad, el progreso funciona junto con ganar —son parte de la misma familia—. La competencia es natural, especialmente en un deporte como el

fútbol. Por lo tanto, es sano para los jóvenes probar la victoria, saborearla y disfrutarla, así como también sentir el sabor amargo de la derrota. Con esto en mente, el objetivo del Athletic es desarrollar una mentalidad ganadora. La presentación de Amorrortu de cómo gana el Athletic se expuso en tres secciones:

1. Demandas en los entrenadores

2. Demandas en los jugadores

3. Objetivos del club y la academia

Demandas de los entrenadores (en esta diapositiva Amorrortu comenta siete tareas que se les dan a los técnicos):

- La primera es ser un "experto en fútbol". Con esto se refiere a que todos los entrenadores deben conocer todos los factores claves del juego. Por ejemplo, cómo colocar la pelota en el espacio, desde su forma cognitiva más básica hasta una demostración en pleno partido. No solo eso: un experto debe ser capaz de aplicar esa colocación de balón en un plano táctico. Por ejemplo, el mediocampista central recibe la pelota bajo presión y debe hacer un toque abierto hacia el sector libre.

- Segundo, un técnico del Athletic debe ser un ejemplo en su actitud, atuendo, lenguaje y personalidad. Tiene que verse y actuar como un entrenador profesional.

- En tercer lugar, debería estar comprometido con su crecimiento personal, usando su tiempo libre para educarse en los avances del deporte.

- El cuarto punto que destaca Amorrortu es que el técnico debe apreciar que está trabajando como una parte de un contexto más grande; es "nosotros más que yo". Con esto quiere decir que el entrenador no debería enfatizar en exceso en puntos o sesiones que busquen ponerlo a él como el centro de atención, sino adherirse a la estructura que ya está establecida.

- Su quinta demanda es para que el técnico se identifique con la filosofía centrada en el jugador, relacionada con el punto cuatro. El futbolista es más importante; las sesiones deben apuntar a desarrollar un grupo de individuos competitivos.

- El entrenador tiene una "demanda vocacional" en el punto número seis, como empleado del club.

- La séptima y última demanda relaciona todos los puntos anteriores como "entrenamiento de los jugadores", analizado a lo largo del año a medida que los jóvenes se desarrollan adecuadamente.

Demandas en los jugadores (de las cuales hay cinco):

- Educar a los futbolistas para que sean capaces de entender el juego a cada nivel, permitiéndoles tomar "las decisiones óptimas de manera consistente". Esto se hace a través de las sesiones relacionadas con el juego, proporcionándoles escenarios reales y dándoles una oportunidad para que resuelvan los problemas presentados. El fútbol es caótico y no hay 90 minutos de escenario que se repitan de la misma manera. Por lo tanto, el trabajo del entrenador es darles a los jugadores la comprensión de lo que deben hacer en cada situación, para que sean capaces de tomar una decisión en el encuentro basada en sus experiencias en el entrenamiento.

- Los futbolistas deben ofrecer "soluciones técnicas acordes con las demandas del juego", como rematar en la esquina opuesta a donde está el portero o realizar un control perfecto después de un despeje del balón campo arriba.

- Tercero, al Athletic le gusta enfatizar que los jugadores son su propio punto de referencia para mejorar —esta sección simplemente se titula "responsabilidad"—.

- El cuarto punto está relacionado con el anterior, en que los jugadores deben aprender a evaluar su propio desempeño y los objetivos establecidos para ellos. A esto lo llaman "autonomía".

- Finalmente, los futbolistas que desean jugar en el Athletic deben tener un buen perfil físico. Tienen que ser rápidos, poderosos y duros, o deben ser excelentes en un área determinada.

Objetivos del club y la academia

El objetivo eventual es que los jugadores se desarrollen en el marco del club para que representen al equipo principal. Esto será escenificado en lo que las llamadas "evoluciones", algo que tenderemos a llamar grupos de edad de formación, de edad intermedia y de edad avanzada (por ejemplo, el primero va de Sub-6 a Sub-10, y el tercero, de Sub-18 a Sub-21). Los objetivos en estas progresiones son similares a las expectativas en otra parte. Traducido del vasco al español, en la diapositiva se escribe: "Estableceremos un plan con diferentes secuencias de trabajo, orientadas y ejecutadas hacia el entrenamiento de un jugador holístico, en términos de su competitividad". En otras palabras, el club tiene tres fases puestas para que los futbolistas progresen a través de ellas. Al final de las etapas, deberían ser "holísticamente competitivos" o, dicho de otra forma, estar listos para jugar.

El primer escenario es un enfoque multilateral para introducir los patrones básicos (driblar y pasar). El segundo, una individualidad específica o un juego de posición específico para los defensores, mediocampistas y delanteros. El tercero y último, llamado alto desempeño, consiste en un perfeccionamiento del oficio de cada jugador. Suena complicado, pero solo Amorrortu es quien debe comprender el marco completo: los entrenadores vascos del Athletic solo deben enfocarse en su grupo de edad específico.

REPLICANDO EL ÉXITO

La mayoría de los clubes tienen presentaciones explicativas similares a esa, así que después le pregunté a Amorrortu realmente cuál era el secreto del Athletic. "Mucha gente viene aquí y pregunta eso. ¿Cuál es el truco? Para mí es difícil explicarlo, debes entender el carácter de los jugadores de aquí. Hay un sentimiento de importancia y un orgullo de ser parte del proyecto. Es una tradición de nuestros padres y abuelos". Todos los clubes al tener acceso a un nivel similar de habilidades, como el análisis del desempeño y del entrenamiento, la motivación intrínseca toma una gran importancia. Al ser bendecido con jugadores que ya están motivados antes de los partidos debido a las tensiones históricas y políticas percibidas, entendiendo que la camiseta del club que llevan es una extensión de su identidad local, el Athletic se asegura de entrar a los partidos con una ventaja de 1-0.

Hay tantos factores puestos aquí que facilitan el sistema de cantera, que replicarlo en otro lado sería casi imposible. Un club intentando seguir el modelo debe tener una historia de opresión (percibida o genuina) y un pozo de talentos lo suficientemente grande del cual sacar jóvenes. El Celtic de Glasgow podría intentar imitar la parte de la cantera, pero para hacerlo necesitaría acudir al arcaico y no deseado sectarismo para inspirar el separatismo. Por un lado, está el aceptar las diferencias como ser una cultura única y, por otro, está la promoción de una intolerancia llena de odio. Hay una fina línea, pero el Athletic está en el lado correcto de esta. Si la economía política de Italia cambia, podríamos ver al Napoli dominando un Estado del sur italiano, pero le falta la infraestructura que se encuentra en Bilbao (esta es una de las ciudades más ricas de España, mientras que Nápoles es una de las más pobres de Italia). Palermo y Catania también vienen de una región donde el orgullo siciliano local toma precedencia sobre el nacionalismo italiano, pero su Liga, al igual que le sucede al Napoli, no es lo suficientemente rica como para invertir en una estructura juvenil como la del conjunto vasco. Lo que un club necesita es una Liga fuerte y con ganancias regulares, lo que le permite reinvertir en su infraestructura. Deben ser capaces de ofrecer salarios competitivos y títulos con consistencia para convencer a sus jugadores de que se queden (cuando la relación entre el club y el talento dejó de ser mutua, Llorente se fue a la Juventus, Martínez partió al Bayern y Herrera pasó al Manchester United), tener una fuerte identidad local y poseer fanáticos que apoyen la moción. No pasará sin esos factores; de lo contrario, uno simplemente sería testigo de un club respaldado por una academia fuerte que produce jugadores para la venta.

A nivel del Reino Unido, tal vez en Manchester, Liverpool, Yorkshire y otras partes del norte podría intentarse gracias a la desconfianza gubernamental que se alberga en las personas de estas

regiones, derivada de la negligencia económica en la década de 1970 y 1980. Esas partes insulares de Inglaterra tienen una mentalidad más regional que nacional. Sin embargo, los clubes de la Premier League están tan inmersos en la agenda financiera que nunca se permitirían confiar en los jóvenes. El Everton es bastante adecuado, con un estatus similar al Athletic de Bilbao, pero su Liga es demasiado competitiva para intentarlo. Les costaría mucho sobrevivir con un equipo de jugadores únicamente de Merseyside, incluso si los fanáticos lo permitieran. Jugadores como Wayne Rooney y Ross Barkley aparecen una vez en cada década, y aunque el club podría firmar nombres como Scott Dann y Joey Barton (como el Athletic firmó a Ander Herrera y Javi Martínez), serían incapaces de terminar entre los cuatro mejores en Inglaterra; allí hay una piscina global de talento de dónde elegir, así que es menos probable que puedan prosperar recluidos de esa manera. Algo que también le falta al Everton es un núcleo politizado como el que tiene el Athletic, donde los jugadores son educados en el sufrimiento histórico de la región —y aunque Liverpool es una isla, no es apasionadamente separatista—. Los de Bilbao están equipados con muchos factores intrínsecos que los sustentan; son el dióxido de carbono del fútbol.

EL SECRETO

Una gran mansión no puede ser construida sin fuertes cimientos. Iñaki sabe esto. "He estado aquí por 20 años. Fue Amorrortu quien quería que alguien viniera y apoyara a los jugadores de la academia con sus estudios cuando él era entrenador en 1995. Tenemos una cultura académica de personas que se encargan de sus estudios porque esto nos da una buena idea de los niveles de disciplina de los jugadores y qué tan dispuestos están a hacer sacrificios. Los vascos son diferentes en algunos aspectos; la gente es muy dura, de mente fuerte. Hay décadas de historias acerca de nosotros siendo autosuficientes que se ajustan a nuestra identidad y crean una rueda que defiende nuestros valores".

En el fútbol de hoy en día, los clubes compiten por ganancias marginales. La mayoría son iguales en términos de técnicas de análisis y en la profundidad del equipo, así que deben encontrar una ventaja competitiva en su preparación para los partidos. Encaran cada juego con un intento de motivar a sus jugadores a pelear por ganancias marginales. Si un club tiene un grupo de futbolistas intrínsecamente motivados, como se mencionó, entonces está en una posición aventajada. Si, como pasa con Athletic, está en una posición en la que puede inculcar un deseo intrínseco instruyendo a los jugadores jóvenes de la academia sobre la situación histórica de su región, reforzando cómo el conjunto para el que juegan representa una nación autónoma de personas, entonces está sobre una base fuerte. "A los niños se les enseña la historia vasca. Con la democracia, empezamos a descubrir nuestros propios valores. Cuando aprenden acerca de esto en la escuela, para el momento en que están en el equipo principal, representar a la entidad significa todo para ellos". Este es el secreto del Athletic de Bilbao: cómo su debilidad los hace más fuertes.

Los entornos educativos también le permiten al club medir la responsabilidad de cada jugador. Es un enfoque universitario estadounidense para el tiempo de juego, el cual se les descuenta a los deportistas jóvenes que no valoran su educación. "Tenemos varios futbolistas que están teniendo malas notas en la escuela, así que les pedimos estudiar con nosotros durante la semana para mejorar, y dependiendo de la calidad de su trabajo podrían jugar menos durante los partidos. Es un incentivo para que hagan las cosas bien y se enfoquen en su educación". El club tiene un deseo de crear "personas de Primera División", no solo jugadores de Primera División. Están entre los futbolistas más inteligentes de los alrededores. Si alguien no se asegura un contrato profesional, entonces hay un plan de contingencia disponible, permitiéndole ganar una beca universitaria en Estados Unidos totalmente pagada por el club.

AMAIERA

La dependencia local del Athletic sigue siendo sostenible. Es una admirable política que proyecta al club en contra de las olas rompedoras del fútbol dependiente del dinero. Su visión interna es a menudo romantizada, aunque como club son pioneros en la

formación de jóvenes. En una escala global, han ganado admiradores por su cantera, como fanáticos de otros clubes que están desilusionados con el carrusel de idas y vueltas, que idealizan esa política. En un esfuerzo por alcanzar este cuerpo de admiradores, el Athletic creó el premio "Hombre de Un Club", presentado a los jugadores en San Mamés frente a 40 000 fanáticos. La distinción es un intento de recompensar la lealtad en el fútbol. Hasta este momento lo han ganado nombres como Matt Le Tissier (del Southampton) y Paolo Maldini (del AC Milan).

El Athletic nunca abandonará sus tradiciones. Incluso si estuvieran relegados, igual retendrían San Mamés y Lezama, así como una fantástica estructura de jóvenes y un pronóstico orgánico prometedor. Tan fuertes son los cimientos del club que los usualmente omnipresentes Real Madrid y Barcelona son incapaces de fichar a los jóvenes vascos. Este es el club de una gran comunidad, un envoltorio que Amorrortu refuerza: "Nuestra preocupación es mejorar a nuestros jugadores cada día. Cada joven de nuestro trabajo diario debe tener un objetivo: ¡Imagina que un día serás un jugador del Athletic! Cuando entres aquí, encontrarás la solución de nuestros entrenadores. Sabemos los otros problemas de la vida de nuestros jugadores, como sus estudios, su psicología y sus dificultades familiares, y les brindaremos apoyo. Nuestra preocupación debe ser tener interés en cada aspecto de la vida del futbolista, al tiempo que aumentamos nuestro nivel juntos".

Mientras caminaba de Lezama, el fuerte sol había cedido, dando paso a una calmada tarde. Un coro de pájaros armonizó mi camino, más allá de los campos de hierba y por el trecho rural. Había villas blancas esparcidas en diferentes niveles de la ladera, con persianas verdes o rojas —los colores de la bandera vasca Ikurriña—. El fútbol está desprovisto de excepcionalismo en esta era moderna, con un mercado de jugadores libre y fluido, y entrenadores y fanáticos moviéndose de aquí para allá. Debido a su postura, puede que el Athletic no siempre gane los puntos, pero vence en cada partido. En el triunfo o en la derrota, son el club de fútbol que más gusta. Que se mantenga la cantera durante mucho.

CAPÍTULO 4

MAESTROS Y APRENDICES: LOS INNOVADORES TÁCTICOS DE OPORTO

Con el fin de apreciar el clima de la Oporto moderna, tenemos que seguir los pasos de José Mourinho y André Villas-Boas. La de ellos es una historia de hombres ambiciosos que crecieron de roles solitarios —uno era traductor y el otro scout— a la realeza europea. Ninguno de ellos habría alcanzado el hermoso mundo del fútbol sin dirigir a los Dragões. Era una relación beneficiosa mutua, ya que el FC Porto continúa beneficiándose del legado que ambos dejaron. La historia de Mourinho–Boas, de orígenes conspicuos a conocidos mutuos, pasando por ser aliados inseparables y más tarde rivales, podría ser perfectamente un tema de novela. Unidos por una visión compartida, José y AVB tuvieron los mismos mentores: Bobby Robson y el teórico táctico Vítor Frade. Este capítulo trata de una metodología táctica desarrollada en el FC Porto por ambos hombres. El club es, y lo ha sido durante el mayor tiempo, un lugar donde el potencial prospera.

Toma un día de viaje llegar a Oporto desde Bilbao. El tren avanza lentamente por las regiones insulares de Vasconia y Galicia antes de detenerse en Vigo, en la costa oeste del norte de España. Fuera del país, la independencia gallega es desconocida en gran

medida, en parte debido a la relativa neutralidad de sus equipos de fútbol, el Deportivo La Coruña y Celta Vigo. Los carriles poco desarrollados guían los trenes a través de las montañas de Cantabria, donde los pasajeros se maravillan a la sombra de las copas de los árboles verdes. Galicia es un buen punto medio, siendo su idioma una combinación de español y portugués. Luego, en los caminos polvorientos de las fronteras nacionales, uno se percata de que España se volvió Portugal solo cuando los árboles naranjas son remplazados por palmeras (y cuando los pasajeros empiezan a usar sus teléfonos móviles otra vez). Como en la mayor parte de Europa, no hay un punto de seguridad, solo fronteras invisibles.

Los caminos no pudieron haber cambiado tanto en las dos décadas desde la llegada de Bobby Robson a Oporto. Era 1994 y una parte de él debió haber echado de menos su hogar. El Sporting de Lisboa había despedido al exentrenador de Inglaterra pocos meses antes, a pesar de estar entre los mejores de la Liga en ese momento. Esto sería su pérdida. Oporto le dio la bienvenida con los brazos abiertos. Mientras lo llevaba un chofer al centro de la ciudad desde el aeropuerto Francisco de Sa Carneiro, una gran estatua perforaba el horizonte delante de él. Representaba a un león en la cima de una columna de 40 pies de altura, con su cuerpo y sus patas delanteras atrapando al águila que tenía debajo. El león en la estatua es Gran Bretaña, cuyas fuerzas navales defendieron a Portugal del águila suprimida de la Francia de Napoleón entre 1808 y 1814. Por esto las personas de Oporto están agradecidas con los británicos, cuya intervención les permitió llamarse invicta —la ciudad invencible—. Robson también fue bien recibido por el clima. Las gaviotas graznan tras nubes grises de lluvia pasajeras tanto de noche como de día; Oporto parece una ciudad costeña británica en verano. El sol se asoma el tiempo suficiente para secar los adoquines y levantar los ánimos, antes de que caiga otra lluvia. Por esto, la ciudad está coronada con un eterno arcoíris.

Bobby Robson no estaba solo en Oporto. Su asistente, traductor y reciente amigo José Mourinho había accedido a acompañarlo al norte. Para José, los anteriores diez años habían sido un torbellino. No se detuvo nunca, progresando de un trabajo entrenando a niños en escuelas para unirse a la academia de su equipo local, el Vítoria de Setúbal. Había coqueteado con roles de scout y entrenador asistente en otros clubes más pequeños, antes de aplicar a ser el traductor de Bobby Robson en el Sporting de Lisboa. "Le debo mucho. Yo no era nadie en el fútbol cuando vino a Portugal", comentó alguna vez. Que a Robson le agradara inmediatamente José (se encontraron por primera vez en el aeropuerto) probaría que este era su momento decisivo. Con gran entusiasmo, siguió a su "míster" al FC Porto. Ahí ganaron la Liga en 1994 y 1995.

INGRESA EL NIÑO

De acuerdo con la leyenda, una mañana un colegial bien vestido se acercó a Robson y valientemente le empezó a hablar en perfecto inglés. Este reconoció que el muchacho era uno de sus vecinos y discutió alegremente sobre fútbol con él. "¿Por qué no estás jugando los domingos?", preguntó el niño. A Robson le agradó y admiró su introducción descarada.

André Villas-Boas, ese joven, vivía en una zona acomodada de Oporto con su madre y su padre —él era profesor, y ella, empresaria—. Pasaba su tiempo libre en la escuela jugando a ser entrenador de la Champions (y lo continuaría haciendo hasta que lo nombraron como entrenador en Académica de Coimbra, en 2009)[10], así que cuando descubrió que Robson se había mudado a su bloque de apartamentos, planeó tener un diálogo con él. El par continuaría hablando cada vez que tuviera una oportunidad, con un joven AVB —seguro por la confianza que trae consigo la juventud— que dejaba los reportes de scout en el buzón de Robson cada viernes. Eventualmente fue invitado a ver entrenar al equipo que apoyaba. Conoció a los técnicos, estrechó manos con los futbolistas y se cruzó con el traductor de Robson, José Mourinho. A los 17, enviaron a AVB a ganar sus insignias de entrenador a Lilleshall bajo la bendición de Robson. También lo enviaron a Ipswich Town a estudiar con el entrenador George Burley: "Bobby me dijo que el chico iba a ser algo especial en el mundo del entrenamiento. Me llamó y

---

10   De acuerdo con su biografía, hecha por Luis Miguel Pereira y Jaime R. Pinho.

André pasó dos semanas siguiéndome. Vino a todas las sesiones de entrenamiento y a las reuniones con el equipo. Pensé que Bobby había encontrado algo especial", dijo Burley.

Robson dejaría Porto en 1996 para unirse al Barcelona, llevándose a Mourinho con él. AVB se quedó detrás para dirigir en la academia, siendo un adolescente todavía. En 1999, Robson volvió a Inglaterra con el Newcastle; Mourinho, sin embargo, se quedó en el Barcelona, continuando con su educación bajo la guía de Louis van Gaal. Desconocido para quienes no estuvieran adentro, ningún otro ambiente en el mundo estaba criando tantos futuros entrenadores talentosos. El club fue un semillero de mentes ilustradas el tiempo que José estuvo ahí. Desde 1996 al 2000, compartió ideas con jugadores como Laurent Blanc, Luis Enrique, Frank de Boer, Phillip Cocu, Julen Lopetegui y Josep Guardiola, su futuro némesis. La educación de Mourinho a cargo de Robson y Van Gaal lo elevaron a ser el entrenador jefe del Benfica en el año 2000. Sucedió a Jupp Heynckes como entrenador a los 37 años, después de que el alemán fuera despedido, pero luego se fue cuando el Benfica cortejó otros técnicos.

André Villas-Boas también tenía ambiciones de trabajar a nivel profesional en el fútbol. Más o menos al mismo tiempo que José tomó el relevo de Heynckes, AVB aplicó por un papel con las Islas Vírgenes Británicas. Tenía 22 años, pero no reveló su edad durante el proceso de aplicación. Para ellos fue un shock descubrir que habían contratado a alguien tan joven.

TP

Vítor Frade era un profesor en la Universidad de Oporto que había estudiado y enseñado educación física, medicina y filosofía. Mientras estuvo ahí, a finales de la década de 1980, combinó sus conocimientos en tecnología, antropología y psicología para crear un programa de desarrollo deportivo llamado "periodización táctica"[11]. Mourinho habló por primera vez con Vítor Frade cuando estuvo trabajando en la academia de Setúbal. Para el momento en el que fue a Oporto con Robson, volvió a tener contacto con él y los tres hombres se conocieron más personalmente; discutiendo, entre otras cosas, de la duradera influencia del héroe del fútbol de Robson, Jimmy Hagan, y su legado en las tácticas en Portugal (Hagan ganó tres campeonatos de Liga con el Benfica a comienzos de 1970). Décadas más tarde, como entrenador del FC Porto, José Mourinho alentaría a su joven equipo de técnicos, analistas y scouts a estudiar el trabajo de Frade. Por nombrar a alguno, se lo recomendó a Vítor Pereira (Rui Faria y André Villas-Boas ya lo habían hecho).

En enero de 2001, Mourinho fue capaz de implementar la periodización táctica completamente, habiendo llevado al pequeño club União de Leiria al tercer lugar de la Liga. El presidente del FC Porto, Jorge Nuno Pinto da Costa, estaba construyendo una reputación para invertir en el potencial y llevó a Mourinho de vuelta al club en 2002, en esta ocasión como entrenador principal. Al ser una pequeña ciudad costera, los nombres son recordados y discutidos diariamente en Oporto. En Crestuma, su base de entrenamiento, Mourinho se apoyó en Vítor Frade una vez más para discutir un enfoque metodológico para el Porto. Decidió contratar al joven André Villas-Boas como analista de equipos rivales y así, como en una novela, sus caminos se entrelazaron una vez más. Sin Bobby Robson como mentor, Mourinho reestructuró el sistema educativo del FC Porto de arriba a abajo, con los principios de la periodización táctica fluyendo a través de cada grupo de edad.

---

11 Se traduce "periodización" del portugués en referencia a "período de tiempo", específicamente por el tiempo tomado por los entrenadores para integrar el modelo de juego, basando el entrenamiento en lo técnico, táctico, psicológico y físico. Este tiempo es organizado en "morfociclos" entre los partidos.

PRINCIPIOS DE LA PERIODIZACIÓN TÁCTICA: EL PORTO DE MOURINHO

A pesar de que la periodización táctica fue estigmatizada por algunas personas en los medios de comunicación, en parte por su uso excesivo como una referencia, es un enfoque bastante apreciado entre los entrenadores de élite. En vez de llamarla "periodización táctica", ellos hacen referencia a un "proceso de entrenamiento" y lo aceptan como una práctica común, haciendo que sus futbolistas practiquen de la manera más cercana posible al juego y no de forma aislada. Ya no es un factor primordial en el éxito de un equipo (en los 2000 era considerado como algo revolucionario), sino que es considerada la manera en la que se hacen las cosas —como se entrena en la mayoría de los equipos—. Mourinho popularizó el enfoque en el Porto y el Chelsea, pero luego de que Timo Jankowski escribiera su libro Taktische Periodisierung im Fußball otros defensores de la periodización táctica han sido Marcelo Bielsa, Brendan Rodgers, Jorge Jesus, Christian Gourcuff, Rudi García, Mauricio Pochettino, Roberto Martínez, Jorge Sampaoli, Luis Enrique y Julen Lopetegui.[12]

Esta metodología también ha sido incorporada por Pep Guardiola, un hombre al que Vítor Frade le tiene una gran admiración. Antes de la Navidad de 2014, Guardiola se reunió con Eddie Jones, quien era el entrenador de la selección de rugby de Japón, y los dos compartieron ideas que beneficiarían a ambos deportes. "El enfoque del fútbol es llamado periodización táctica, donde todo está hecho en preparación para el juego y con el fin de tener consciencia táctica —le dijo Jones a Sky Sports—. Observé al Bayern entrenar y tuve una buena reunión (con Guardiola), y realmente pienso que podemos mejorar mucho con ajustes en la forma en la que entrenamos". Japón llegaría a derrotar a Sudáfrica en la Copa Mundial de 2010, en una de las sorpresas más grandes de la historia de este deporte.

---

12   Jankowski, T (2015). *Taktische Periodisierung im Fußball: Die Übungen der Spitzentrainer. Trainieren wie Guardiola und Mourinho. Aachen: Meyer & Meyer.*

El entrenamiento de la periodización táctica universaliza cada fase del juego, de la defensa al ataque, y desarrolla cada momento a lo largo de la práctica. Anteriormente, las sesiones diarias de fútbol incluían ejercicios físicos y tácticos aislados, pero como le explicó Vítor Frade a Martí Perarnau (autor de Pep Confidencial): "La periodización táctica rechaza el lado físico porque este está separado del entrenamiento del modelo de juego, lo cual lleva a la especificidad". El fútbol es fluido, no específico. Dicho de manera simple, esta metodología enseña escenarios de la vida real del fútbol de manera conectada. No utiliza los ejercicios tradicionales aislados, como correr alrededor de los campos o, al estilo Sacchi, jugar con las distribuciones sin el balón. También tiene la subyacente filosofía de promover los principios del equipo todos los días. Mientras más realista sea el entrenamiento, más capaz será el futbolista de transferir su conocimiento a los partidos. ¿Por qué practicar sin el balón? En la periodización táctica no se pierde tiempo.

José Mourinho ganó la Champions League con el Porto en 2004, extendiendo la base de conocimiento a su grupo a través del entrenamiento. Se pasaron por alto los paradigmas cada vez más venerados de la estructura y el orden de la riqueza —que el fútbol debe ser ganado por los más ricos— y triunfaron con técnicas revolucionarias de entrenamiento. Explicó sus creencias en ese momento: "Correr porque sea bueno hacerlo tiene un desgaste energético natural, pero es inútil. Así como el desgaste en términos emocionales tiende a ser inútil también, no como las situaciones complejas donde los requisitos técnicos, tácticos y físicos son demandados. La complejidad de estos ejercicios lleva a una mayor concentración".[13]

En Oporto, las personas son abiertas y francas; dicen lo que piensan y juran abiertamente, para gran molestia de aquellos de Lisboa. Las declaraciones de Mourinho del poder del norte (mientras era entrenador del club) estuvieron en contra de una centralización internamente percibida hacia Lisboa, en cuanto a variadas capacidades de favoritismo, y estaban muy en línea con la mentalidad cívica de las personas. Su retórica de "nosotros contra el

---

13   José Mourinho, como se menciona en: Tamarit, X (2015). *What is Tactical Periodization?* Oakamoor. Bennion Kearny

mundo" creó culto alrededor de él como líder, un hombre que levantaría el puente levadizo del FC Porto. Antes de hacer esto completamente, llenó el club con los jugadores más infravalorados del país. Maniche llegó del Benfica gratis; Derlei y Nuno Valente se unieron desde el Leiria por un monto combinado de 800 000 libras; y Paulo Ferreira fue firmado del Setúbal por 1,5 millones de libras. El frecuentemente cedido Ricardo Carvalho se volvió un pilar fundamental en la defensa. El "modelo de juego" de Mourinho le hizo ganar al Porto la Copa de la UEFA en 2003 y la Champions League en 2004.

CONOCIMIENTO SUBYACENTE

Al momento de llegar al Chelsea, sus métodos todavía eran frescos. Didier Drogba, firmado desde el Marsella de Francia, recuerda en su autobiografía el shock que tuvo al llegar a entrenar con zapatos de correr y que Mourinho le dijera que eso era innecesario:

—¿Adónde vas con esos? —le preguntó el entrenador.

—¿No vamos a correr? —dijo Didier, sorprendido.

—Trae tus botines de fútbol —respondió—, porque estás jugando al fútbol. Todo lo que hago está adaptado para el juego y relacionado con el juego, ¡y el juego no involucra llevar zapatillas de correr!14

En cambio, Drogba descubriría la "forma física del fútbol" en lugar de la "forma física tradicional". Fuera de Portugal, la periodización táctica era un concepto del que no se escuchaba hablar. Promovía, de manera más simple, el principio pedagógico de que el fútbol se aprendiera en una estructura lógica, girando alrededor de cuatro momentos en el juego:

---

14   Drogba, D. (2015). *Commitment*. London: Hodder & Stoughton.

1. Organización defensiva

2. Transición al ataque desde la defensa

3. Organización ofensiva

4. Transición a la defensa desde el ataque

De acuerdo con Frade, toda acción en el fútbol, bien sea controlar la pelota o pasarla, requiere: un entendimiento del contexto del juego (táctica), la habilidad para ejecutar la acción (técnica), un motor de movimiento (físico) y concentración (mentalidad). Los mejores futbolistas son capaces de elegir la jugada correcta de manera consistente dentro de un marco táctico. Por ejemplo, cuándo y dónde pasar si el equipo está ganando por 1-0 con cinco minutos restantes. Debido a que el fútbol requiere de cuatro factores —el táctico, el técnico, el físico y el mental— en cada momento, Frade reflexionó: ¿por qué se entrenan de manera aislada?

Las sesiones de entrenamiento deben considerar y desarrollar todos estos cuatro factores en cada ejercicio. La estructura lógica es lo que domina la temática de la sesión. Esto significa que si el foco del entrenamiento es la organización defensiva, Mourinho o AVB trabajarán en la forma del equipo, lo compacto que esté, los espacios, demorar al rival, forzarlo a caer en trampas de la presión y luego añadirán la consiguiente transición al ataque una vez que se ha ganado la pelota. Todo el rato los cuatro aspectos están siendo trabajados de manera inconsciente. Como cuándo presionar la pelota (táctica), la velocidad de movimiento (físico), la calma para pasar el balón (mentalidad) y la potencia del envío (técnica). "Mis sesiones duran 90 minutos perfectamente calculados —dice Mourinho—. No hay lugar para distracciones; todo está bajo control y el jugador está diseñado para trabajar a máxima intensidad cada día".

Dentro de la periodización táctica hay un universo de comprensión, pero se puede descomponer. Primero están estos cuatro factores. Luego los momentos y las transiciones. Pero dominando a ambos, como la gravedad, está el "contexto". ¿Por qué trabajar en esos momentos específicos del juego? Es trabajo del entrenador

determinar esto. Él está a cargo y debe considerarlo absolutamente todo. Por lo tanto, el entrenamiento necesita mucha consideración y planificación. Pero una vez que empieza la temporada, las observaciones tomadas de los partidos lo ayudan a decidir qué es lo que se tiene que trabajar.

El primer deber de un nuevo entrenador es decidir sobre un "modelo de juego" (un estilo) que quiere que su equipo siga. "Para mí, el aspecto más importante de mis equipos es que tengan un modelo de juego, un conjunto de principios que los provean de organización —declaró Mourinho—. Por lo tanto, nuestra atención está dirigida a ese objetivo desde el primer día de entrenamiento". Cuando llegó al Porto, su objetivo fue crear un modelo basado en varios factores: las capacidades de los jugadores que ya se encontraban en el club; el deseo del conjunto; la cultura del club; las demandas de los fanáticos y la cultura del país y de los adversarios. Una vez que el modelo está decidido y los futbolistas son seleccionados, entonces el técnico comienza a periodizar tácticamente las prácticas. Tan compleja como parece la periodización táctica, se puede descomponer de manera simple en el siguiente orden:

Identificar el modelo de juego > producir ejercicios de entrenamiento relacionados con los partidos > incorporar las transiciones > considerar los cuatro factores.

EL PORTO DE LOS PROTEGIDOS

Se ha sugerido que José Mourinho se elevó de ser un humilde traductor al mejor entrenador del mundo entre 2004 y 2012 a través de medios maquiavélicos. Esto restaría valor a los años de estudio que pasó con Frade y Robson en el Porto, y con Van Gaal en el Barcelona. El ascenso de Mourinho fue uno de pura ambición. Cuando un hombre está envuelto en eso, pocos pueden disuadirlo. En una habitación metafórica llena de 100 personas, uno puede evaluar sus prendas y su presentación exterior, pero no puede ver lo que reside dentro de ellas. La ambición es invisible. Para algunos se desvanece con el tiempo; para otros, como Mourinho, crece. Solamente él previó su futuro. Representando la famosa introducción de T. E. Lawrence, él era un soñador de día.[15] El traductor soñó con la gloria y se despertó un día para encontrar que era realidad.

Tal vez no se dio cuenta durante sus años juntos (aunque uno imaginaría que planearon proyectos de vida las largas horas que estuvieron juntos en los partidos), pero el protegido de Mourinho, André Villas-Boas, tenía una ambición equivalente; era un compañero soñador de día. "Pude aprender muchas cosas y trabajar con él (Mourinho) te lleva a otro nivel —recordó en una entrevista con International Business Times—. Te enamoras de él y se convierte en tu ídolo. Yo quería ser como él, saber todo lo que sabía y absorber toda la información que estaba dando".

Sin embargo, en 2009 AVB decidió ir por sí solo. El joven se sentó en un gran auditorio releyendo los puntos clave de su presentación, esperando que entrara su grupo. Sabía qué era lo que iba a decir, pues su presentación sería similar a una que había expuesto al presidente del club, José Eduardo Simões, varios días antes. En ella, en la casa del presidente, un Villas-Boas sin afeitar expuso sus objetivos para mejorar a la Académica, que en ese punto se encontraba incómodamente en el fondo de la tabla de la Liga portuguesa. Lo que entregó Villas-Boas ese día fue uno de los famosos reportes de scouts que lo habían llevado del Porto al Chelsea y al Internazionale con Mourinho. Además de identificar las fortalezas y debilidades de la Académica, explicó por primera vez en su carrera cómo el grupo sería mejorado. Fue similar a la presentación que hizo José Mourinho a Roman Abramovich en 2004, sobrepasando a Sven-Göran Eriksson como el hombre predilecto del ruso para el trabajo. El conjunto, como explicó AVB, sería desarrollado a través de un programa de periodización táctica.

"Un bote está a salvo en un puerto —dijo, saliendo de la sombra de Mourinho—, pero para eso no fue que se hicieron los botes". En

---

15   "Todos los hombres sueñan, pero no de igual manera. Aquellos que sueñan de noche, en los recesos polvorientos de su pensamiento, se despiertan de día para darse cuenta de que era vanidad: pero los soñadores de día son hombres peligrosos, porque pueden actuar en sus sueños con los ojos abiertos, y hacerlos posibles". T. E. Lawrence (1922). *Seven Pillars of Wisdom: a triumph.*

su primera temporada como entrenador, la Académica sobrevivió al descenso. Para el final de su segunda (entonces con el FC Porto), Villas-Boas se había vuelto el mejor prospecto de entrenador de Europa. Como estudiante más reciente de Frade, AVB adaptó su modelo de juego para ajustarse a una formación de 4-1-2-3 (una variación del 4-3-3 con solamente un mediocentro). Tácticamente, transformó al Porto en un equipo más dinámico que la versión de Mourinho. Puso un mayor énfasis en presionar rápido y, en general, valoró la velocidad en cada transición del juego. Así era su modelo de juego. Rolando y Nicolás Otamendi en el centro de la defensa jugaron a una altura mayor; Sapunaru y Pereira tenían un mayor grado de libertad como laterales que Valente y Ferreira; de ser requerido, Fernando, Moutinho y Belluschi tenían la capacidad de sostener la posesión por más tiempo, y Hulk y Falcao compartieron la responsabilidad de golear que Mourinho dejaba sobre Benni McCarthy. Era un estilo de fútbol alabado por Vítor Frade e inspirado por su héroe del fútbol, Johan Cruyff.

El FC Porto ganó la Supercopa, la Copa de Portugal, la Primeira Liga y la Europa League, permaneciendo invicto toda la temporada. Concedió solo 13 goles, dándole orgullo a Oporto por su título Invicta (la ciudad invencible). La perfección en la vida es una aspiración a menudo inalcanzable. Lo mismo pasa en el fútbol. Sin embargo, creer que esa excelencia se puede alcanzar a veces atrae el éxito. La temporada 2010/11 fue una que se acercó lo más posible al ideal que el fútbol puede ofrecer. Con 33 años, Villas-Boas se convirtió en el entrenador más joven en ganar un trofeo europeo y apenas el undécimo en ganar un triplete. Algo más crucial para él es que para una generación de mentes jóvenes se convertiría en la inspiración para luchar por lo inalcanzable en el fútbol.

LEGADO DE METODOLOGÍA

El FC Porto ha construido con el tiempo una reputación de progresista. En los 40 años siguientes a que Jorge Nuno Pinto da Costa se uniera al personal detrás de escena del club, Porto ganó 22 títulos de Liga y dos Copas de Europa. "Tenemos scouts internos y externos que están divididos en varios niveles de observación, lo cual le permite a un jugador ser visto por varias personas —explicó el director del club, Antonio Henrique—. Trabajan con un grupo en las sombras, que es un conjunto de jugadores de varias Ligas que son identificados como capaces de ser contratados por el Porto". Así como apunta a futbolistas con potencial, el Porto invierte en entrenadores y directores, y activamente promueve relaciones con la Universidade do Porto —uno de los más grandes ambientes académicos de fútbol en la Europa atlántica—.

Los licenciados José Mourinho y André Villas-Boas llevaron las enseñanzas del profesor universitario Vítor Frade al club —incluso ofreciéndole a este un papel de metodología de desarrollo—. Rui Faria era uno de los estudiantes más brillantes de Frade cuando contactó a Mourinho en la década de 1990 para hablar sobre su tesis en Barcelona. Impresionado, Mourinho lo llevó al Porto en 2002 al regresar como entrenador. Faria sería el hombre que implementaría las sesiones fitness periodizadas. Se volvió la indispensable mano derecha de José. "El objetivo siempre será el mismo", dijo de la metodología. Y agregó: "Hacer un conjunto de principios conscientes y luego subconscientes de una manera en la que mostremos naturalmente una forma de jugar".[16]

Cuando están en los cursos de la licencia UEFA Pro, se les pide a los entrenadores que creen una tesis de estudio. A menudo buscan consejos de Frade. Él les dice que simplemente estudien lo que hizo Johan Cruyff en el Barcelona como el modelo de juego ideal. "Esta pasión por el juego de Cruyff no es por nada. Estamos hablando de alguien que (fue) un hito en la evolución cualitativa del fútbol". Según los reportes de Frade, José Mourinho era un aficionado del fútbol "cruyffista" y fue este estilo el que implementó en el Porto en los 2000.

Mourinho llegó a ser visto como el antihéroe del fútbol "cruyffiano" con su estilo de juego reactivo, pero eso provino de la necesidad. Él entiende la fragilidad de la vida como entrenador de fútbol —su padre fue despedido una Navidad cuando José era niño—

---

16 Tamarit, X (2015). *What is Tactical Periodization?* Oakamoor. Bennion Kearny.

y ve este estilo como una práctica fundamental para la supervivencia. Cuando se convirtió en entrenador del União de Leiria en 2001, Mourinho introdujo en Portugal la filosofía "cruyffiana" de descansar con la pelota (mantener la posesión cuando se está ganando el partido para ejercer la mínima cantidad de esfuerzo físico, mientras que se frustra el rival). Casi siempre se olvida que en su primera temporada en el club, el Porto jugó con un 4-3-3 ofensivo. Él y el conjunto son recordados en otros lugares por el pragmático rombo 4-4-2 jugado en las noches europeas, pero a nivel nacional era un equipo expansivo. El rombo solo se incorporaba cuando, a medida que el tempo se reducía, sus jugadores podían aparecer entre las líneas de la defensa rival con mayor facilidad. Con el tiempo, Mourinho fue considerado el ángel caído del FC Barcelona. Los anti-Barça se oponían a su implacable filosofía de ataque, pero cuando entró por primera vez al mundo del entrenamiento, era de la misma escuela de pensamiento que De Boer, Guardiola, Cocu, Luis Enrique y los otros puristas.

Ambos, José Mourinho y André Villas-Boas, estuvieron involucrados en el desarrollo de la academia en el Porto. El trío del mediocampo con "punta hacia abajo" de AVB (el mediocentro en un 4-3-3) se sigue manteniendo. La razón por la que muchas academias forman jóvenes para jugar en un 4-3-3, a pesar de que a menudo los equipos principales juegan con un estilo diferente, es que le permite a cada individuo mantener un deber dentro de la estructura, mientras que promueve la forma de ataque instintivo que los entrenadores encuentran deseable. Mandan a los jugadores al campo con objetivos individuales, como me explicó el entrenador de la academia del Porto, Vítor Matos: "Siempre está relacionado con qué es lo que queremos desarrollar individualmente en ese jugador. Imagina que una semana descubrimos que cuando el balón va con nuestro lateral derecho, el rival siempre intenta bloquearlo. Entonces, en el entrenamiento para el siguiente encuentro intentaremos forzar el juego para ese lado y decirle al lateral: 'Vas a ser más audaz, a mostrar más iniciativa y a ganar tu línea al menos cinco veces'. Son iniciativas: le digo al equipo que nuestros mediocampistas deben hacer diez iniciativas en ese juego". En una formación de 4-3-3, cada futbolista tiene la oportunidad de cumplir sus objetivos. "Si no lo consiguen, investigaremos por qué no son capaces de hacerlo".

EL ÚLTIMO ESTUDIANTE DE FRADE

Estando en Oporto busqué al protegido más reciente de Frade, Vítor Matos, para aprender más acerca de la periodización táctica. A sus 27 años, es muy apreciado en el club y ocupa cuatro roles: scout de rivales de la academia, analista de rendimiento para el Sub-19, asistente de entrenador del Sub-17 y entrenador jefe del Sub-14.[17] "Tal es la influencia de Mourinho que todo el mundo en Portugal quiere ser entrenador —dijo Matos—. Yo elegí ir a la Universidade do Porto porque el hombre que inventó la periodización táctica enseñaba allí. En esta metodología, todo debe estar conectado (táctica, técnica, físico y psicología). Todo está ligado a nuestro modelo de juego, a nuestro estilo".

Matos es un hombre ocupado. Nos reunimos por un capuchino en el tiempo entre las reuniones del equipo para discutir los puntos más finos de la metodología:

—¿Un entrenador puede tener su propia versión adaptada de la periodización táctica?

—No. Hay algunos ejemplos de personas que no entienden la periodización táctica e intentan agregarle algo, pero no es necesario. Es acerca de principios metodológicos. Por ejemplo, practicamos ejercicios para fomentar un aspecto que queremos ver ocurriendo en un partido. Vamos a querer ver que pase mucho en esos ejercicios. Ese es un principio. Hay cuatro principios que se aplican a la metodología que nos permiten construir nuestro estilo de juego. Es muy específico.

Un entrenador puede usar la periodización táctica y aplicar su propio modelo, pero no puede alterar el enfoque.

—¿Por qué entonces la gente le agrega cosas?

---

17   La última vez que hablamos, Matos tenía un nuevo rol en China como director técnico para el Shandong Luneng de Felix Magath.

—En (el curso de) la Licencia Pro en Portugal hay algunas personas que intentan discutir la periodización, pero para estar en un lugar en el que puedas hablar de eso debes haber conversado con Vítor Frade. Es la única forma. Puedes entenderlo, pero él debe enseñártelo.

Como se explicó previamente, una vez que es decidido el modelo de juego por el entrenador, la inspiración para las sesiones de entrenamiento es extraída de los defectos en los partidos. Matos tiene un espectro completo de comprensión en lo que respecta a decidir sobre las prácticas; es tanto un analista de rendimiento como un entrenador. "Lo llamamos una semana de morfociclo; un encuentro el domingo y luego otro el siguiente domingo. Es un ciclo de dos juegos. En este tipo de semanas la idea es tener un día de descanso el lunes, porque en la periodización táctica la recuperación también es emocional y psicológica. Puedes haber tenido un juego difícil del que te tienes que recuperar mentalmente. Así que entonces tenemos martes, miércoles, jueves, viernes y sábado para entrenarnos antes de jugar otra vez el domingo". Dedicará horas pensando en estructuras de sesiones, y planeando y preparando meticulosamente el flujo de cada ejercicio. Todo adaptado para el próximo compromiso.

"Imagina que en el juego del domingo hay algunas ideas que no funcionaron. Entonces tenemos que arreglar el entrenamiento para resolver estos problemas. Se vuelve el foco de esa semana, junto con tener ejercicios relacionados con el próximo partido. Siempre está relacionado con el encuentro que pasó y el que viene, en un ciclo". Entonces, las temporadas continúan en ciclos entre partidos. Matos agrega que cada año encontrará "picos de entrenamiento" y es cauteloso de no trabajar de manera muy vigorosa demasiado pronto —en comparación con una época anterior, cuando los clubes sobrecargaban al grupo con ejercicios de aptitud física antes de que la temporada hubiera iniciado—. "La pretemporada es el momento más importante en la periodización táctica, porque desde el primer día tienes que desarrollar y entrenar tu manera de jugar".

Siendo scout de los rivales, lo primero que Matos intenta identificar sobre todas las cosas es su estilo de juego. Entonces, analiza cómo abordan las transiciones. "Observo cuáles son los mejores futbolistas. Luego analizo dónde podemos ganar el partido y dónde son peligrosos ellos. Lo más importante es nuestro estilo de juego y el individuo. En el Sub-19 esto comienza a ser algo de lo que estamos conscientes; cómo podemos ganarle al oponente usando nuestro estilo". Como hizo AVB antes que él, Matos entrena a sus conjuntos para jugar con un modelo alineado con el principal.

De la naturaleza de Cruyff, la filosofía de Matos es manipular la pelota de una manera ofensiva.

—Hago esto por tres razones: primero, creo que así es la manera que debe jugarse el fútbol; segundo, creo que es la forma más fácil de ganar; tercero, es la mejor forma para desarrollar a los jugadores. Si tienes la pelota, tienes más tiempo para tomar las decisiones correctas, para driblar más, para dar más pases y para hacer más goles. Si juegas así, entonces seguramente habrá más desarrollo. Si utilizas un estilo más negativo, no estarás formando al futbolista que quieres; no obtendrás un jugador técnico creativo.

—¿Por qué, entonces, Mourinho intenta a menudo controlar los espacios en vez de la pelota?

—Tenemos que entender que cada equipo es un organismo separado. Pienso que todos los conjuntos buenos tienen un balance y una fluidez, y siempre cuentan con un buen juego posicional. El estilo va emparejado con la personalidad del entrenador. No hay una manera correcta o incorrecta de jugar mientras todos sean capaces de ganar con su propio estilo. Solo creo que mi manera de hacerlo es atacando y teniendo el balón. Sé que Mourinho tiene balance y un buen juego posicional, y también son peligrosos por las bandas. Esto es solo su idea, no hay una manera mejor de hacer las cosas.

La historia y José Mourinho han probado que Matos estaba en lo correcto. No hay una manera establecida para abordar un partido, especialmente uno de mayor importancia. De acuerdo con el libro de Diego Torres sobre Mourinho, el entrenador piensa que hay siete reglas que se deben seguir con el fin de ganar grandes encuentros,

reglas que contrastan con la filosofía de Matos completamente. Estas son:

1. El juego es ganado por el equipo que comete menos errores.

2. El fútbol favorece a aquel que hace cometer más errores al rival.

3. Lejos de casa, en vez de intentar ser superior al rival, es mejor alentarlos a que cometan errores.

4. Es más probable que cometa errores el que tiene el balón.

5. El que renuncia a la posesión reduce sus posibilidades de cometer un error.

6. El que dispone del balón tiene miedo.

El que no tiene el balón es, por lo tanto, más fuerte.[18]

—Si ganar es el foco principal, ¿cómo puede entonces un entrenador fomentar esa mentalidad en sus jugadores?

—Bueno, el fútbol es un juego. Así que, por lo tanto, se trata de ganar. Eso es básico.

En Porto, Matos descubrió que una vez que los futbolistas creen en el estilo de juego y ven que usándolo ganan, invertirán más en él, alimentando un ciclo ganador. "De otra manera, en cada entrenamiento, cada ejercicio debe ser competitivo. Esto empezará a resonar en los jugadores y ellos lo sabrán. Si ganan una práctica de cinco contra cinco, puede que participen en el juego del domingo. Esto crea una cultura ganadora". En el Porto esa cultura es rica, histórica y ha sido desarrollada por entrenadores como Robson, Mourinho y Villas-Boas. Con el tiempo, ganar se ha convertido en parte de la esencia del club. Al mando de Alex Ferguson, el Manchester United quedó imbuido con un deseo infeccioso por ganar. Porto es igual. "Ganamos los partidos, sí, pero tenemos que jugar bien también. Porque si no ganas y no juegas bien, entonces no tienes nada a lo que recurrir. Aquí, esa cultura ganadora está en todos lados".

____

18   Torres, D (2014). *The Special One: The Dark Side of José Mourinho.* Londres: HarperCollins… Como es citado por Wilson, J. en: "The devil and José Mourinho", *The Guardian* (2015).

CAPÍTULO 5

CREANDO A CRISTIANO: UNA SUPERESTRELLA DEL DEPORTE

Por tres horas en el tren de la tarde de Oporto a Lisboa, un sol dorado brilló sobre los nuevos campos de primavera. Desde el vagón podían verse siluetas de hombres caminando por los cultivos, revisando su progreso. Los granjeros cosechaban en la madrugada y más adelante en el día, cuando bajaba la temperatura. El proceso tiene un significado histórico como representación de la nueva estación del año. Una buena cosecha es un asunto de celebración, como lo ha sido desde los tiempos paganos, con festivales hechos en reconocimiento al regalo de la existencia. Producir cultivos para sustentarse cada año puede ser visto como una analogía con el fútbol, especialmente considerando la producción de jóvenes. Fue Matt Busby quien dijo: "Si quieres el mejor fruto del fútbol, debes hacer crecer el tuyo". El trabajo de un entrenador debe ser ingresar nuevos jugadores en el equipo principal cada temporada. Pocas academias han puesto mayor enfoque en esa idea que la del Sporting de Lisboa. Son el único club que ha formado a dos ganadores del premio al Jugador Mundial de la FIFA: Luís Figo y Cristiano Ronaldo. Debido a la formación individual que reciben los futbolistas en el Sporting, unido a un mensaje reforzado de ser creativos con

la pelota, continúan produciendo a algunos de los mejores jugadores ofensivos del mundo.

Además de Figo y de Cristiano, el cuadro de honor del Sporting incluye a: Paulo Futre, ganador del Balón de Plata en 1987; Simão y Ricardo Quaresma, las sensaciones adolescentes firmadas por el Barcelona, y Nani, que tuvo un nacimiento de torbellino similar en 2006 y fue comprado por el Manchester United. Todos los extremos mencionados comparten un extravagante estilo de juego: a dos pies, rápido, directo, complicado y con una técnica escandalosa. Los niños naturalmente anhelan jugar con ese estilo, pero al crecer se les enseña a ser reservados tácticamente. En el Sporting de Lisboa alientan la libertad creativa al borde del egoísmo, incluso en la edad adulta.

A pesar de ser mediados de febrero, Lisboa se horneó en un verano indio. Encontré un consuelo de frescura en el coche deportivo oscuro de Ricardo Damas esa tarde, que nos llevó a Alcochete, el complejo deportivo del Sporting. Damas es un entrador juvenil en el club. En la vigilancia y adentro todo el mundo lo llamaba "míster", una tradición que proviene de los misioneros británicos que introdujeron el fútbol en Portugal, España y Sudamérica en el siglo XIX.

Como muchos otros clubes en el continente, Alcochete alberga tanto los equipos juveniles como el principal del Sporting.19 A diferencia de otras partes, las instalaciones no están en la ciudad. Están a 30 minutos en coche desde Setúbal, pasando campos abiertos secos y sobre el puente más grande de Europa: Vasco da Gama. Alcochete no es moderno bajo ningún concepto. Su decoración está inspirada en la década de 1960. Hay fotografías enmarcadas de jugadores legendarios que parece que fueron colgadas en los 70. El gimnasio parece que fue amueblado en los 80 y el campo

---

19   Muchos clubes en Europa albergan tanto los equipos jóvenes como el principal en un solo complejo. Esto hace que sea más inclusivo y que la transición para los grupos de edades se vea más alcanzable. En Gran Bretaña, la palabra "academia" generaliza al fútbol juvenil. Pero "academia" tiene sus orígenes en la Grecia de Platón y significa "un lugar de aprendizaje". Los europeos creen en que el aprendizaje continúa en la adultez.

techado exterior para diez jugadores en el que creció Cristiano Ronaldo fue probablemente lo más moderno en los 90. Los Porsches aparcados lucen fuera de lugar en contraste con el enyesado exterior color crema. El personal al menos reconoce que el complejo está actualizado en comparación con el del Benfica, pero eso no importa. ¿Por qué debería importar? Las instalaciones son menos importantes que las enseñanzas ofrecidas. Los velocistas de fama mundial de Jamaica no tienen equipamiento de alta tecnología y entrenan en un gimnasio sin aire acondicionado. Alcochete es tan humilde como engañoso; es una de las mejores fábricas de talento del mundo.

"Incluso a una edad joven nuestros jugadores son entrenados para reconocer las transiciones en el juego —explicó Damas sobre los secretos del éxito generacional del Sporting, hablando por encima del ruido de su aire acondicionado—. Saben que tienen que presionar al oponente tan pronto como perdemos la pelota para ganarla de nuevo. En la fase de ataque, los chicos saben que tienen que mantener las líneas de pase cercanas para poder construir. En el Sub-9 conocen el sentido del posicionamiento; conocen los ángulos que deben crear cuando recuperan la pelota para que podamos jugar desde la presión inmediata sobre el oponente. No dejamos a nuestros niños patear la pelota en largo hacia delante: tienen que empezar desde atrás, mirando desde su propia portería, y construir mediante pases". La metodología del Sporting es similar a la del FC Porto: "En los equipos jóvenes siempre buscamos enfocarnos en nuestro modelo de juego más que en el rival, como sí hacemos en los grupos de mayor edad. No todo se hace en un día; tenemos varias sesiones de entrenamiento. Digamos que nuestro foco al comienzo de la semana es el pase. Comenzamos de manera básica, entonces mañana (martes) mi grupo y yo trabajamos en la escala intermedia y en cómo conectar el mediocampo con el ataque. El miércoles, será la escala principal en una práctica de siete contra siete. Tenemos 90 minutos para dirigir. Hago partidos de 20 minutos para un calentamiento, los cuales girarán alrededor de nuestro foco. Luego tengo 21 jugadores que pongo en grupos para trabajar en las escalas. Terminamos con un juego en espacios

reducidos; por ejemplo, un tres contra tres en el que los futbolistas hacen muchos goles y practican el remate".

En Oporto, Vítor Matos explicaba el concepto de periodización táctica. Siendo él mismo un estudiante de Frade, comentaba que solo aquellos que habían estudiado con el maestro entendían realmente cómo implementar la metodología. Sin embargo, esta se expandió por toda Europa y es usada por la mayoría de los entrenadores de élite (Damas incluido). "En el ataque, si tienes el balón tienes que ir por el gol; otro jugador debe quedarse detrás como apoyo y el tercero tiene que ofrecer una línea de pase diferente para ayudar (posicionamiento de tercer hombre). En la defensa, los principios son opuestos. El hombre más cercano va a la pelota para retrasar la acción; un compañero está detrás como apoyo, entonces tenemos balance atrás. El Porto, el Benfica y el Sporting, todos promovemos esto dentro de una filosofía de periodización táctica".

Aunque su implementación sea diferente que en el Porto, los principios detrás de esta metodología siguen siendo los mismos: "En la periodización, tenemos mucho la pelota. Es nuestro modelo, así que trabajamos principalmente en las líneas de pase. Por ejemplo, movimiento y el juego posicional. Dentro de eso, trabajamos con las escalas del juego. Está la escala principal, que es el partido. La intermedia son los grupos (por ejemplo, cómo nuestro mediocampo y nuestro ataque se conectan). Luego está la microescala, la cual desarrollamos al jugar —dijo Ricardo mientras nos conducía por un largo corredor—. Si queremos muchos pases en la microescala, entonces practicamos el pase, para después pasar a la escala intermedia de enlazar a los mediocampistas con los atacantes. Entonces, finalmente, vamos a la escala principal, la cual es el juego y tener una posesión positiva".

UN HOGAR PARA LOS ACTIVOS

En una habitación oculta al lado del corredor principal están los scouts nacionales del Sporting. En sus escritorios compilan reportes de los jóvenes de su área, parando solo para hacer llamadas para fijar fechas, para cubrirlas y para conocer el progreso del jugador. Es esencial para todos los clubes alrededor del mundo construir una base de datos de jóvenes talentosos. De manera similar a Inglaterra, todos los clubes principales en un área de captación notan a un chico talentoso al mismo tiempo. Descubrí, mientras trabajaba para una academia nacional, que los mejores scouts no son aquellos que tienen buen ojo para el talento (esa es la parte fácil), sino aquellos que pueden persuadir a los padres del muchacho para firmar. "Es verdad —coincidió Damas—. Estos scouts lo hacen mejor en Portugal". Por décadas, el Benfica descuidó su deber de representar a los jóvenes más destacados de Lisboa y, en cambio, eso lo hizo el Sporting.

Pocos meses después de mi visita, Portugal ganaría la Eurocopa con una columna vertebral de jugadores descubiertos y formados en el Sporting. Ahí estarían Rui Patricio en la portería; Cédric Soares como lateral derecho; el defensa central Rui Fonte; un mediocampo con William Carvalho, Adrien Silva y João Mario; el dúo ofensivo de Nani y Cristiano Ronaldo (reemplazado en el inicio de la final por Ricardo Quaresma), todos de las categorías inferiores del Sporting. João Moutinho vendría como sustituto después de la hora de juego para asegurar que diez de los 14 futbolistas de Portugal que participaron, fueron formados aquí. Ninguna academia ha representado mejor a una nación victoriosa.

En Inglaterra, los jóvenes firman con un club a los ocho años de edad y se unen al equipo Sub-9. En Portugal, firman a los 14. Debido a esto, el Benfica y el Sporting tienen un acuerdo de caballeros de no atraer a ningún jugador que se haya comprometido verbalmente con el otro. Si un futbolista es liberado (como fue el caso de Miguel Veloso cuando el Benfica cortó lazos con él debido a su peso), es libre de firmar con los vecinos. "Es algo que los clubes decidieron entre ellos para no crear una guerra. El FC Porto no se involucra porque tiene todo el norte para ellos; ahí trabaja solo".

Fuera de la habitación, el jefe del departamento de scouting y reclutamiento, Aurélio Pereira, dio la bienvenida a un joven talentoso y sus padres a su oficina. Pereira es famoso por ser el hombre que firmó a Cristiano Ronaldo para el Sporting. Los scouts naciona-

les descubren a un jugador y lo llevan a una prueba, pero es Pereira quien decide si contratarlo o no. Así fue el caso en 1997 cuando se firmó a Ronaldo del Nacional por 25 000 libras. "Un precio alto para un chico de esa edad —dijo en la conferencia de la European Football Academy en Londres—. Pero vimos instantáneamente que tenía una relación asombrosa con la pelota. Tenía cualidades físicas y mentales extraordinarias. Vino a Lisboa sin ningún familiar y para su segundo día aquí ya estaba dominando los vestuarios; los otros jugadores lo miraban como si fuera un OVNI, estaban asombrados de él".

LUCHANDO A LA LUZ DEL SOL

En 1997, el niño de 12 años viajó desde su isla natal en Madeira, frente a la costa noroeste de África, a la Portugal continental para una prueba. A pesar de que usualmente les toma algunas semanas para sacar una conclusión, él fue firmado una hora después de que se ató los zapatos. Al principio era molestado por los chicos de Lisboa por su acento, pero su dedicación al club hizo que se los ganara en poco tiempo. Cada noche después de practicar, el joven Cristiano no regresaba a su habitación, sino que prefería quedarse a practicar trucos, giros, fintas y tiros hasta la hora de acostarse. Actualmente, en el complejo les cuentan a los futbolistas jóvenes sobre las historias de cuando Ronaldo estuvo ahí. Los chicos más determinados lo copian, dedicando más horas del día a la pelota. En su película (es una medida decente del éxito de una persona si está conmemorada en una película), Cristiano habla del momento en el que dejó su hogar: "Lloré cada día porque extrañaba a mi familia. Mi padre me dijo: 'Si esto es lo que quieres, entonces ve'. Sufrimos para alcanzar lo que tengo ahora". Fue la dedicación nacida de la adversidad lo que lo inspiró a trabajar duro.

De vuelta en Madeira, el ayuntamiento erigió una estatua en su honor y llamó a un aeropuerto con su nombre. El personal en la academia nunca lo etiquetaría como una estrategia (su objetivo no está en jóvenes con dificultades), pero el Sporting se ha beneficiado mucho de chicos pobres. Como escribió el periodista Tom Kundert, William Carvalho nació y se crio en un destartalado vecindario angoleño donde sobrevivir era lo más importante. Fue a Lisboa de niño y jugó al fútbol callejero contra otros chicos más grandes. El Sporting estaba tan desesperado por ficharlo antes que el Benfica que usaron a Nani para llamarlo y convencerlo. El mismo Nani sufrió por la adversidad. Hijo de padres caboverdianos, su padre dejó la familia y su madre se mudó a Países Bajos cuando era niño, obligándolo a buscar refugio con su tía. El fútbol se volvió su pasión. Sin embargo, no fue fichado por el Sporting hasta que cumplió 17 años. Para entonces, estaba decidido a triunfar.

MENSAJES

Cuando un jugador joven firma para un club, se le da lo mejor de todo. Se le asigna un nutricionista que se pone en contacto con su familia para crear un programa dietético. También tendrá un psicólogo para hablar y un fisioterapeuta para los masajes antes de entrenar. Y encima de todo esto, se le da el mejor entrenamiento. "Mis ideas principales son tener mucho la pelota, controlarla mucho y crear oportunidades —explicó Damas—, porque no pasas el balón por hacerlo; solo lo haces para crear situaciones de remate. Estas son las ideas principales del Sporting también". Le pregunté sobre el tipo de jugadores habilidosos que son típicos del club —Ronaldo y Figo—, algo que le gustó: "Siempre jugamos contra chicos más grandes, así que tenemos que mover la pelota rápido, ya que son más grandes y pueden cubrir más terreno con mayor velocidad. No tenemos el dinero del Benfica o el Porto, así que tenemos que ser diferentes. La idea principal del club es trabajar en casos de uno contra uno. Si en el juego un muchacho tiene una situación en la que desempeña un uno contra uno, entonces tendrá que driblar; es la regla principal para nosotros". Las tácticas vienen luego (cuándo driblar y cuándo pasar); al principio, los jóvenes son alentados a utilizar sus habilidades. A veces les dan a los chicos "puntos" por la mejor habilidad, otras veces mantienen minicompeticiones para ver quién puede hacer los mejores trucos. Todos los movimientos son nombrados como los mejores jugadores de Portugal, quienes afortunadamente pasaron por el Sporting. Es un sueño para los entrenadores usar nombres como el de Cristiano

como modelo a seguir. Les preguntan: "¿Puedes hacer un giro de Cristiano?" o "¿Puedes hacer esta rabona de Quaresma?". El entrenamiento no está hecho con el enfoque de producir futbolistas para el juego moderno, sino para cómo espera el Sporting que luzca en el futuro; con más jugadores rompiendo líneas por todo el campo.

"Tenemos dos equipos jugando el fin de semana. Uno en un nivel superior y otro en uno normal", dijo Damas mientras el sol nos cegaba al salir. Y continuó: "El primer conjunto usualmente ganará por cuatro goles y el otro puede ganar por 20. Tenemos que participar de este campeonato y localmente es bueno para el nombre del club. El único partido que jugamos en igualdad es contra el Benfica". La prensa nacional se había quejado esa mañana de que Renato Sanches tenía muy poca experiencia para jugar en el "Derbi de Lisboa" contra el Sporting. Sin embargo, en su crecimiento en las divisiones inferiores, el partido más importante para él, y de hecho para todos los jóvenes en el Benfica, era contra el Sporting. Fue el encuentro que decidió quién ganaría la Liga. El día siguiente del duelo, esos mismos periódicos alabaron a Sanches por su rol en la victoria del Benfica —se equivocaron al comprender lo bien preparados que están los jóvenes de la academia para las demandas de este compromiso—.

Hicimos una pausa al llegar a los campos de entrenamiento. Un grupo de jóvenes estaba jugando un partido tres contra tres con dos miniporterías. "Hacemos muchos partidos —explicó Damas; y es algo que se aplica a todos los grupos de edad—. Hacemos algunos ejercicios de uno contra uno, pero la parte principal del entrenamiento es dejar a los chicos jugar. Nuestros muchachos saben que siempre pueden gambetear. En Portugal hay muchos entrenadores que piensan que están formando jóvenes diciendo: 'Puedes hacer uno o dos toques', pero esto es peor para los jugadores porque todos se vuelven iguales. A nosotros nos gusta dejar a los niños mucho tiempo con el balón". La prueba, como se dice en Gran Bretaña, está en el "pudding": su lista de extremos graduados no tiene rival. Los entrenadores que imponen limitaciones en sus sesiones a menudo perjudican a los jugadores. Mientras que aceptar esas limitaciones puede a veces mejorar el tempo de un ejercicio, un partido real de fútbol no tiene restricciones. Con su enfoque liberal, el Sporting está mostrando el camino a seguir para las academias que esperan formar un Cristiano.

Al llegar de nuestro tour por el complejo, el equipo B del Sporting estaba entrenando bajo el sol. El joven escocés Ryan Gauld estaba en el ejercicio, habiendo superado los problemas idiomáticos relacionados con su traslado. Los compañeros portugueses decían su nombre con un acento aberdoniano; no imitándolo, sino porque así fue que lo escucharon cuando se presentó. La sesión era una práctica direccional con dos futbolistas en una zona central recibiendo pases perfilados antes de jugar hacia una banda. El Sporting B es un escalón a la Primera División que enlaza la formación de los jóvenes con el fútbol senior. La competitividad de la Liga ha ayudado al equipo nacional portugués. En ese momento y según Ricardo, su Sub-21 no había perdido en tres años. De hecho, cada país que ganó un trofeo internacional importante en esa década (España, Alemania y Portugal) tenían equipos B nacionales. La Segunda División portuguesa, curiosamente, está patrocinada por una compañía de iluminación china llamada Ledman. Como parte del trato, Ledman demanda que cada club tenga jugadores chinos y forme entrenadores chinos. Tal inversión y la presencia del Porto B, el Sporting B y el Benfica B han estimulado el interés nacional en el torneo.

EL PROBLEMA DE LYON: HORAS EN LA CALLE

El dinero de China es bienvenido aquí. La sociedad portuguesa tiene dificultades para mantenerse financieramente segura y, aunque suene siniestro, esto podría tener sus beneficios desde una perspectiva deportiva. Usualmente hay una correlación positiva entre una economía débil y la cantidad de participación en las calles que tienen los jóvenes.[20] Muchos de los mejores jugadores de baloncesto de Estados Unidos provienen de guetos de California.

---

20   Gentin, S (2011). *"Outdoor recreation and ethnicity in Europe – A review"*. Urban Forestry & Urban Greening. 10 (3), 153–61

La mayoría de los corredores ganadores de medallas de oro son jamaiquinos desfavorecidos y las autobiografías de fútbol usualmente comienzan con: "Crecimos pobres". Richard Williams era consciente de los beneficios que la privación económica puede inspirar y elaboró un plan de 75 páginas para hacer que sus hijas fueran estrellas internacionales de tenis desde antes de que nacieran. Su plan involucraba la mudanza de su familia desde un ambiente cómodo en Long Beach a un humilde Compton. Ahí negoció con los pandilleros locales para usar las pistas de tenis para lo que fueron hechas, en vez de para comercios de narcóticos. Serena y Venus verían las palizas regulares que recibía su padre de parte de los miembros de la banda por un lapso de dos años, hasta que eventualmente triunfó. "Lo que me llevó a Compton fue mi creencia de que los más grandes campeones venían del gueto", dijo.

Esto puede ser un ejemplo extremo de un ambiente socioeconómico humilde, pero los rasgos adoptados en el carácter de una persona que ha sido criada en entornos no privilegiados son visibles. Muhammad Ali, Diego Maradona y LeBron James, estrellas de élite de la historia del deporte, desarrollaron resiliencia a través de la privación. El fútbol, requiriendo solo una pelota para participar, es un deporte de los desfavorecidos económicamente.

Portugal, sin embargo, es una contradicción a la regla. Por muchos años, el país se presentó como un desastre económico inminente, con un inestable ratio de deuda de PIB y la necesidad de auxilio de la Unión Europea. A pesar del trasfondo económico pobre, los jóvenes no encontraban su camino en las calles. En ambientes típicos como este, los niños son muy pobres para lujos como consolas de juegos y recursos alternativos al entretenimiento imaginativo del exterior. Damas debatió el problema global del fútbol callejero: "Culturalmente, los niños no están jugando más, como lo solían hacer, en las playas y las calles. Los padres están trabajando más horas, así que los niños se quedan en la escuela hasta tarde. Cuando era niño, podía ir a la playa y encontrar a mis vecinos ahí y jugar con la pelota. Ahora no hay niños en las calles porque hay muchos coches y las ciudades están creciendo". La generación joven está atrapada en su casa. Agregó: "Yo nací cerca de una playa, así que en la tarde montaba mi bicicleta hasta allá para jugar y en la noche pateaba la pelota en las calles. Ahora los niños no hacen esto. Cuando llegaba a la práctica, ya había jugado por tres o cuatro horas. Los niños hoy en día tienen cero horas, solo (juegan) aquí en la academia".

El Sporting de Lisboa es uno de los muchos clubes que tratan de recrear el fútbol callejero. "Nuestro objetivo ahora es solo dejarlos jugar. Creemos que los niños aprenden jugando, así que los dejamos disfrutar mucho tiempo no estructurado. Cristiano y Figo crecieron jugando en las calles, como lo hicieron Futre y Simão. Debido a que ellos no tienen ninguna calle dónde jugar, es nuestro trabajo recrear ese tipo de fútbol; menos reglas y menos estructura, solo jugar. He empezado a darles ideas de posición, pero no muy en serio. Solo quiero que jueguen".

Al final de la temporada, el Benfica ganó el título y el Sporting quedó segundo. En el Estádio José Alvalade (el gran estadio verde del Sporting que queda a un kilómetro del gran Estádio da Luz rojo del Benfica), el Sporting concluyó poniendo en el campo a varios jugadores de la academia que habían obtenido buenas calificaciones en la escuela. El público local los aplaudió con entusiasmo, como si ellos fueran de hecho los campeones. "No tendrías eso en el Benfica", reconoció Damas. Los fans del Sporting saben que algún día esos jóvenes serán los cultivos cosechados para una nueva temporada y una era más próspera.

CAPÍTULO 6

LA PUERTA A EUROPA: EL GRAN ÁGUILA DEL BENFICA

Ruth Malosso, el alias que se le había dado días antes, se sintió como un prisionero durante las dos semanas que estuvo ocultándose en el Algarve. El Benfica lo había ocultado ahí, lejos de las garras de sus rivales, el Sporting, preocupado de que lo reclamaran de su propiedad. Su nombre real, Eusébio da Silva Ferreira (Eusébio para abreviar), fue llevado a Portugal desde Mozambique por el Benfica, a pesar de que el club provincial que representaba, el Sporting Marques, estaba afiliado a sus rivales de Lisboa. Le tomó cinco meses al Benfica confirmar el trato. Años más tarde, reflejaría un sentimiento de propiedad sobre Lisboa, el hogar que nunca le permitió irse. "Para mí, Eusébio siempre será el mejor jugador de todos los tiempos", señaló con nostalgia Alfredo di Stéfano años después, tal vez reforzando la influencia de su era. Al leer lo que sigue, es interesante considerar cómo los logros pintados con el rojo del Benfica, las victorias de la Copa de Europa y la fama global, pudieron fácilmente haber sido del color verde del Sporting. La historia tiende a ser moldeada por condiciones sensibles, después de todo.

En el pasado, el ferry que cruzaba el Río Tajo color azul cristalino llevaba trabajadores desde Lisboa a Seixal para recoger fruta y hacer vino. Fue aquí que el explorador Vasco da Gama planeó sus viajes por los océanos Atlántico e Índico. Hoy en día, el ferry a Seixal lleva a los lisboetas a las modernas instalaciones de entrenamiento del Benfica: Caixa. Es un sueño de arquitectos. Cada árbol y brizna de hierba está exactamente donde el diseño lo dispuso. Seis terrenos del tamaño adecuado para cada grupo de edad progresan hacia el Tajo. "Su sueño debería estar cerca del agua", dicen los entrenadores. El campo del primer equipo está a las orillas del río, con vistas a Lisboa. Esto fue intencional. Los arquitectos querían que los jugadores vieran a la ciudad que representan luciendo a la distancia.

El sol siempre brilla y todas las personas son felices. Es así genuinamente. Incluso los guardias de seguridad, a menudo serios en otros lugares, sonríen y gesticulan con un mal inglés. "¿Quién?", preguntaron. "Sandro Carriço", respondí. Me invitaron a pasar y me señalaron dónde tenía que esperar en la recepción. Era una gran habitación acristalada con pisos de mármol pulido y muebles de felpa. En una pared había una pintura de un águila saliendo de unas llamas, como si fuera un fénix. E Pluribus Unum (Uno de muchos) acompañaba la figura y se refería a los miembros del Benfica, del que había cientos y miles. En 2006 entraron al Libro Guinness como el equipo con más apoyo del mundo, hasta que el Bayern Munich les quitó el título. El Benfica es por mucho el club más popular en Portugal (el 50,3% de la población lo apoya) y en todas sus antiguas colonias africanas también: Mozambique, Cabo Verde y Guinea Ecuatorial. Durante la Guerra de Independencia de Angola, las balas cesaban en ambos bandos del campo de batalla cuando jugaba el Benfica; los nativos y los colonizadores paraban la lucha para escuchar el resultado en las radios de antena.

ADENTRO

Sandro llegó sonriendo. Es un miembro del Benfica LAB, el corazón latente del club, y ha trabajado aquí como científico deportivo desde 2013. Él y su colega Francisco, ambos de entre 20 y 30 años, serían mis guías por ese día. Son parte de una joven generación de pensadores inteligentes que trabajan detrás de escena en el fútbol. A lo largo del corredor hay imágenes en blanco y negro de los días en los que el Benfica dominaba Europa. Eusébio, Águas y Coluna comienzan el montaje al pie del corredor, mientras Rui Costa, Pablo Aimar y Óscar Cardozo lo terminan a color. "Los jugadores que caminan por aquí tienen que estar inspirados por nuestra historia", dijo Sandro. Todo lo que hay es lo más moderno, financiado por el actual presidente Luís Filipe Vieira (en su cuarto período en el cargo) como parte de una agenda para volver a colocar al Benfica en la cumbre del mundo del fútbol. No serán más un club de comprar y vender; es más, era un mandato del presidente reinvertir en los cimientos del club. El cambio en la filosofía ha hecho que el Benfica retenga a los jóvenes, deje de comprar tantos extranjeros y evite acuerdos de propiedad de terceros. Tan enfocados están en su núcleo que incluso están construyendo una casa de retiro anexa a Seixal para que los exjugadores vivan ahí, ofreciéndoles la libertad de explorar las instalaciones, transmitir sabiduría y tener un propósito para su vida en una edad avanzada.

Los vecinos del Sporting de Lisboa están preocupados por ellos. Por muchos años, el Benfica descuidó su deber como representante de la ciudad, pasando por alto a muchos jugadores jóvenes talentosos. El Sporting sabía que era el segundo club de Lisboa, pero fue capaz de construirse una reputación como gran formador de jóvenes. En realidad, tenían una piscina abierta en la cual pescar. Si el Benfica hubiera estado interesado, habría tenido el dominio. Tom Kundert, de World Soccer, explicó: "Molestó a los fanáticos el hecho de que Jorge Jesus (el técnico que cambió el Benfica por el Sporting) no confiara en los jugadores jóvenes portugueses, especialmente en los talentos como André Gomes y Bernardo Silva, que se fueron al Mónaco. Siempre prefirió a los jugadores más viejos y a los sudamericanos. El presidente ha dicho que quiere cambiar el énfasis del Benfica de formar jóvenes jugadores y ha tomado ventaja de la pérdida de Jorge Jesus. Ahora hemos visto surgir a Renato Sanches". En el 2015 también se vio un cambio significativo en la mentalidad de toda la ciudad. El Sporting, cansado de estar en

las sombras, decidió que quería ganar, mientras el Benfica buscaba el desarrollo.

ANÁLISIS DE DESEMPEÑO

Pasamos por los vestidores y la oficina del DT antes de llegar a una pequeña habitación sin ventanas y con una entrada con código de seguridad. "Usualmente solo dejamos entrar aquí al entrenador y al presidente", dijo Sandro del departamento de análisis. Era una caja confinada, con poco espacio entre los cuatro escritorios, donde hombres con anteojos se sentaban a mirar fútbol con sus caras iluminadas por las pantallas. Cinco pantallas a lo largo de una pared lejana mostraban todas diferentes partidos. Nuno Maurício se levantó para estrecharme la mano. Un hombre alto y delgado, llegó al Benfica como entrenador en 1995 y se convirtió en jefe de análisis. Durante su tiempo en el club ha sido testigo de una transformación drástica en el fútbol. La idea del análisis de rendimiento era primitiva en ese entonces, en su mayoría limitada a un bloc de notas y un metraje grabado por uno mismo.

Las estadísticas y el análisis de desempeño en el fútbol empezaron, posiblemente, con Charles Reep en la década de 1950. Siendo un excomandante lateral del RAF, Reep registró datos de unos 3000 partidos y encontró que el 80% de los goles venían de tres pases o menos. Su interpretación de estos datos fue que los clubes debían, simplemente, adelantar el balón tan rápido como les fuera posible —siendo un fundamento para los entrenadores que buscaban defender el fútbol de pelotas largas—.

Esa idea se tradujo en técnicas y habilidades pobres, con jugadores altos y fuertes físicamente tomando importancia. Una estadística que encontró Reep, que se aplica al Benfica (y la mayoría de los clubes de élite), fue que el 60% de los goles venían de movimientos que empezaban dentro de las 35 yardas más cercanas a la portería rival. Actualmente, muchos clubes, especialmente en Portugal, presionan hacia delante rápidamente al perder la posesión de la pelota, ya que así podrían ganarla tan cerca de la meta contraria como sea posible. Una táctica conocida como "contrapresión" o "presión tras pérdida".

Había observado a Paul Power, científico de datos en Prozone, impartir una clase sobre los avances en el análisis de desempeño varios meses antes de partir. Su presentación, titulada "Cuantificando el comportamiento y las relaciones dinámicas entre jugadores", ofreció el potencial para ser pionera y mostró qué tan lejos ha avanzado el campo. Power explicaba que las estadísticas pueden ser bidimensionales en cuanto a la apreciación de las acciones dentro del campo; su caso en cuestión era cómo el jugador que hace el movimiento para crear espacio para un gol no recibe ningún crédito. Su compañía había creado una tecnología que reconocía la mejor decisión que debía tomar un jugador en cada momento. Dennis Bergkamp, a lo largo de su carrera, creó tantos goles como los que hizo. Era capaz de escurrirse de los defensores hacia un espacio que creaba confusión y le permitía a Thierry Henry capitalizarlo. Sin embargo, estadísticamente, si Patrick Vieira pasaba el balón, Bergkamp no era reconocido. En su autobiografía, dice: "Pensaba mucho sobre las tácticas y el posicionamiento de los defensores, sobre encontrar los puntos débiles... Realmente amaba entender el fútbol de esa manera", pero sus movimientos no eran cuantificables. La tecnología de Prozone captura los resultados esperados de la situación, usando estadísticas para mostrar a un jugador cuál es la mejor opción a tomar. Es con este tipo de datos que los clubes trabajan ahora —una evolución bastante lejana del bloc de notas de Reep—.

Los miembros del Benfica LAB son genios jóvenes tomados de varios cursos de ciencias del deporte de las universidades de Lisboa. El club tiene contactos con los profesores, y los estudiantes más comprometidos y dedicados son seleccionados para los puestos. Si se muestran dispuestos, son conocedores de fútbol, apoyan al Benfica y logran buenas notas, pueden ser contratados por tiempo completo. Para los que son como Sandro y Francisco, es un sueño hecho realidad trabajar allí (probablemente sea la razón por la que siempre están sonriendo). Esta generación de jóvenes

pensadores está siendo acogida lentamente por el fútbol, para el desarrollo del deporte como un todo.

El Benfica LAB está dividido en cuatro departamentos: Fisiología, Nutrición, Observación y Análisis de Rendimiento (OAR, OPA en inglés por Observation and Performance Analysis), y Psicofísica —el cuarto siendo una nueva rama de la ciencia del deporte, que investiga la relación entre los estímulos mentales y el desempeño físico—. El fútbol aún no se ha aprovechado por completo del potencial de la ciencia, pero al menos ahora lo está intentando.

EL DEPARTAMENTO

El rol del departamento de OAR es recopilar informes tanto del desempeño del Benfica como de los rivales. Los informes son escritos y en formato de video. Para un reporte prepartido, el departamento de OAR analizará entre tres y 12 encuentros del oponente, dependiendo de su calidad y de las expectativas del compromiso, así como de la accesibilidad. "Jugamos contra un equipo de Kazajistán y no había ninguna grabación de ellos, así que tuvimos que viajar para allá para verlos", recordó Nuno. Es parte de un proceso de periodización táctica: se recopilan datos del adversario sobre el transcurso de un mes; se juntan y cotejan, y se entrega el material a un asistente en una reunión con el cuerpo técnico. Los entrenadores del primer equipo discuten un método de entrenamiento para la semana con los miembros del departamento de OAR. Se le entrega un videorreportaje al asistente y este, junto con el entrenador, deciden sobre la mejor estrategia para ganar. Entonces, los mensajes prepartido son compartidos; el asistente hablará sobre las acciones a balón parado a favor y en contra, y el entrador jefe hablará sobre un tema general con el equipo.

Después de que el partido haya terminado el domingo en la tarde, el departamento de OAR volverá a ver el juego unas tres o cuatro veces, tomando nota de qué cosas fueron correctas y cuáles no. El videorreportaje que se le da al técnico asistente ayuda a estructurar el entrenamiento, alimentando un ciclo basado en lo que pasó antes y lo que vendrá después. El departamento de análisis genera ideas y el equipo de entrenamiento considera y decide sobre ellas. "Es nuestro trabajo sacarle tanto jugo a la naranja como podamos", dijo Nuno, refiriéndose a los datos de los partidos. Los hombres firmados para trabajar aquí no son especialistas tácticos cualificados —los cursos de análisis siguen siendo un abismo en la educación de fútbol—, pero son entrenadores conocedores de táctica que impresionaron cuando estuvieron allí y fueron contratados con base en su conocimiento preexistente sobre este deporte. Inicialmente, un buen analista de rendimiento es alguien bien formado en el entendimiento de la tecnología: cámaras, tablets, aplicaciones, codificación y grabación. No ven el movimiento de la pelota, sino que observan a las personas alrededor de esta; cómo reaccionan y se mueven como organismos en un ambiente, como un cardumen cohesivo. Es su trabajo analizar los movimientos funcionales de los jugadores en diversas situaciones, escrutando los lapsos de concentración y las debilidades a mejorar.

BASE DE DATOS

En el presente, a los futbolistas se les entregan pequeños reportes de video para que los vean en sus iPads en sus habitaciones de hotel antes del partido —una suerte de tarea—. "Este es el equipo con el que van a luchar; esto es en lo que no son buenos y así es como los podrán derrotar". Nuno y su equipo trabajan diez horas al día, siete días a la semana. Él delega deberes e informa al equipo sobre los objetivos. Entre las tareas, su equipo constantemente actualiza la base de datos del Benfica. Esta es, como sugiere el nombre, una masa sistematizada de datos de jugadores y equipos alrededor del mundo. Graban partidos completos, así como momentos clave en ellos, mostrando las fortalezas y las debilidades de los oponentes. Hay 2000 jugadores en la base de datos, pero Nuno insiste en que esta no es una herramienta para scouting —tienen un departamento aparte para eso—. Cada equipo tiene entre 30 y 35 páginas de información recolectada, detallando transiciones, patrones de movimiento, velocidades y trayectorias de los saques de banda, así como estructuras defensivas y ofensivas. La base de datos incluso registra rasgos humanos, como la personalidad del

entrenador y los jugadores, y su potencial volatilidad (y la subsecuente probabilidad de obtener tarjetas amarillas). Las ganancias marginales suman hacia la victoria.

El Benfica, como muchas otras entidades, tiene WyScout —el catálogo global de partidos y jugadores—, pero prefieren construir su propio almacén de información como una forma de interiorizar el conocimiento. Llevan cámaras de alta definición con vista panorámica a los partidos para poder grabar el campo completo, no solo la posición del balón. Como decía Cruyff: "Está estadísticamente probado que los jugadores tienen la pelota durante tres minutos en promedio. Así que lo más importante es qué es lo que haces durante los 87 minutos restantes en los que no la tienes". Las cámaras del Benfica, en contraste con las grabaciones de WyScout, graban lo que hacen los futbolistas a lo largo de cada transición en el juego, con y sin la pelota, y no solo el espectáculo de quien la tiene.

Existen datos de dos formas y el Benfica recolecta ambos. Están los de video, de fortalezas y debilidades, y luego están los estadísticos, que destacan las tendencias. El Benfica usa el segundo tipo y lo apoya en imágenes (el primero). Por ejemplo, Nuno mostró una estadística sobre el número de movimientos exitosos hacia el área rival (cinco). "Ahora mira". Al hacer clic en las estadísticas aparecieron en la pantalla puntos en dos dimensiones y unieron la secuencia de pases, literalmente punto a punto. Si el departamento de OAR quiere analizar más a fondo estos movimientos, puede ver grabaciones en video de las secuencias y determinar qué las hace exitosas —que puede ser un pase cortado o una conducción entre las líneas—. "Le pasamos esta información al entrenador asistente en nuestro reporte".

LA MÁQUINA

"Antes de que te vayas, Daniel —dijo Nuno cuando salimos—, tenemos que mostrarte algo". Él, Francisco y Sandro me acompañaron por un sendero de grava, pasando un grupo de cerezos jóvenes y entrando en un espacio abierto. Allí, solitario, estaba un edificio pequeño y moderno. Se sonrieron entre ellos cuando entramos, y se rieron al ver mi cara de sorpresa. "Esto nos costó un millón de euros. Ningún otro equipo tiene uno como este". Era una Football Room de 360 grados con paredes cubiertas por luces LED. Un jugador del Benfica B estaba ya en el medio de la habitación, recibiendo pases de una máquina. Controlaba los balones y los pasaba por el medio de un gran cuadrado intermitente. En las sombras, detrás de la máquina, estaban parados sus entrenadores, anotando fragmentos de información en un portapapeles como si fueran científicos. El joven jugador era un nuevo fichaje de Serbia llamado Luka Jović, de quien el Benfica tenía altas expectativas.

Cuando Jović y sus técnicos salieron, Nuno encendió las luces, iluminando cada esquina de la habitación. En el medio había un pequeño parche de grama 3G y un círculo blanco, encerrado por paredes de red negra y gruesa. "El Borussia Dortmund tiene uno como este, pero el nuestro es mejor. El nuestro tiene hasta 100 escenarios diferentes", declaró Sandro. Había trincheras alrededor del exterior del cuadrado, posicionadas para recoger las pelotas perdidas y recargar las máquinas con ellas. Hay cuatro equipos para lanzar la pelota, uno en cada esquina, que disparan pases en varias velocidades y trayectorias. Si, por ejemplo, el "nivel" (o escenario) implicaba realizar una volea a la esquina de la portería, el balón sería disparado a la altura del muslo. Los entrenadores añaden detalles como la posición, la altura y la edad de cada futbolista y la máquina recopila escenarios para ayudar a desarrollarlo. Entonces, registra toda la información del desempeño para que el cuerpo técnico pueda ver la mejora. Una vez que el jugador obtiene un puntaje alto, digamos un 80%, el nivel de dificultad aumenta. No durará mucho para que todos los multimillonarios amantes del fútbol tengan una Football Room 360 grados en su jardín trasero.

—Okey —sonrió Nuno, conectando su laptop—. Ahora es tu turno.

—¿Yo? —protesté, enseñando mis zapatos y vestimenta general—. ¡No estoy vestido para jugar fútbol!

Fue una rebelión débil, cargada de ansiedad al tener que hacer lo que hizo Jović. Sin embargo, en segundos ya estaba en el medio del cuadrado esperando a que las luces se apagaran. Mi frío nerviosismo cayó al mismo tiempo que el silencio oscuro de la habitación, mientras esperaba que la pelota llegara. El primer nivel requería que escuchara un silbido de una de las máquinas, señalándome de dónde iba a venir. Entonces, debía controlar y pasar la pelota al cuerpo de un "compañero" de LEDs en movimiento.

Ante todo, para mostrarme la capacidad completa de la máquina, Nuno le ordenó que me disparara un pase a unas 60 millas por hora. Rebotó tristemente de mi zapato hasta una trinchera. "Eso fue más para disparar de primera", se disculpó mientras sonreía. Luego cargó otro nivel en el que me pasarían diez pelotas desde la derecha y la izquierda. Tenía que controlar, mirar arriba y chutar en uno de los dos cuadrados en la esquina de una portería iluminada en rojo. Mientras esperaba de pie, el sonido de una multitud empezó a sonar muy fuerte a mi alrededor. "Queremos que sea lo más realista posible para nuestros jugadores", dijo Nuno después. Cada vez que marcaba, la multitud de la máquina aplaudía, haciéndome sentir entonces más confiado, pero me abucheaba cuando fallaba, poniéndome más tenso. "Así es como se debió sentir Ali Dia", murmuré para mí mismo bajo la nube de ruido.

"Los chicos que viven aquí pueden venir cuando quieran", presumió Sandro cuando salimos al sol de Lisboa. Parece ser un edificio pionero, un claro vistazo hacia el futuro, lo cual es, después de todo, de lo que trata este Benfica. El staff cuenta con jóvenes genios, las instalaciones son extraordinarias y los ancianos tienen un hogar aquí. Los árboles bañados por el sol que relucen al lado del Tajo son un símbolo. Están ahí para representar el elitismo, una imagen del Benfica como el mejor equipo de Portugal y más allá. Uno siente, habiéndolo visitado, que si la jerarquía financiera del fútbol lo permitiera, el Benfica podría ser el mejor club del mundo.

CAPÍTULO 7

LUZ A LA SOMBRA DE UN GIGANTE: PACO, RAYO Y UNA FILOSOFÍA DE RESISTENCIA

Nicholas de Morimondo: "¡Ya no tenemos el aprendizaje de los ancestros; la era de los gigantes ha pasado!".
William de Baskerville: "Somos enanos, pero enanos que se paran en los hombros de esos gigantes; y aunque seamos pequeños, a veces logramos ver más lejos en el horizonte que ellos".

El nombre de la rosa, Umberto Eco[21]

Paco Jémez es un entrenador especial que, al momento de mi visita al Rayo Vallecano, estaba a cargo de un club especial. La atmósfera en Vallecas era positiva. Sí, Rayo estaba en una batalla por no descender, pero estaba acostumbrado a eso. Todos creían que se iba a mantener. El día final de la temporada, sin embargo, los resultados los hicieron bajar de categoría. Paco se levantó y lloró. Sabía que se iría después de cuatro años demandantes. Cada temporada, el Rayo era uno de los equipos más pobres en La Liga, con un presupuesto anual de alrededor de 5,5 millones de libras.

---

21   Eco, U (1980). *Il nome della rosa*. Italy: Harvest.

Los asesores de compañías de apuestas siempre se arriesgaban por su descenso. Pero en tributo a sus fans, que resisten el capitalismo bruto en el fútbol, desafiaban las posibilidades. Terminando octavo, duodécimo y undécimo, incluso se calificaron para competiciones europeas en la primera temporada de Paco, pero eran muy pobres para entrar. El tiempo del Rayo bajo el sol, aunque de corta duración en general, fue estimulante por dos razones: los fanáticos y el entrenador. Era una rara y perfecta combinación de dos cuerpos únicos que le mostraban perennemente el dedo medio a los escépticos.

De niño, Paco Jémez vería a su padre bailar en el escenario al sonido de castañuelas, aplausos y guitarras, iluminado por las luces ámbares de las villas de noche en la ladera de Las Palmas. Se maravillaría con la reacción del público hacia su padre, bailarín de flamenco, y se prometería a sí mismo que él haría lo mismo cuando tuviera la edad. Paco solo quería hacer algo bello. La vida tendría otros planes.

Se crio para ser un futbolista talentoso y en su adolescencia fue llevado de Gran Canaria a Andalucía, en el continente, por el Córdoba CF. Su carrera como jugador fue exitosa —representó a España 21 veces y ganó la Copa del Rey tres veces; una con el Deportivo y dos con el Zaragoza (vio desde de las gradas del Estadio Olímpico de Barcelona en 2004 cómo un joven David Villa destruía al Real Madrid de Figo y Zidane). Jémez llegó a ser considerado un duro defensa, típico de su era. Y no fue hasta después de su retiro que Lionel Messi hizo su debut en el Barcelona y que a Andrés Iniesta se le permitió ser un engranaje en el "tiki-taka" —visto por muchos como los comienzos de la brillante era técnica de España—.[22] De vuelta en los días de Paco, el fútbol español era robusto. Pero incluso como jugador quería hacer algo bello. En La Coruña en la década de 1990, fue instruido por su entrenador John Toshack para mantener las cosas simples —rara vez jugando desde atrás, poniendo la pelota en juego—. Un día durante un entrenamiento,

---

22 Para muchos, el "tiki-taka" no era la filosofía de juego que mal interpretadamente se creía. Era, en cambio, la forma visual de "juego de posición".

Jémez se acercó al galés con una lesión: "Señor, me duele cuando toco el balón". Toshack lo miró de arriba a abajo: "Paco, nos duele a todos cuando tocas el balón".

Sin desconcertarse, Jémez continuó jugando a pasar el balón al mediocampo y al ataque, a Fran y Bebeto en 1996 y luego a un joven Rivaldo firmado de Palmeiras en 1997. "En Zaragoza, le daría la pelota a Kily González y lo vería hacer magia", me dijo desde la oficina de prensa en el complejo de entrenamiento del Rayo Vallecano. El Rayo me había atraído debido al estilo de fútbol que él desarrolló en el club. En septiembre de 2013, se convirtió en el primer entrenador en lograr tener más posesión que el Barcelona en 316 partidos y en un lapso de cinco años (51% a 49%), haciéndolo con un equipo de pedazos y piezas hecho de transferencias gratuitas, préstamos y viejos jugadores. Su estilo, conocido como juego de posición, recuerda al desarrollado por el Barça de Pep Guardiola, y atrae la atención de los entusiastas de la táctica alrededor del mundo hacia uno de los clubes más pobres de La Liga.

"La posesión se basa en dos cosas —explicó, al ser consultado sobre cómo se hacía—. Primero, qué tanto puedes mantener la pelota. Y segundo, qué tanto le permites al rival mantenerla. La mayoría de las personas piensa que la posesión es solo tener el balón, pero también es la velocidad a la que puedes recuperarla. Así que lo que hicimos muy bien con el Barça no fue únicamente que logramos tener el esférico por un largo tiempo, sino que también lo recuperamos rápidamente. Los forzamos a jugar en áreas donde éramos más fuertes defensivamente". Paco venció al Barcelona en su estilo de juego. Aunque el fútbol de posesión no siempre equivale a éxito, y puede ser frustrante en ocasiones, al haberle quitado al Barça su mayor arma —el control—, Paco lo forzó a entrar en un contexto desconocido. A pesar de haber perdido el partido, ganó. Después, cuando los fans caminaban a sus casas, hablaron de él como un potencial candidato para el trabajo por encima del argentino Gerardo Martino.

LA VISITA

Vallecas, el vecindario de Madrid que el Rayo llama hogar, es el lugar más inclinado hacia la izquierda de la ciudad. Se siente como Brooklyn en la década de 1970, con vastos espacios abiertos hechos recientemente por bloques de apartamentos demolidos. El polvo silbante ataca los ojos y la boca, ya que van y vienen pequeñas tormentas de arena. Los niños de la localidad juegan en los escombros mientras los perros callejeros se sientan y miran. Ciudad Deportiva, el campo de entrenamiento del Rayo, es un complejo moderno puesto directamente en medio de este contexto. De todos los clubes que visité, ningunas instalaciones eran tan paradójicas. Las puertas al complejo siempre estaban sin seguridad y abiertas a la comunidad local.

El entrenamiento del equipo principal estaba por empezar cuando Bebé arrancó en su Ferrari rojo. Los niños vallecanos, jugando al fútbol en el estacionamiento de coches, obviamente ignoraron al ex del Manchester United cuando caminó a través de la entrada. Segundos más tarde, un pase extraviado envió la pelota bajo la parte trasera del costoso automóvil deportivo rojo. En vez de huir todos asustados (como podría esperarse), los chicos enviaron al más pequeño de ellos para sacarla de abajo con sus piernas. Muchos pueden decir que han hecho esto, pero nunca con un Ferrari.

Todos los grupos de edades comienzan a entrenar al mismo tiempo, desde el Sub-9 hasta el equipo principal. Los padres se paran y observan desde un largo corredor por encima de los campos, los cuales crecen en tamaño de izquierda a derecha, en una escalera simbólica hacia el fútbol profesional. Tristemente para el Rayo, para el momento en el que los jóvenes futbolistas alcanzan los 18, los mejores talentos ya han sido tomados por el Real Madrid y el Atlético. En un gesto de buena voluntad, ambos clubes le prestan al Rayo chicos de 18 años para proporcionarles una experiencia profesional. Debido a la educación táctica que les da Paco Jémez, el estándar de los préstamos ha mejorado con los años (el Atleti negoció mutuamente el préstamo de Saúl Ñíguez al Rayo en 2014 como parte de su línea de progresión). A mitad de camino del corredor hay una cafetería con vistas al terreno de entrenamiento del primer equipo. Fue aquí que me reuní con mi traductor, Neil Moran. Bebé estaba ahí con Manucho, otro exjugador del Manchester United. Se tomaron selfies con los familiares de los jóvenes jugadores de buena gana, comprendiendo que el Rayo depende de esa atmósfera amigable para sobrevivir. Cuando ambos hombres se entrenaban en el centro escondido de los barrios de Carrington detrás de hectáreas de árboles, eran intocables. Aquí les pertenecen a las personas.

LO QUE HACE PACO

Mientras los futbolistas se relajaban en el café que estaba arriba, Paco planeaba su sesión de entrenamiento. Tenía un campo completo para trabajar y, a pesar de tener un equipo de entrenadores esperando para ayudar, insistía en montarlo todo él mismo. En su cabeza, estaba pensando acerca de la transición entre los ejercicios, el espacio entre los conos y el resultado que se produciría. Jémez es un perfeccionista. Cada entrenador de élite tiene un equipo de técnicos que llevan a cabo las sesiones por ellos. "Las prácticas" significan sesiones esporádicas cada semana y ofrecer indicaciones puntuales a los futbolistas. En un período de pocas semanas vería al compañero, compatriota y alma gemela filosófica de Jémez, Pep Guardiola (considerado como un arquetipo de "entrenador moderno" más que director tradicional), trabajar en Múnich, pero incluso Pep deja a su mano derecha, Lorenzo Bonaventura, idear y llevar a cabo su entrenamiento.

Anómalamente, Jémez se rehúsa a conceder algún control sobre el trabajo diario. Su enfoque es más que raro: es anormal. Neil y yo estuvimos diez minutos viéndolo reposicionar conos y maniquíes. Cargó porterías de metal pesado en sus hombros y las colocó, antes de inclinarlas, darlas vuelta y observar su posición como si se tratase de piezas de arte contemporáneo. Los jóvenes técnicos notan la dedicación que tiene por su trabajo. Cuando comenzó la sesión, muchas de las familias en el corredor dejaron de ver a sus hijos y fijaron la mirada hacia él.

Su práctica evolucionó de un calentamiento a dos "rondos" (ejercicios de oposición en el que hay jugadores dentro de un área pequeña intentando mantener la posesión del balón). Los rondos eran un espejo el uno del otro, con tres grupos de cuatro jugadores. Un cuatro contra cuatro tenía lugar dentro de un rectángulo, con otros cuatro futbolistas esperando afuera para recibir (haciéndolo un ocho contra cuatro para el grupo con la tenencia). Paco se paró mirando hacia un rondo, pero estaba escuchando atentamente al que tenía detrás. Después de varios minutos se dio la vuelta y pitó—tan alto que incluso los niños al final del complejo pararon de jugar—. Estaba furioso con el sonido del ejercicio detrás de él y no podía escuchar el sonido de la pelota circulando con suficiente velocidad —el tap-tap-tap— de los pases era muy infrecuente para su gusto. Cuando gritó, todos los futbolistas profesionales se pararon con la cabeza gacha como niños de escuela traviesos siendo regañados. Habiendo intervenido, el tempo de la sesión de Paco mejoró instantáneamente. Los estándares siempre pueden pasar de 95 a 100%, como dijo Rinus Michels célebremente.

La práctica cambió a un partido de 11 contra 11 (todos). El enfoque de Jémez estaba basado en mejorar el juego ofensivo, creando opciones para el hombre con la pelota. Desde arriba, se veía como un tablero de ajedrez. Cada jugador era un peón con el que maniobrar y jugar. Para este punto, el Sub-8 había terminado su entrenamiento y estaba parado junto al borde del campo observando — minifanáticos del Rayo en proceso—. Los "rivales" estaban jugando con cuatro defensas, así que Paco posicionó a tres atacantes en los intervalos que se abrían entre los cuatro. Esto fijó a los laterales atrás, evitando que presionaran sobre la pelota (sabían defender tanto al frente como por detrás). El conjunto de Paco jugaba desde el portero. Sus centrales estaban tan atrás que se paraban en la línea del guardameta. Los tres hicieron más pases que nadie, esperando por una oportunidad para progresar hacia delante. Cuanto más profunda comienza la fase de posesión, hay más espacio en el centro del campo para los mediocampistas. Aunque, como se esperaría, el juego estaba congestionado.

Como solución, Paco gritó un número mientras un pase regresaba hacia el portero. En un ejemplo de inspiración en Estados Unidos, el grito activaba una secuencia. El mediocentro se alejaba de los centrales y se movía hacía el círculo central, llevándose su marca con él. Un mediocampista, en vez de bajar para recibir el pase del portero, como usualmente lo haría un "doble pivote", salía hacia la banda izquierda y creaba una superioridad allí. Mientras el portero daba un paso atrás, buscando jugar la pelota hacia el espacio sobrecargado, Bebé —el extremo izquierdo cuyo espacio estaba lleno— corría al borde del área para recibir la pelota del guardameta. Su marca, el lateral derecho, consciente de defender el espacio detrás de él, estaba cauteloso de moverse hacia el territorio de ataque rival, así que decidió dejar ir a Bebé. El portugués, entonces, estaba libre para recibir, voltear y llevar la pelota hacia delante. Esta rotación triangular engañó a todo el mundo. Si fue confusa de leer, lo fue más aún de defender.

SU FILOSOFÍA

Más tarde, Neil, un caballero empapado de fútbol, estuvo emocionado. Se había mudado a Madrid años antes para descubrir cómo se había desarrollado el fútbol en España. Rápidamente se le hizo familiar el aura de Paco; en esta ciudad, el hombre es tan conocido como Cristiano. A pesar de ser un hombre de fútbol, o probablemente porque lo era (Neil le estaba haciendo scouting al Madrid para el Middlesbrough de Aitor Karanka), estaba ansioso por conocer a un pionero como Jémez. "Debes enviarle mis saludos a Aitor", dijo Paco cuando nos presentamos: conocía bien a Karanka. Los círculos del fútbol son pequeños. Nos reunimos en la sala de prensa donde Paco intimida a los periodistas. Un hombre rechoncho, calvo y con una mirada firme, lo llaman el Pitbull. No hablaba inglés, pero Neil y yo habíamos discutido el tema de la entrevista antes de nuestra reunión: descubrir los engranajes de su filosofía de entrenamiento.

Una filosofía es definida por el Oxford Dictionary como "una teoría o postura que actúa como un principio de guía para el comportamiento". El término fue popularizado en el fútbol por los

grandes pensadores Johan Cruyff y Louis van Gaal en la década de 1990. Para ellos, sus filosofías eran tanto una manera de diferenciarse como un enfoque que definía sus creencias. En una forma de acreditarse éxitos en tercera persona, ellos no recibirían ovaciones personales, sino que, en cambio, elogiarían la filosofía. Se volvió una palabra pegadiza en el juego moderno, ahora menos creíble por su uso excesivo.

Cada entrenador tiene una filosofía de cómo debe ser jugado el fútbol. Se aplica también a la comunicación con el equipo: el uso de jugadores jóvenes, los métodos tácticos, el manejo de los medios y una visión general para el futuro del club. Un entrenador entregará su pensamiento durante un proceso de entrevista, usualmente con una presentación de PowerPoint, y si la junta directiva siente que se alinea con el de ellos, le ofrecerán el trabajo. Hoy en día los fans son capaces de reconocer las diferencias entre las filosofías de los entrenadores, desde la de José hasta la de Jürgen.

Primero que nada, Paco dice que su creencia es dominar el balón. Pero no quiere la posesión por sí misma —eso sería fútil—, sino que la usa para manipular y controlar al rival. Sus equipos juegan un complejo estilo de fútbol llamado "juego de posición". En Pep Confidential, escrito por Martí Perarnau, Guardiola explica que solo el Barcelona, el Bayern Munich y el Rayo de Paco Jémez son lo suficientemente valientes para adoptar esa manera de jugar.[23]

Es difícil determinar con precisión los inicios del juego de posición. Los pases con los compañeros fueron implementados en Escocia en el siglo XIX como una alternativa a patear hacia delante, mientras que Rinus Michels reconoció el espacio y cómo crearlo en la década de 1960. Varios aspectos del estilo han sido vistos en muchos equipos a lo largo de la historia, desde sus inicios en Queen's Park Glasgow. Cada uno de estos equipos (Huddersfield, Honvéd, Ajax, Barcelona, etc.) añadió ingredientes al juego de posición, evolucionando gradualmente el estilo. Tales conjuntos y entrenadores aspiraron a alcanzar el mismo resultado —superioridad numérica entre líneas (tener dos o más jugadores detrás de

---

23 Perarnau, M (2014). *Pep Confidential*. 2nd ed. Edinburgh: Arena Sport.

las líneas rivales para combinar y mantener la posesión)—, pero lo hicieron de manera distinta.[24]

Los aspectos de la versión moderna del juego de posición fueron inicialmente instalados en Barcelona en la década de 1990 por Johan Cruyff, y sobre ellos construyó Louis van Gaal, aunque ambas versiones diferían. Sobre su variante, Louis van Gaal dijo: "Cada jugador necesita saber dónde tiene que estar, y eso es por lo que hay necesidades de entendimiento mutuo, porque necesitas disciplina absoluta. Esto es un deporte jugado por 22 hombres, y hay 11 oponentes allí afuera actuando como equipo. Cada individuo necesita saber a quién tiene que vencer y estar ahí para apoyar a sus compañeros".

Pep Guardiola era un futbolista prominente tanto en el Barcelona de 1992 bajo el mando de Cruyff como en el de 1997 con Van Gaal. Como hombre estudioso, Guardiola aparentemente trató su carrera de jugador como un tipo de aprendizaje. Sin embargo, no fue hasta 2005, cuando se mudó a México para finalizar su carrera con Dorados de Sinaloa, que el juego de posición fue contemporáneo. Ahí Guardiola trabajó con el teórico Juan Manuel Lillo —otro español— y el par hablaba por horas después de entrenar sobre la importancia de mantener la posesión y cómo podría hacerse. "Pep y yo tenemos la misma intención: ganar superioridad desde la posición. ¿De qué sirve un buen juego entre las líneas si no superas a los oponentes?", dijo Lillo.

Históricamente, la mayoría de las evoluciones en las tácticas del fútbol han involucrado cambios de formación, como el paso del 3-2-2-3 de 1920 de Herbert Chapman al 2-3-2-3 de 1950 de Márton Bukovi. El juego de posición es diferente. En él, la formación es irrelevante, ignorada por Pep Guardiola como si nada más se tratara de un número telefónico. En cambio, en el juego de posición la ubicación de la pelota determina dónde se mueven los futbolistas, contrario a la pelota siendo movida por los jugadores dentro de la formación. Si la pelota está al borde del área, por ejemplo, los juga-

---

24   Investigación de Gareth Flitcroft.

dores se posicionan en zonas establecidas. Si se mueve a la banda derecha, ellos se mueven a nuevas colocaciones predeterminadas.

Su adaptación más moderna ganó notoriedad en la temporada 2009/10, cuando Sergio Busquets se volvió un elemento central en el Barcelona de Guardiola. Se ubicación era fundamental, constantemente por detrás de donde se esperaba que llegara la pelota para mantener la fase de posesión. A pesar de su corta edad, Busquets era de la misma escuela de pensamiento que Sócrates de Brasil, creyendo que los jugadores inteligentes no necesitan correr —debían estar ya posicionados correctamente—. En los años siguientes, aspectos del juego de posición fueron adoptados por Thomas Tuchel en el Dortmund y Jorge Sampaoli en el Sevilla, así como por Guardiola, Lillo y Paco Jémez. "El juego de posición es una partitura musical tocada por cada equipo que lo practica a su propio ritmo, pero es esencial generar superioridades detrás de cada línea de la presión del oponente", le dijo Martí Perarnau a Adin Osmanbasic.

En el juego de posición, el campo está dividido en dos zonas. Los jugadores tienen responsabilidades a desempeñar mientras se está en estos sectores y saben dónde debería ir el siguiente envío cuando reciben el balón. Antes de ese año, obtuve una revelación sobre el juego de posición del entrenador escocés Kieran Smith en un evento "Inspire" en Londres. Smith había vivido en Madrid por varios años, entrenando al club local Alcorcón. También estudió al Atlético de Simeone y observó al Rayo de Paco.

Le reafirmó a la audiencia que en el juego de posición es la ubicación de la pelota la que controla al conjunto. Se disculpó con nosotros por no tener tiempo suficiente para explicar completamente la filosofía: "Tomaría días para explicarla y meses para implementarla". Esto es parte de la razón por la cual los equipos de Paco Jémez empiezan lento en La Liga: cada año, en el Rayo le daban un nuevo grupo para entrenar porque escatimaban con préstamos y transferencias gratuitas.

De acuerdo con la presentación de Smith, existen siete pilares de sabiduría a entender acerca del juego de posición. Estos son:

1. Crear superioridad detrás de la presión del rival. "¿Podemos provocarla para que aparezcan los espacios y podamos sacar la jugada?". Smith mostró un clip de Xabi Alonso mirando hacia su propia portería —un obvio disparador para presionar— antes de hacer un pase atrás a Jérôme Boateng. El central fue entonces presionado por el corredor, así que Alonso se escapó hacia la derecha y recibió una pelota en diagonal con mucho espacio, con la posibilidad de jugar hacia delante.

2. Jugar desde atrás y crear superioridad en la fase inicial. Con la circulación (pasarse el balón), el equipo viaja unido hacia arriba. Esto le permite contrapresionar más efectivamente cuando el espacio está condensado durante la fase de construcción. "Si el pase está a solo diez yardas, es fácil presionar solo diez yardas".

3. Usar la posesión para desbalancear al oponente. Como refuerzan Pep y Paco, la intención no es mover la pelota, sino mover al adversario. Cada pase debe tener un pensamiento detrás.

4. Crear amplitud y profundidad para que aparezcan intervalos para jugar. En la década de 1980, Johan Cruyff le encargó a Gary Lineker que generara amplitud. Thierry Henry, David Villa y —años más tarde— Neymar se posicionaban en la banda contraria al balón para separar a la última línea del rival. "Eso es un principio del juego de posición".

5. Posicionar a los jugadores a diferentes "alturas" del campo. Si uno piensa en el terreno en un sentido vertical, el delantero sería el futbolista más alto la mayoría del tiempo. Tener jugadores en diferentes líneas de recepción diagonales a varias alturas proporciona más opciones, pero también confunde al contrario con respecto a dónde debería ejercer la presión sobre la pelota. Acumular líneas crea "triangulación", permitiendo al equipo en posesión circular mejor.

6. Carreras en conducción. "Esto no es solamente una mentalidad de pase". Muchos de los regates de Messi son horizontales a través de la línea de fondo del oponente, tentando y forzando a los rivales a salir de su forma. De nuevo, en la década de 1980 Cruyff instauró la idea de los extremos invertidos, con

Gheorghe Hagi y Robert Prosinečki regateando hacia adentro con su pierna fuerte para causar confusión.

7. El tercer hombre y su movimiento. Esta figura en ocasiones representa al jugador libre en el espacio. Encontrarlo le proporciona al conjunto tiempo para tomar las decisiones correctas.

JÉMEZ

"He estado entrenando hasta ahora, incluyendo esta temporada, creo que por nueve años, y desde el principio he tenido esta idea (de jugar el fútbol posicional) —explicó Paco con un acento acelerado—. Es cierto que con el tiempo cambias cosas, ves que hay algunos puntos que puedes hacer mejor y hay aspectos que sacas o metes, porque es una evolución constante. Pero es cierto que desde que empecé a entrenar en Alcalá (un equipo de Madrid de la Tercera División —el cuarto nivel en España—) tuve la idea de que quería que mi equipo jugara de una determinada manera".

Mientras Guardiola acredita a Cruyff como la inspiración de su estilo de juego, Jémez siente que lo ha desarrollado él solo. "Creo que es la experiencia de un montón de años como futbolista, viendo cosas, viendo formas de jugar, viendo otro estilo. Al final, cuando te vuelves entrenador, tienes que escoger el camino por el que quieres bajar. Yo escogí este porque fue con el que me pude identificar más. Fue con el cual me sentí más cómodo". Una de las frases más célebres de Paco, al explicar por qué su equipo Rayo continuaba jugando tan abiertamente contra equipos más grandes a pesar de perder ampliamente (pocos meses antes de mi visita, había perdido por 10-2 contra el Real Madrid), es: "Nos van a matar de todos modos, ¿así que por qué abandonar nuestros principios ante la muerte?".

"Es una manera de jugar en la que probablemente necesites más tiempo. Es cierto que cuando juegas desde abajo asumes más riesgos, pero pienso que es una manera muy buena. Es algo en lo que todos los futbolistas están involucrados, y ellos disfrutan esa manera de jugar. Comprendemos que la posesión por sí misma no es verdaderamente importante, muchas personas solo miran la posesión. Si no hay progresión hacia la otra mitad del campo, entonces la tenencia finalmente es un problema. Disponer de la pelota mucho tiempo en tu propia mitad significa que tienes más probabilidades de perderla, así que la idea es tenerla, pero siempre buscando avanzar, entrar en campo rival y ser capaz de atacar la portería. Esto es algo que les dejamos muy claro a los jugadores".

Los ponentes en el evento "Inspire", todos trabajando en academias, lamentaron cómo los jugadores británicos carecen de la confianza necesaria para mantener la posesión por un período decente de tiempo. "Son competentes técnicamente, pero tácticamente inconscientes", se volvió el tema. Al respecto, Paco señaló: "Trabajamos mucho (con nuestros jugadores). Saben que tener la posesión es algo bueno, pero por sí misma no va a hacerte ganar un partido. Lo que va a ayudarte a ganar un encuentro es llevar el balón a situaciones en las que puedas generar jugadas cerca del área para anotar un gol. Por mucho que haya otras maneras de jugar, verás en nuestras sesiones de entrenamiento que cada día intentamos trabajar lo que vamos a necesitar luego en la competición y una de esas cosas es, por supuesto, la tenencia".

CIRCULACIÓN

Hay muchos movimientos de pase en el modelo de juego de Paco que parecen ser fluidos, pero cuando le preguntan si trabaja en combinaciones en el tercio final, dice que esas fases están desestructuradas. Que viene del instinto de sus atacantes. "Somos un equipo muy natural. Es verdad que necesitamos ser organizados, pero somos capaces de perder esa organización muy rápido y luego reorganizarnos. En ese aspecto, creo que somos un conjunto muy fresco, muy natural. Muchas de las situaciones que surgen se deben al talento de los jugadores. Siempre he dicho que el trabajo de un entrenador es más importante cuando el equipo no tiene la pelota. Cuando tienes el balón, dependes más del talento de los futbolistas".

Lo más importante para él es el mensaje que les da a sus dirigidos. En el entrenamiento trabajan en jugar a través de los ter-

cios, con diferentes rotaciones para llevar la pelota más adelante, pero en la última parte del campo les da libertad y les permite usar la imaginación. Los buenos jugadores toman buenas decisiones, piensa. "Es verdad que puedes trabajar diferentes cosas, pero lo que debes entrenar por encima de todo son los hábitos. Si algo sale o no, depende de la imaginación y el talento de los propios futbolistas. Sin embargo, en el lado defensivo, necesitas hacer una buena labor. Todos necesitan saber dónde tienen que presionar, todos necesitan saber dónde tienen que defender. Todos necesitan saber cuándo tienen que retroceder y ahí es donde pienso que tienes que trabajar más. Después, por nuestra manera de jugar, es importante circular la pelota, sacar el balón desde abajo. Desde un punto de vista ofensivo, pienso que especialmente con equipos como nosotros, tranquilos y más naturales, solo les damos las guías a los jugadores para que sepan adónde se tienen que mover para ser capaces de estar en situaciones donde podamos hacer más daño". En otras palabras, estar en la posición correcta.

Una buena parte del entrenamiento de Jémez es al estilo de Sacchi, en el sentido de que sus futbolistas pasan por rotaciones de qué es lo que sucede de un pase al siguiente, como si Paco tuviera el talento de la premonición. Una vez más, esto es un principio dentro de la periodización táctica —entrenar tan parecido al juego como sea posible, asegurando que las situaciones estén arraigadas a la memoria muscular—. Para Jémez es vital hacer esto, ya que sus dirigidos llegan en diferentes puntos de la temporada y tienen diferentes niveles de comprensión. Para él, puede ser como el Día de la Marmota: "Es cierto, somos un equipo que cambia mucho de jugadores cada temporada. Cada año cambian alrededor de 18. Es difícil para nosotros, porque encima los futbolistas vienen en diferentes momentos; tres jugadores un día, otro el siguiente. Es un problema porque no tenemos mucho tiempo. Preferiría mantener a la mayoría del grupo junto y añadir solo cuatro nombres, pero empezamos desde cero cada año".

Los jugadores en el Rayo se entrenan por mucho más tiempo que en cualquier otro equipo español. En la ciudad, una razón por la que Carlo Ancelotti perdió su trabajo fue porque el presidente del Real Madrid, Florentino Pérez, sintió que practicaban muy poco. Aquí el Rayo trabaja en la mañana, pasa tiempo en la sala de video en la tarde y hace sesiones públicas varias noches a la semana. Debido a que el tiempo es tan valioso, mantener a los jugadores que están metidos en el sistema es de máxima importancia. Para el proceso de educación son centrales Raúl Baena y su compañero mediocampista, el capitán Roberto Trashorras. En 2015, Trashorras jugó más pases precisos que cualquier otro mediocampista en España —2338 de 2699 (86,7%), por encima de Toni Kroos y Sergio Busquets—. Jémez dice: "Ellos aceleran el proceso. Son una extensión del entrenador dentro del campo. Les dicen a los nuevos jugadores muchas cosas (dónde necesitan posicionarse), porque ellos ya saben cómo funcionan las cosas, así que nos ahorran mucho tiempo".

En la sesión del rondo, Trashorras apenas se movió, pero completó más pases que ningún otro. Cuando Jémez estaba mirando silenciosamente, era el capitán el que más hablaba. Como un país naval, con una estructura antigua de roles y títulos delegados, la posición de capitán tiene una importancia añadida en Gran Bretaña. Este debería ser la encarnación de los valores del conjunto, con pasión y esfuerzo. En España, sin embargo, escogen democráticamente al capitán, mediante votos secretos del equipo. En el Rayo, debido a su devoción por el club, es una elección obvia.

ARITMÉTICA

Neil y Kieran Smith son amigos. Eran compañeros entrenadores expatriados buscando una educación más intensa en Madrid, y a menudo iban a ver entrenar al Rayo, diseccionando los puntos más finos del juego de posición. Dada la oportunidad de hacerlo en persona, Neil le preguntó a Jémez acerca del pilar principal de su filosofía: la formación. Paco, como su aliado Guardiola, descarta la noción de tomarlo como aritmética: "Son una manera de poner a los jugadores en el campo. Para mí, no es lo más importante. Lo importante es cómo se mueve el equipo en el campo, cómo ataca, cómo defiende, cómo presiona, qué tan capaz es de desorganizar-

se y reorganizarse rápidamente, de manera que el oponente no pueda hacer ningún daño".

Más importante es el mensaje dado a los futbolistas dentro del sistema. "Al final, el conjunto es algo que está vivo, ¿no? Así que no puedes categorizarlo en un sistema o una formación y decir que siempre tiene que ser de esa forma. Los equipos se vuelven desorganizados cuando juegan y muchas veces es importante que sea así para desordenar al adversario. Las formaciones son una posición inicial, pero los equipos nunca terminan jugando como empezaron. Somos capaces de cambiar la formación muchas veces, ¿sabes? Ha tomado importancia, pero para mí no es lo más importante. Lo que es destacado para mí es cómo este esquema se modifica a sí mismo; cómo se transforma en relación con lo que se necesita en el partido", apunta.

*

LA CAPITAL EUROPEA DEL FÚTBOL

En el pasado, había solo un gigante en la capital española, con el más pequeño Vicente Calderón romantizado como el faro de luz que atravesó las sombras del despótico Bernabéu. Bajo el mando de Diego Simeone desde 2011, esa luz se hizo más nítida hasta que, en su derecho propio, el Atlético se volvió un gigante también. Como si fuera para demostrar su crecimiento, los accionistas del club votaron para comprar el 34% del RC Lens en julio de 2016, estableciendo un proceso monopólico de internacionalización (también licenciaron un club en la Premier League india, el Atlético de Kolkata). Olvidados debajo de los gigantes de Madrid, sin embargo, hay 25 clubes viviendo de jugadores no deseados o descartados. Los más reconocidos son Getafe, Alcorcón, Leganés y el Rayo. Cuando José Mourinho se volvió entrenador del Manchester United en mayo de 2016, rivalizando con su némesis Pep Guardiola en el Manchester City, Patrick Vieira declaró a Manchester como la "capital de fútbol del mundo". Su opinión fue respaldada por muchos medios británicos, aunque en la actualidad el título es más propio de Madrid. El Euro Club Index, un sistema de ranking de clubes en sus desempeños en competencias nacionales y continentales sobre tres temporadas, tenía al Real primero (4413 puntos) y al Atlético cuarto (3967) al momento del nombramiento de Mourinho. El City era el séptimo (3522) y el United, el vigésimo (3106).[25] Como resultado del liderazgo inspirador de Diego Simeone, el Atlético y el Real jugaron entre ellos en dos finales de la Champions League en tres temporadas (2014 y 2016). Nunca antes dos clubes de la misma ciudad habían siquiera disputado una final europea. Esta dominación de Madrid era el telón de fondo en el que Jémez tenía que operar.

La ciudad es la capital más alta en Europa, rodeada de cadenas montañosas. Es el corazón latente político de un país rebelde. Sorprendentemente para una capital, hay una fuerte presencia de la izquierda política. El partido socialista de moda, Podemos, con su joven líder con cola de caballo, Pablo Iglesias, ganó un abundante apoyo de la región más amplia de Madrid. Vallecas es el vecindario de la ciudad que mejor representa una devoción hacia la izquierda —250 000 personas de la clase trabajadora viven ahí, todas con un fuerte sentimiento de comunidad—. Usan al Rayo como un vehículo de expresión política. Los sociólogos descubrirían mucho caminando alrededor del estadio de Vallecas. Hay grafitis antirracismo en las paredes —"ama al Rayo día del racismo"— y grafitis anticapitalistas en las tiendas de apuestas —"Madrid es castilla pese al capitalismo"—. Durante la semana, el estadio está abierto a la comunidad y es una colmena de actividades. Dentro hay un gimnasio de boxeo, una sala de billar y una sala de funciones, alquiladas en su mayoría por ancianos fanáticos del bádminton. Las pegatinas del St. Pauli se han desvanecido en las láminas rojas de metal rústico que mantienen al estadio unido. "Personas sin hogar se resguardan debajo de una de las gradas, y en los días de partido les dan comida —me dijo Rubén, un hombre que decía ser el único fanático del Real Madrid en Vallecas, mientras deambulaba por el

---

25 Metodología: "El *Euro Club Index* (ECI) es un *ranking* de los equipos de fútbol en las divisiones más altas de todos los países europeos que muestra sus fortalezas de juego relativas en determinado punto del tiempo, y el desarrollo de estas fortalezas en el tiempo. El ECI hace posible calcular las probabilidades de los diferentes resultados de los partidos de fútbol (victoria, empate, derrota) en el futuro cercano"; *euroclubindex.com.*

estadio—. Cuando los nuevos jugadores firman para el club, son llevados en un tour de la comunidad por los ultras 'Bukaneros'". El Rayo sabe que no puede competir con los clubes ricos, así que hace las cosas de manera diferente. Atrincherarse con la comunidad da sostenibilidad.

Paco Jémez y sus futbolistas cocinan para las personas sin vivienda en el centro de la comunidad local varias veces al mes. Cuando estaba de compras un día, Trashorras fue abordado por un fan que le habló sobre la situación de una anciana llamada Carmen. La señora de 85 años iba a ser desalojada por la policía porque su hijo no pudo pagar la renta, así que Trashorras reunió al conjunto después de entrenar y lo convenció de hacer donaciones. Eventualmente, el club recaudó suficiente dinero para apoyar financieramente a la anciana de por vida.

El mismo mes que Carmen fue rescatada, mientras el Rayo se acercaba más a su apoyo local, el Real Madrid se alejaba del propio al remover el crucifijo de su símbolo para acercar a los clientes de Medio Oriente. "Deberíamos hacer más por nuestras comunidades, como lo hacen ellos", dijo Rubén, el fan del Real. Los Blancos tienen un presupuesto anual estimado de 469 millones de libras, mientras el del Rayo ronda los 5,5 millones. "Si nos importara tanto como a ellos les importa, la ciudad estaría mejor", agregó Rubén.

*

"Cinco minutos más", intervino Fernando, el corpulento jefe de prensa del Rayo. Jémez tenía otros preparativos y se estaba haciendo tarde. Había estado ahí desde las nueve de la mañana, habiendo llegado unas 11 horas antes. Neil me miró: "¿Qué deberíamos preguntar?". Negociamos con Fernando para hacer dos preguntas más. Revisó su reloj con dudas, pero Paco se mostró dispuesto. "Adelante", dijo.

—¿Qué características se necesitan para el juego de posición? ¿Los jugadores de la academia son identificados con base en estas características?

—Sí, sí, pero no al principio. En los primeros años lo que intentamos hacer es ayudarlos a mejorar técnicamente, porque son bastante jóvenes y no saben cuál podría ser su potencial. Pero es cierto: cuando avanzan y están en los juveniles (Sub-17/Sub-19), empiezan a ser incorporados en el equipo B y ahí es cuando empezamos a ver qué jugadores van a encajar. ¿Y qué se requiere para jugar en el sistema? Condición física y mental, toma de decisiones, técnica para pasar la pelota de primera y comprensión táctica. Les preguntamos a nuestros jugadores: "¿Dónde será el siguiente pase? ¿Quién es el hombre libre?". Para nuestra manera de jugar, lo que necesitamos sobre todas las cosas son futbolistas valientes que estén felices de tomar riesgos. En verdad, necesitamos personas con un buen nivel técnico porque nuestra principal virtud es tener la posesión por un largo tiempo (también necesitan ser capaces de recuperarla rápidamente, así que necesitan jugadores que quieran sacrificarse). Personas que entienden que cuando no tenemos el balón, nadie puede descansar. Todos deben presionar para recuperarlo y así poder tenerlo de nuevo. En todas las situaciones, en cada posición, es obvio que necesitamos futbolistas con cualidades particulares, pero esto es igual en todos los equipos. Pienso que sería un error serio intentar fichajes que no son correctos para ese estilo de juego. Para nosotros, con nuestro modesto presupuesto, intentamos traer jugadores que pensamos que encajarán en cada posición.

Neil y yo revisamos nuestras notas. Quedaban siete preguntas aún por hacer —es recomendable prepararse de más—, pero solo nos quedaba una oportunidad. "Pregúntale sobre las transiciones", pedí. "Bueno, intentamos hacer las cosas para que las transiciones no existan", respondió Paco, Neil sonrió; yo permanecí ajeno a la conversación. "Eso quiere decir que cuando perdemos la pelota presionamos instantáneamente, porque en las transiciones largas y rápidas es cuando terminas cansado, ya que tienes que cubrir mucha distancia. Hay momentos en los que puedes evitarlo; momentos en los que el oponente hace un contraataque con futbolistas muy rápidos que, cuando la quitan, juegan al espacio rápidamente y tenemos que enviar todo el grupo atrás otra vez. Lo que intentamos con estas carreras es prevenirlas tanto como

sea posible, porque son carreras muy largas y somos un equipo que juega muy unido. Lo que intentamos hacer, sobre todo, es presionar en la zona donde perdemos el balón. Allí, las distancias son mucho más cortas, intentando hacer que el rival no pueda manejar la posesión al deshacerse de ella o jugar atrás con el portero, lo que nos da tiempo para avanzar hacia la mitad del rival. Intentamos hacer que esas largas carreras, cuando juegas contra adversarios a los que les gusta jugar a la contra, como el Real Madrid con Gareth Bale y Cristiano Ronaldo, no ocurran. Ellos tienen jugadores realmente veloces. Si tenemos que estar corriendo 50 metros durante todo el encuentro, cuando lleguemos al minuto 70 estaremos exhaustos; muertos. Así que mientras más cortos e intensos sean los desplazamientos, mucho más efectivos son". Su mensaje es correr juntos, correr menos.

La noche en que el Rayo tuvo más posesión que el Barça, trabajaron duro para recuperar en la transición. Sus estadísticas de posesión reflejaron la cantidad de veces que presionaron exitosamente al Barça, más que los minutos durante los que retuvieron el balón. Al quitar la pelota, Paco tenía variedad en la transición al ataque. Algunos entrenadores, como Claudio Ranieri cuando estaba en el Leicester, basan sus sistemas alrededor del contraataque instantáneo. Otros, como solía hacer Louis van Gaal, a menudo retrasan la transición y buscan la superioridad numérica. Para sus dirigidos, Paco prefiere que tengan un sentido del juego para que puedan identificar cuál es la decisión correcta: "La mayoría de las veces depende de dónde recuperamos la pelota. Cuando la ganamos atrás en nuestro campo, primero que todo debemos tener algo de posesión (circulación) para permitirnos tomar buenas posiciones. También depende de nuestros jugadores, pero si la recuperamos en la mitad del rival, normalmente la idea siempre es intentar lanzar un ataque para causar peligro. Pero principalmente depende de los elementos que tengas en el campo. Hay momentos en los que tienes futbolistas más directos y rápidos, así que intentas aprovechar al máximo esta velocidad. Y hay otras ocasiones en las que tienes jugadores a los que les gusta vincularse y combinar más, que van por adentro, así que cuando recuperas debes tener un poco de posesión para ser capaz de avanzar". Esta es la parte de preparación para el encuentro. Los directores técnicos observarán las fortalezas y debilidades del oponente y discutirán con sus asistentes cuál es la mejor estrategia para ganar las transiciones. Entonces, entrenan esto a lo largo de toda la semana.

LA LUZ DEL TÚNEL

Al concluir nuestra entrevista, logramos sacar una pregunta más y cuestionarle a Paco sobre las presiones de su trabajo. "Se lo digo a todas las personas que vienen por aquí, porque muchos entrenadores vienen y nos estudian. Si quieren trabajar a un nivel de élite, deben pensarlo muy bien. Es una profesión que tiene malos momentos, porque el técnico tiene que tomar casi toda la responsabilidad de lo que ha sucedido. Pero también te da mucha satisfacción. Si alguien es capaz de venir en un momento como en el que estamos ahora, para jugar contra los mejores equipos del mundo, pienso que ese sería un momento para disfrutar".

En un período de pocos meses, los fanáticos esperarían a las afueras del estadio del Rayo por más de una hora al final de la temporada, cantando para que Paco se quede. Tal vez el Rayo debió haber jugado un estilo de fútbol más reactivo. A través del pragmatismo pudieron haber prolongado su supervivencia, como esa bestia efectiva del Stoke City hizo por largo tiempo antes de reinventarse. En cada partido, el Rayo era vulnerable. Su equipo constantemente se renovaba con nuevos jugadores que se tenían que adaptar a su sistema. Se volvió algo aburrido para el entrenador. Una política insostenible. Pero sin las bellas ideas de Paco Jémez y hombres como él, a los que constantemente les dicen que están locos, que eso no se puede hacer —que el pragmatismo es un mejor enfoque—, entonces el fútbol sería menos. Es a través de los visionarios que la sociedad evoluciona. Michels era un loco, así como Sacchi. Cuando la historia es recordada, son raros los nombres pragmáticos que son mencionados. Tal vez sea lo mejor que terminara de esta forma. Si el Rayo hubiera sobrevivido, se habrían visto forzados a ser más comerciales para poder obtener ganancias. Es el dilema de St. Pauli: ganar y perder la identidad, o perder y mantenerla. Para el Rayo, ganar es un resultado muy obvio, muy

predecible. En cambio, es más poético sostenerse, mantenerse, permanecer sin modificaciones a la cara de los gigantes. La de ellos es una luz que nunca se apagará.

CAPÍTULO 8

EL BARÇA: LA PALETA DE UN IMPERIO

"Cruzamos calles espaciosas, con edificios que parecían palacios. En el paseo de La Rambla, las tiendas estaban bien iluminadas y había movimiento y vida… No decidí irme a dormir, a pesar de que lo deseaba, así podía levantarme temprano y contemplar, a la luz del día, esta ciudad desconocida para mí: Barcelona, la capital de Cataluña".

Hans Christian Andersen, 1862

ARGUMENTOS PARA EL ARTE

Antoni Gaudí, el artista catalán cuyo trabajo sigue atrayendo turistas a Barcelona, creía que la ciudad era tan receptiva al arte y la arquitectura, tanto grandiosa como simple, debido a su afortunada ubicación. "Los habitantes de lugares bañados por el Mediterráneo sienten la belleza con más intensidad", escribió en el cambio de siglo. Es, como encontró Andersen, una ciudad más viva. Su equipo de fútbol, el FC Barcelona, ha buscado, al menos desde los días de Johan Cruyff, complacer a los nativos con demostraciones artísticas de ataques brillantes en línea con la vitalidad de la ciudad.

El 22 de agosto de 1973, a las 11 de la mañana, el vuelo KLM número 254 de Ámsterdam a Barcelona aterrizó llevando a Cruyff. En ese momento, los fanáticos estaban preocupados. Estaba ahí ese tipo delgado que fumaba como una chimenea y había costado seis millones de florines holandeses —un récord mundial—, supuestamente para llenar el polvoriento gabinete de trofeos del Barça. No habían ganado la Liga desde 1959 y la región estaba aún de luto por la pérdida de Pablo Picasso, que había muerto cuatro meses antes, en un período entre artistas conocido como "el vacío". ¿Qué podría hacer Cruyff? El Barcelona estaba destinado a fracasar tanto como durara el mandato de Franco. Pero el neerlandés creía que el mundo a su alrededor podía ser cambiado. "Estuve aquí bajo la dictadura de Franco: entiendo cómo piensan los catalanes", declaró luego. A través de sus actuaciones, su actitud y sus significativas decisiones en su vida privada (como ponerle a su hijo un nombre catalán), Cruyff revolucionó el fútbol de la misma forma que Picasso lo hizo con el arte.[26]

Ambos hombres vivieron con una creatividad compartida. El Barcelona ganó la Liga en la primera temporada de Cruyff, mientras mostraba a los fans "las cuatro patas", nunca antes vistas, usando la parte interior y exterior de ambos pies para pasar y rematar. En un partido contra el Atlético de Madrid el diciembre siguiente a su llegada, anotó "el gol fantasma", contorneando su cuerpo para anotar con su talón derecho mientras levitaba dos metros en el aire. Los hinchas en el Mediterráneo (los receptores de la belleza de Gaudí) estudiarían el gol por los años venideros, tratando a Cruyff como una escultura desconocida.

---

26   Es importante entender que antes de que Cruyff lo dirigiera, el Barcelona era un club profundamente decepcionante y de bajo rendimiento, sin un estilo de juego fluido o comprensión de la cara comercial del juego. De hecho, cuando a finales de los 80 y principios de los 90 el mediocampista ofensivo José Mari Bakero pasaba la pelota hacia atrás o daba un pase largo, en vez de voltear y rematar, los fanáticos en el estadio le pitaban. Solo cuando los trofeos eran una consecuencia de su estilo de juego postmilenio ese público comenzó a apreciarlo, y comenzó el elegante y moderno Barcelona considerado contemporáneamente como un referente de éxito visual, deportivo y comercial.

Su manera artística de jugar al fútbol lo llevó a su carrera como entrenador. Volviendo en 1988 para crear el Dream Team, Cruyff ganó la primera Champions del Barcelona. Giorgio Vasari escribió lo siguiente en 1568 sobre el científico, artista, inventor y arquitecto Leonardo da Vinci, pero sus palabras aplican en cuanto a capacidad en el fútbol para Johan Cruyff:

> Los cielos a menudo hacen llover los dones más ricos sobre los seres humanos, naturalmente, pero a veces con una lujosa abundancia otorgan sobre un solo individuo la belleza, la gracia y la habilidad para que cualquier cosa que haga, cada acción, sea tan divina que se distancie de todos los demás hombres, y muestre claramente cómo su genio es el regalo de Dios y no una adquisición del arte humano.

Mientras Da Vinci escogió Florencia, Cruyff eligió a Barcelona y su fondo montañoso como el lienzo sobre el que trabajaría. "Tomó una pizarra y dibujó a tres defensores, cuatro mediocampistas, dos extremos bien abiertos y un delantero centro —recordó el mediocampista Eusébio—. Nos miramos entre nosotros y dijimos: '¿Qué diablos es esto?'. Era la era del 1-4-4-2 o el 1-3-5-2. No podíamos creer cuántos atacantes había en el equipo". Fue atrevido y revolucionario, y demostraría ser duradero.

FUENTES

Cuando Albert Capellas era un entrenador junior, usó su tiempo para observar entrenamientos del equipo de Cruyff en vez de asistir a las clases de la universidad. "Era un soñador", me confesó cuando nos conocimos. Capellas luego se convertiría en el coordinador juvenil de La Masia, la academia casa de campo que está al lado del Camp Nou, encargado de llevar a cabo el estilo de ataque del Barcelona implementado por Laureano Ruiz y cultivado por Johan Cruyff.[27] Capellas supervisó un período de éxito cegador para La Masia. En la final de la Champions League de 2009, el Barça ganó con siete jugadores de cosecha propia en sus onces iniciales. El trabajo de Albert y sus colegas fue más reconocido en 2010, cuando los tres nominados al Balón de Oro, Lionel Messi, Xavi e Iniesta, fueron formados en La Masia.

"Barça quiere que el 50% de su equipo venga de la academia; esto es porque ellos conocen la cultura del club y vienen con tiempo ya invertido en ellos", explicó. Una cosa que un entrenador nunca puede tener es tiempo, ya que trabaja a diario para justificar su posición —crear una filosofía de club no siempre es factible, por lo que el tiempo debe venir desde abajo—. "Y un 15% de los futbolistas deben ser de los mejores a nivel internacional, como Michael Laudrup, Hristo Stoichkov, Ronald Koeman o los brasileños: Romário, Ronaldo, Rivaldo y Ronaldinho. Entonces, el 35% restante son fichajes del país para llenar los vacíos que no podemos producir".

Capellas estaba sonriendo. "El mensaje que dimos era: 'Si corremos juntos, corremos menos'". Se refería a presionar por la pelota inmediatamente después de perderla para evitar una carrera atrás hacia su propia mitad, como explicó Paco en el Rayo. La metodología de "el Joc de Posició" de La Masia estaba basada alrededor de lo que Capellas describía como "las tres P": posición, posesión y presión. Posición en el campo, posesión del balón y presión (tanto sobre el hombre con la pelota, como sobre el espacio a su alrededor) para recuperarla tan rápido como sea posible.

---

27   Laureano Ruiz fue nombrado coordinador de La Masia en 1974. Fue él quien alineó el estilo de juego de la academia para cada grupo de edad y comenzó el sucesivo plan de reclutar futbolistas dotados técnicamente —incluso si eran pequeños— en vez de chicos que se destacaban físicamente, como había sido el caso anteriormente. Se acredita a sí mismo de introducir los "rondos" al club, diciendo que los inventó en 1957. De acuerdo con el fallecido Tito Vilanova, el Barça había formado continuamente a lo largo de las décadas de 1970 y 1980 jugadores técnicos, pero el estilo del primer equipo era diferente. Fue solo cuando Johan Cruyff reemplazó a Terry Venables que se abrió el camino. En otras palabras, Ruiz plantó el estilo del Barça, Cruyff lo nutrió y Guardiola cosechó sus frutos.

Lucía como un político, un hombre de negocios o quizás un abogado; un hombre de estatus, en definitiva. "En julio de 2007, cuando conocí por primera vez a Pep Guardiola antes de que comenzara a entrenar al Barcelona B, le pregunte cómo le gustaría que su equipo jugara. Me dijo: 'Solo sé dos cosas: que cada jugador en mi equipo correrá y que intentaremos mover la pelota más rápido que el oponente'. Es obvio que Pep sabe mucho más que solo estas dos cosas, pero es nuestro trabajo hacer simple lo complejo del fútbol (el rol de Capellas era hacer lo difícil entendible para los niños en La Masia). Debes tener lágrimas en tus ojos cuando hablas de fútbol; es orgánico, no hay dos situaciones que sean iguales". Por lo tanto, el trabajo de los entrenadores en la academia es familiarizar a los jóvenes con situaciones que los ayuden a tomar decisiones correctas a menudo; como Andrés Iniesta, a quien Capellas dirigió. "Siempre está pensando qué es lo mejor para el equipo y nunca qué es lo mejor para él mismo. Sus habilidades técnicas y tácticas son sobresalientes. Fuimos muy afortunados de estar en el lugar correcto para que pudiéramos verlo. Solo obtienes un jugador como él cada 40 años".

ARGUMENTOS PARA LA CIENCIA

El buen arte inspira asombro. Los componentes que se juntan para crear una obra maestra, tanto si son los tonos de la paleta como si es el manejo de las luces y las sombras, requieren un proceso de creación —una ciencia—. Picasso era un receptor del entorno que lo rodeaba. Viviendo en Barcelona, se familiarizó con anarquistas y radicales, y como consecuencia comenzó a alejarse de las técnicas clásicas para crear su estilo cubista. Trabajaba desde las dos de la tarde hasta las 11 de la noche sin comer y dibujando de memoria, antes de parar y quedarse mirando su obra por una hora más o menos, para luego comenzar de nuevo. Ese era su proceso: la ciencia detrás del arte. Un enfoque similar se aplica para todas las grandes obras. Sea Vermeer o Matisse, todos tenían una manera de trabajar, una ciencia, que pasa inadvertida debajo del lienzo.

Pep Guardiola dijo de Johan Cruyff: "Él pintó la obra y los entrenadores del Barcelona desde entonces simplemente la han restaurado o mejorado". Para descubrir esa ciencia, la ciencia del Barcelona —patrones y movimiento, ángulos y distancias— que ha creado una obra de arte adorada por los fanáticos alrededor del mundo, me reuní con Albert Rudé.

Me encontré por primera vez con Albert en 2012. Mi clase de universidad había viajado a Barcelona para descubrir la cultura de la ciudad y del club durante una visita de estudio. Albert era uno de los ponentes, buen conocedor de los métodos de La Masia, y abrió nuestras mentes al funcionamiento táctico interno del Barça. Ingenuamente, habíamos visto el espectáculo del juego y admirado la habilidad de los jugadores; pero Albert diseccionó cada movimiento y nos mostró, en una presentación que comenzó en la mañana y llegó hasta la tarde, cómo y por qué cada jugador se movía como un individuo dentro de un colectivo. Estábamos estupefactos. Eso fue en la Universidad de Vich–Universidad Central de Cataluña, donde él era profesor. Al momento de mi regreso, era entrenador asistente del equipo mexicano Pachuca y trabajaba al lado del uruguayo Diego Alonso. En 2016 ganaron el campeonato Clausura, terminando por delante de Monterrey.

Pero en marzo estaba de vuelta en Barcelona visitando a su familia y accedió a reunirse para diseccionar al club una vez más. Bajo la sombra del estadio, explicó la ciencia. De acuerdo con él, no importa quién es el entrenador —si Frank Rijkaard o Luis Enrique—: el equipo es un sistema autoorganizado. "El Barça tiene una perspectiva holística y cada componente (cada posición en su estructura) tiene que contribuir. Los técnicos solo están capacitados para guiar el aprendizaje de sus futbolistas y gestionar la aparición del conjunto. Por lo tanto, será el ambiente y el mismo equipo los que enseñarán al plantel". Con esto se refiere a que cada jugador debe basar su toma de decisiones en el entorno futbolístico que está ocurriendo a su alrededor —el posicionamiento de sus compañeros en relación con las zonas del campo—. Se llama neguentropía, el grado de orden en un sistema.

Podría argumentarse que si el estilo de un club depende de sus jugadores más que de cualquier entrenador individual, potencialmente podría disminuir mientras se hacen mayores e inevitablemente se retiren. Albert cree, sin embargo, que muchos de los aspectos fundamentales de su juego se mantendrán —bien sea a través de nuevos talentos emergiendo de La Masia o a través de su estilo quedando arraigado como una tradición—.

Más que brillantez técnica, existen matemáticas que se han llevado a través de los equipos del Barcelona —el primero, construido por Rijkaard con Deco, Ronaldinho y Giuly; el de Guardiola, de Henry, Eto'o y Messi, y el más reciente, de Suárez, Neymar y Messi— que continuarán siendo visibles en el futuro. Se trata de los ángulos, las distancias, las medidas, el peso y la sincronización de movimientos. "La principal diferencia que separa al Barcelona de los otros conjuntos es que ellos entienden que mientras el sistema se está adaptando al ambiente, el ambiente también se está adaptando al sistema", dijo Albert. Ellos consideran tácticamente la forma del rival, los espacios, la posición del balón (juego de posición) y el tiempo del partido para el tempo.

"Cuando está en control del balón, la formación del Barça es 1-2-3-2-3 (se incluye al guardameta), con tantas líneas como sea posible. El hombre en posesión del balón, tanto si es un lateral o si es el delantero centro, siempre tiene el 100% de las posibilidades de juego", o al menos tiene tres opciones de descarga. Atrás hacia el guardameta (o generalmente a la siguiente línea que tiene detrás), adentro hacia un mediocampista o adelante hacia un extremo (un delantero de banda, como David Villa o Neymar). Se trata de crear superioridad numérica alrededor de la pelota para apoyar a quien la tiene. El Barcelona desborda el terreno tanto horizontal como verticalmente, asegurándose de que haya futbolistas posicionados entre cada línea. El tiki-taka, como empezó a ser conocido (una palabra que Capellas me dice que está mal vista en La Masia), no era un ejercicio que consistía en sumar cuántos pases podían hacer Xavi y Puyol, como a menudo era interpretado, sino que era parte de un proceso de tentar al rival a buscar el esférico para que emergieran espacios en otros lugares para ser aprovechados.

"Existen cuatro fases para el Barcelona cuando está en la táctica ofensiva —dice Albert, consultando una página de documentos—. La primera es la posición del compañero para mantener la posesión. La segunda es moverse (considerando el sector dentro del entorno) para apoyar la tenencia. La tercera es crear zonas sobrecargadas cerca de la pelota para que el hombre con el balón sea capaz de cambiarlo de lugar. La cuarta es tener cobertura ofensiva para la próxima transición, de manera que los futbolistas estén en sectores de alta densidad para presionar". En marzo, cuando nos reunimos, el juego de posición del Barça era único para ellos. Había sido fomentado en la academia y desarrollado años antes por Pep Guardiola como entrenador.

Sin embargo, nuevos importes alzados en otros lugares en diferentes estilos de juego gradualmente diluyeron su efectividad. Por todo su talento, los fans decían que Ivan Rakitić nunca podría ser tan influyente como Xavi en el modelo de juego del Barça.[28] "Obviamente, estamos adoptando un diferente modelo deportivo, dándole más importancia a las transferencias que al sistema juvenil. ¿Está en riesgo el estilo de juego? ¿Es sostenible?", se cuestionó el candidato presidencial Victor Font. Al momento de su campaña, el número de graduados de La Masia en el primer equipo (ocho) era el menor en muchos años. Otro candidato, Toni Freixa, se quejó de manera similar acerca de las transferencias autogratificantes: "Esta es una inexorable tendencia que hace que el club sea como cualquier otro". La prensa hizo referencia al viejo dicho español: "Pan para hoy, hambre para mañana". En otras palabras, al pasar por alto La Masia como el foco principal de la entidad, el Barça podría morir de hambre a largo plazo.

Esa tarde, un Barcelona atrapado entre eras apartó al Getafe. Para dar el 100% de opciones de pase a Iniesta, si él recibía un pase en una posición central, la mayoría de los jugadores hacían una suerte de movimientos: Gerard Piqué caía más atrás para darle una

---

28   Eventualmente, el Barça se alejaría de su única forma de jugar y empezaría a confiar en la brillantez individual cuando los equipos aprendieran cómo derrotarlos (y cuando jugadores influyentes que habían sido las bases del estilo por muchos años se retiraran). Ficharían talentos destacados como lo hacían antes y ciertamente continuarían ganando, pero lo harían diferente.

salida segura; Jordi Alba se movía hacia arriba y comenzaba una carrera, confiado en la habilidad de Iniesta para mantener la posesión; Arda Turan avanzaba hacia la siguiente línea; Neymar se abría y Lionel Messi bajaba para mirarlo de frente. A través de su posicionamiento, mantenían la posesión. Otros futbolistas se quedaban estáticos dentro de una zona, sabiendo que la pelota eventualmente los encontraría en la siguiente fase. Sergi Roberto y Munir estaban escalonados en diferentes líneas en el canal izquierdo, con Neymar justo delante de ellos, esperando que llegara el cambio de juego. "Las posiciones de sus cuerpos y la manera en la que están de frente unos con otros es una forma de comunicación motora sin hablar", señaló Albert. Cuando la pelota era enviada para Messi hacia la derecha, Neymar permanecía en la banda izquierda. El brasileño comenzaba a moverse solo cuando Messi empezaba a regatear hacia adentro, haciendo una carrera en el lado ciego por detrás de los defensores hacia la portería, justo como Thierry Henry y David Villa lo hacían con éxito los años anteriores a ellos.

EL IMPERIO MODERNO

En el Coliseo, ese gigantesco anfiteatro ovalado, se reunirían 80 000 miembros para ver a los gladiadores destruir a sus oponentes de sacrificio. Fue construido para proyectar el poder y la riqueza de Roma y fue usado por los emperadores para mantener a la multitud satisfecha con el entretenimiento. Sus *shows* —reconstrucciones de batallas famosas, o la introducción de animales exóticos tomados de todo el imperio— fueron usados para inspirar patriotismo. Las escuelas de gladiadores eran construidas tradicionalmente junto al Coliseo para que emergieran las futuras generaciones de leyendas romanas (muy parecido a La Masia). "Nunca, ni en su mejor momento sangriento, pudo la vista del Coliseo, lleno y rebosante de la vida más grande, haber conmovido un corazón como lo hace en todo el que lo mira ahora, siendo una ruina", escribió Charles Dickens al visitarlo. Tal vez 1000 años desde esta era, dado su parecido, similitud cultural y gran vida, los escritores se detendrán fuera del Camp Nou y serán conmovidos por las historias de Cruyff, Maradona, Rivaldo y Ronaldinho.

Como el Coliseo, el Camp Nou es una guarida de expresión política. A sus afueras, las banderas catalanas cuelgan en los balcones de los apartamentos —una respuesta a una invasión percibida— y casi todas incluyen el triángulo rojo o azul de la independencia: la Estelada. A los 17 minutos y 14 segundos, los fans cantan sobre la libertad catalana (¡independencia!), en referencia a 1714, el día que perdieron la guerra de sucesión. Los periódicos solían asustar a la gente diciendo que si Cataluña se volvía independiente de nuevo, el FC Barcelona no sería capaz de jugar en LaLiga. Muchos les creían, así que se llegó a un acuerdo entre el club y el país para mantener al FCB en España antes de cualquier referendo.

Aunque digan lo contrario, el FC Barcelona necesita a sus rivales del Real Madrid —el gran símbolo de España— para prosperar, y estos igual necesitaban del Barça. Es sintaxis e identidad semántica: eres lo que no eres. El FCB y el RMCF mantienen la rivalidad tanto para la prosperidad comercial como competitiva. El yin necesita al yang. España es peculiar en que los fans tienen un equipo principal al cual apoyan, sea el Zaragoza o el Betis, pero todo el mundo escoge al Real o al Barça como su segundo equipo. Son instituciones de gran significado cultural.

"El Real Madrid es el segundo equipo más apoyado en Cataluña, por delante del Espanyol —me dijo Albert Juncà, director de un programa de la Uvic-UCC—. Muchos españoles que apoyaban al Real Madrid vinieron aquí desde el sur porque había una buena economía". También me había reunido con Juncà en 2012, y lo hice de nuevo en el partido contra el Getafe. Dentro del estadio, las caras de los jugadores aparecían en la gran pantalla mientras el equipo era presentado; no sus caras reales, sino las del videojuego FIFA. La atmósfera era teatral, acogiendo la a menudo tabú "ola mexicana" cuando anotaba el Barcelona. Los escandinavos y estadounidenses sentados a nuestro alrededor se deleitaron mucho con todo. Qatar Airways era el patrocinador de una camiseta que por más de 100 años se rehusó a ceder a la comercialización. Debido a la presencia de todos los factores, le pregunté a Juncà si el FC Barcelona podría aún llevar la etiqueta de "Més que un club": más que un club. Respondió: "Mi hermano es un abonado, como lo son muchos de mis amigos. Están definitivamente preocupados por estos asuntos. Pero también queremos tener un presupuesto para firmar a grandes jugadores. En algunos partidos, cuando se espera que el Barça gane por 10-0, puede que los socios no estén ahí. Pero en los grandes encuentros sí están. Hay una lista de espera de diez a 12 años para conseguir los *tickets* de temporada y la capacidad del estadio está siendo expandida a 105 000. Tenemos elecciones y algunos candidatos propusieron remover el patrocinio, les pidieron a todos los socios que dijeron que Qatar estaba bien, que no se preocuparan. Ellos son conscientes de que los necesitan para tener a Neymar o Suárez".

Messi es un gladiador moderno. El Getafe ese día era su víctima de sacrificio. Anotó uno, proporcionó tres y falló un tiro de penal para enviar al Barcelona 11 puntos por encima del resto en la clasificación —una posición en la que se mantendría toda la temporada—. Simon Kuper lo describió como un pibe: "Una figura que los hinchas argentinos han tenido en sus cabezas desde la década de 1920".[29] Los pibes son pequeños y creativos, con caras sucias, y pueden regatear pasando al equipo entero. Le pertenecen al público. Mis amigos catalanes me hablaron de un chico similar que imaginaron, de un *nen prodigi* (un niño prodigio) que en lugar de gambetear como un pibe argentino era, entre otras cosas, un dotado del pase del balón, capaz de dejar en ridículo al Real Madrid de Franco. Esas leyendas se hacen reales quizás una vez en la vida, si la gente es afortunada. Barcelona está más allá de eso: han tenido un pibe, Messi, y un *nen prodigi*, Iniesta, en el mismo equipo por más de una década. Ganaron 30 trofeos en ese tiempo: cuatro Champions Leagues y ocho Ligas.

"Los artistas no necesitan monumentos erigidos en su nombre porque sus obras son sus monumentos", escribió Antoni Gaudí, tal vez esperando a Messi e Iniesta. Tanto si es ciencia o arte, no quedan superlativos frescos para escribir sobre el FC Barcelona y la estética de su juego. Son majestuosos; poesía en movimiento. El diccionario define el arte como "la expresión de la habilidad crea-

---

29   Kuper, S (2011). *The Football Men: Up Close with the Giants of the Modern Game*. Great Britain: Simon & Schuster.

tiva humana, apreciada por la belleza o el poder emocional". También se aplica, conceptualmente, al Barça. Aunque aún está por verse por cuánto tiempo permanecerá. Con el tiempo, se alejarán del estilo de juego de posición que los hizo únicos, al encontrar los otros equipos la forma de contrarrestarlo. Tales evoluciones son naturales en el fútbol; desde el final del Santos de Pelé a la conclusión del Milan de Sacchi. Los técnicos se irán y los futbolistas envejecerán. Solo al analizar qué tanto se mantuvo el éxito, puede medirse y compararse la grandeza. El final del reinado del Barça será una celebración, no inspirada por desdén, sino por apreciación. Prolongaron su triunfo por más tiempo que cualquier otro conjunto en la historia moderna. Si el Barça se quedara en la cima de la montaña, habría una complacencia de afectos —un proceso de acostumbrarse y eventualmente aburrirse de ellos—. Debido a que cayó Roma, la historia apreció su influencia. Cuando caiga el FC Barcelona, los fanáticos podrán mirar atrás y verlos como el club más grande de todos los tiempos. El fútbol hecho arte.

CAPÍTULO 9

REGATEADORES, MERCADERES Y SUEÑOS MEDITERRÁNEOS: EL AGENTE DE MARSELLA

"¡A lo loco se vive mejor! ¡A lo loco se vive mejor!", resonó alrededor del estadio. El cántico era un tributo a Marcelo Bielsa, exentrenador del Athletic de Bilbao y el Marsella, entonado al unísono por vascos y marselleses cuando jugaron entre ellos en febrero de 2016. Adorado en ambas ciudades, el Loco se convirtió en un símbolo de rebeldía. En el Stade Vélodrome, su cara fue pintada en pancartas al estilo del Che Guevara, su compatriota. La fusión de culturas en Marsella ha ofrecido una plataforma para que triunfe el izquierdismo. Esto estaba cimentado por las respuestas racistas de otros lugares. Clubes como el Lille, el Nantes y el Estrasburgo les cantaban bilis xenofóbica al Olympique de Marsella cuando este los visitaba en la década de 1990. Cuando los ataques antisemitas estallaron en Francia, los ultras del OM comenzaron a llevar kipás a los partidos como muestra de apoyo. Al llegar a la ciudad en la actualidad, las puertas del tren se abren lentamente y las personas se escurren en lo que solo puede describirse como un caótico semillero de una vida apasionada. De algún modo, en este ambiente desordenado sobrevive un club de fútbol.

Un mapa sugeriría que es un simple viaje de España a Francia. No lo es. Es un complejo trayecto desde el Estado no reconocido de Cataluña a la ciudad conscientemente separatista de Marsella. Alexandre Dumas describió a los catalanes como aves marinas asentadas con su propia lengua, que llegaron a Marsella hace siglos. Las murallas de la ciudad se mantienen abiertas a los catalanes hoy en día, y a los italianos y africanos del norte; después de todo, Marsella es un crisol de todos los demás lugares. Un nativo con familia catalana, el misterioso Eric Cantona, es esta ciudad personificada. Su naturaleza desafiante, su pasión, su agresividad, su maestría y sus detalles filosóficos están profundamente arraigados en el carácter de las personas. No podría ser de otro lugar. "A veces te sumerges en la emoción. Pienso que es muy importante expresarla —dijo una vez para describir su estilo de juego. Mis ancestros eran luchadores, algo que he heredado".

Las ciudades y los pueblos industriales portuarios en Europa a menudo tienen tensiones culturales o políticas con su nación: Barcelona, Marsella, Bastia, Palermo, Bilbao, Nápoles, Róterdam, Hamburgo y (la mitad de) Glasgow en su mayoría priorizan el orgullo cívico sobre el deber nacional. Una autosuficiencia derivada de hazañas marítimas —de intercambios y comercio— asegura que muchas zonas portuarias importantes se consideren a sí mismas como las explotadas. Las culturas ricas emergieron históricamente de cuentos y conocimientos nacidos lejos, fomentando un fuerte sentido de propósito individual. Aquí los franceses no aceptan completamente a la ciudad de Marsella y las personas se ven a sí mismas como ajenas o extranjeras. La gran ironía es que cada vez que "La Marseillaise" (La Marsellesa, el himno nacional nombrado por el pueblo de Marsella que marchó en París inspirado por el patriotismo para luchar en la Revolución Francesa) es tocada en público, los nativos se burlan. Los marselleses son personas orgullosas. Siendo referida como "África", dado el número de tunecinos, argelinos y marroquíes viviendo en la ciudad, así como al ser considerados criminales por el resto de Francia, con los medios reforzando esta negatividad, se ha visto un movimiento de levantamiento del puente levadizo.

En psicogeografía, los académicos estudian la relación entre el lugar y las personas, en particular cómo un lugar puede influenciar la mentalidad de un grupo y viceversa.[30] Para este tema, Marsella se ofrece como un excelente caso. Sus ciudadanos están perfilados por la insularidad de su geografía: una ciudad sin salida que está de frente al sur de Europa y el norte de África con el miedo de ser apuñalada por la espalda.

Además, los franceses no creen en Marsella. Una leyenda del siglo XVIII satiriza cómo los locales les dijeron a los extranjeros que una sardina había bloqueado la entrada del puerto. Fueron ridiculizados y llamados mentirosos —¿cómo podía una sardina bloquear la entrada del puerto?—. En realidad, *Sartine* era una de las fragatas de Luis XVI hundidas por los británicos cerca del puerto, previniendo que el tráfico entrara o saliera. La paranoia dentro de la ciudad se volvió infecciosa. Napoleón construyó un palacio en Marsella para buscar a los enemigos en el horizonte del Mediterráneo.

Protegida por dos fuertes, una desconfianza de los extranjeros ha plagado a la comunidad, incluso para aquellos que trabajan en el club de fútbol local: el Olympique de Marsella. Una conexión mutua había arreglado para mí y para Vincent Labrune, el entonces presidente, una reunión durante mi visita. El OM fue cauteloso para empezar, después los rendimientos comenzaron a caer y nuestro encuentro fue cancelado. Así es el fútbol, desafortunadamente. Si fuera un juego fluido, no estaríamos tan encaprichados con él como lo estamos. Debido a que es defectuoso, con ganadores y perdedores, nos emociona eternamente.

Antes de que llegara el dinero catarí, el Olympique de Marsella era el club más grande en Francia. La estridente dedicación de sus fans y la belleza de la *Côte d'Azur* (la Costa Azul) sedujo a los mejores futbolistas en el país. En 1993 ganaron la Champions League, venciendo al Milan, con Didier Deschamps, Marcel Desailly y Fabien Barthez en el equipo, futuros engranajes en los venideros triunfos de la nación. Desde los 2000, sin embargo, el OM ha esta-

---

30   Erdi-Lelandais, G (2014). *Understanding the City: Henri Lefebvre and Urban Studies*. Cambridge: Cambridge Scholars Publishing. 228–9.

do en una situación de perpetua caída, habiendo ganado solo un título de la Ligue 1 desde su triunfo europeo.

El dinero se alejó del sur de Francia y el Olympique de Marsella fue dejado atrás. Sin embargo, a lo largo de los años estériles, el club y la ciudad se mantuvieron incondicionalmente orgullosos. Y con buena razón. Marsella es un lugar maravilloso. Como Nueva York y Río, sus historias, su clima, su ubicación y su gente hacen que los visitantes se sientan como si estuvieran en una ciudad llena de sustancia. Me quedé en el *Vieux-Port* (el Viejo Puerto). En los meses siguientes sería un escenario de vandalismo y *hooligans*, pero durante mi visita fue un lugar que estimulaba la escritura. Los turistas permanecían día y noche contemplando todo más allá de los fuertes y el puerto, soñando despiertos. De hecho, hubiera sido extraordinario haber visto alguna vez grandes barcos yendo y viniendo; sus magníficas velas llevando los productos mediterráneos. En ese entonces, había una romántica idea de pertenecer al mar. El mundo desconocido se había hecho emocionante por cuentos lejanos. Hoy en día, el *Vieux-Port* acomoda yates blancos en aguas resplandecientes que llevan a caballeros ricos a Monte Carlo y vuelven en un día.

Aunque los edificios alrededor del puerto hayan cambiado, el aire del mar se mantiene. Lleva el aroma de la prosperidad. El sonido de mercaderes que regatean con sus acentos graves ha sido una marca de la ciudad por siglos. Generaciones de marineros de Marsella hace tiempo que olvidaron inculcarles la naturaleza de cazador de tesoros a sus hijos. Con toda naturalidad, la gente ahora anhela la prosperidad. La gran decisión en la vida de un hombre joven es si perseguirá una carrera criminal o legítima. El héroe local Yazid, conocido en otros lugares como Zinedine Zidane, es una fuente de orgullo tanto por su éxito financiero como futbolístico.[31] *The French Connection* nació en la ciudad, pero no todos los criminales son de ella. La mayoría de los marselleses son honestos, personas de recta moral —mientras más duro es el contexto, más cálida es la gente—. En los polvorientos proyectos castellanos don-

---

31 Zidane también es amado porque sigue siendo un fanático del Marsella (nombró a su hijo Enzo por el uruguayo Francescoli), y todos sus logros, de acuerdo con los locales, son un brindis por la grandeza de la ciudad.

de se crio Zidane, había más chicos buenos jugando al fútbol que jugando con pistolas.

Una de estas honestas personas que conocí fue el agente llamado Mehdi Joumaili. Sorprendentemente, dada la abrumadora presencia del fútbol entre las personas de Marsella, unido a su deseo por escapar de la dificultad financiera, el área tiene pocos agentes de fútbol. A Mehdi le va bien en la ciudad porque es local. Él entiende cómo se sienten las personas: "Somos marselleses antes que franceses. Marsella va primero. Básicamente, Marsella fue históricamente la mala. Durante su reinado, ¡Luis XIII —creo que fue él— volteó los cañones del *Fort Saint-Jean* hacia nosotros y no hacia el mar! No somos como el resto de Francia, por eso es que somos tan paranoicos".

Él acepta esa paranoia. El fútbol es una industria a menudo desconfiada, especialmente en esta parte del mundo. Él era futbolista en su juventud —jugó junto con Samir Nasri por un tiempo—, pero estudió *marketing* cuando se volvió obvio que no llegaría al nivel. Durante la escuela secundaria, Mehdi se escapaba al Stade Velodrome para poner *tifos* con los ultras South Winners 84. Debido a sus antecedentes, el usualmente escéptico Olympique de Marsella confió en él. Representa a los jugadores del OM, de Sudamérica y del resto de Europa, y les ofrece especialistas en psicología y nutrición. Estos son tiempos modernos y está surfeando una ola de cambio en el fútbol. "Tienes que observar a tus jugadores en Snapchat, Instagram, Facebook y Twitter. Mi experiencia en *marketing* me ha ayudado a conectar con mis futbolistas en estas plataformas para entenderlos. Tienes que ser amable con ellos y defender sus intereses".

Debido a la abrumadora naturaleza del deporte actualmente, los jugadores necesitan asistencia. Las demandas colocadas sobre ellos por fuerzas interiores y exteriores los hacen vulnerables. La mayoría de los agentes disfrutan de relaciones cordiales con los clubes, pero eso no es de interés para la prensa, así que los fans solo oyen historias de codicia y gula. Mehdi está tratando de mejorar esa imagen: "Tienes que ser bueno con tus representados y pensar constantemente en sus intereses. Hablo con mis futbolistas

una vez a la semana, incluso si es con un texto diciendo: 'Ten un buen partido y dalo todo'. Entonces, luego observo su desempeño. Tengo un chico compitiendo con el primer equipo y el Sub-19, así que está jugando mucho. Descubrí que había anotado y ganaron 6-0, así que lo contacté inmediatamente para felicitarlo". En 1967, Los Beatles tenían una canción que iniciaba con "La Marseillaise", la cual Mehdi cita como guía en sus métodos: los futbolistas jóvenes todo lo que necesitan es amor.

Pero hay algo más en ser un agente que el contacto regular y el apoyo. A menudo pasa inadvertido qué tan importantes son las mujeres en la vida de un futbolista. Al principio, un jefe de reclutamiento me dijo que es la madre (más que el padre) la que decide a cuál academia se une el muchacho. Luego es animado a casarse joven por su club, deseoso de mantenerlo enfocado en su carrera. Después su esposa tendrá una mayor influencia en dónde juega. Mehdi sabe esto. "No quieres interferir entre el futbolista y su mujer, así que tienes que trabajar con ella para saber en qué está pensando. Hablé con la novia de un jugador en Marsella y le pregunté si él se iba al extranjero. Le pregunté que si estaba bien para ella. Dijo que sí, que estaba bien. '¿Así que si mañana tengo un contrato en Alemania estás bien con eso?'. Necesitas dos sí, el del jugador y el de la pareja". Se rio e hizo una mirada que implicaba que éramos miembros de una sociedad secreta de hombres. "Siempre ha sido difícil controlar a una mujer, ¡¿verdad?!", dijo.

Tal vez las mujeres son más *difficile* en Marsella. Las personas están un poco locas debido a hornear bajo el sol del Mediterráneo. Mientras nosotros mismos cocinábamos bajo él, nuestra conversación nos llevó a uno de los héroes del OM, el "loco" exentrenador Marcelo Bielsa. "Tenía la sangre caliente como nosotros, y se levantó por sí mismo y eso es parte de nuestra identidad; ojo por ojo. Entrenó para anotar goles, lo cual es lo que los fanáticos querían. No ganamos ningún trofeo, pero la atmósfera estaba mejor". Bielsa, de quien todos creían que se ajustaba perfecto a Marsella, capaz tanto de lo romántico como de lo errático, sostendría esa creencia al renunciar a su trabajo como entrenador de la Lazio después de solo dos días.

Me reuní con Mehdi en el elegante restaurante Dallayou por un café. En el paseo marítimo afuera, familias cómodas iban y venían. Un hombre de pie estaba apoyado en los rieles y mirando hacia el mar; su espalda, tanto literal como figurativamente, estaba volteada hacia la tierra detrás de él. Mehdi, con una camisa y gafas de sol, proyectaba éxito. "Hay dos formas en la que los agentes ganan dinero. Tienes un contrato de representación con un jugador en el que negocias bonos y salarios, y contratos externos con él, como un vehículo o un patrocinio en el que tomas un porcentaje. Y segundo, un club te dará un mandato para vender a un jugador y puedes tomar entre el 6% y el 10%".

Cuando un jugador es cotizado en transferencias, depende del agente encontrarle un nuevo club. "Si un *scout* ha visto a mi jugador, entonces enviará una oferta al club. El club le dirá al futbolista, el cual le informará al agente. Se filtra hacia abajo. Si el club 'A' quiere comprarle alguien al 'B', entonces el 'A' contactará al 'B' y le preguntará si está a la venta. 'Sí, vale. Lo venderemos por 15 millones de libras', responde el 'B'. 'Oh, nos parece que solo vale ocho millones de libras', contrapone el 'A'. Entonces, se pondrán de acuerdo. Contactarán a mi representado, que luego me dirá a mí. Entonces hablaré con el club 'A' con respecto a su salario, los derechos de imagen y el alojamiento". Con terceras partes como *Doyen Sports*, una transferencia se vuelve más complicada. A ellos les pertenece un porcentaje del jugador, así que una entidad no puede venderlo hasta que *Doyen* esté de acuerdo.

Mehdi también ha experimentado, rara vez, que el club lo contacte directamente. "Ellos dicen: 'No queremos a tu jugador aquí la próxima temporada', así que si el agente ha sido contactado por otros equipos, está libre para negociar. Ahora, para las entidades es mucho más fácil ver cuál es el agente de cada futbolista gracias a transfermarkt.com[32]; y pueden descubrir en cuánto está valuado un jugador".

Le pregunto cómo ocurren las transferencias. Más adelante en el recorrido, en Turín, Juventus explicará cómo funciona el proceso

---

32 Sitio web de finanzas de fútbol. Usado a lo largo de este libro para los datos de tarifas de transferencias.

de *scouting*. Aquí, Mehdi describe la intervención del agente: "Hay tres maneras diferentes. Primero, un club puede darte un mandato. Segundo, pueden contactarte si quieren fichar a tu jugador. Y tercero, los dos clubes se contactan entre sí y tu entras a negociar un salario y los derechos de imagen". Fichar a un futbolista es un negocio complejo. No solo dos instituciones tienen que ponerse de acuerdo en una tarifa, digamos diez millones de libras, sino que también hay un impuesto que se paga a la Liga (alrededor del 4% usualmente; en este caso, 400 000 libras), así como pagos de solidaridad. Un agente, entonces, entrará a negociar el salario base de su representado, su bono de fichaje y los premios relacionados con el desempeño. Por ejemplo, un bono por gol de 10 000 libras o uno por mantener una valla invicta de 5000 libras —depende de la posición en el campo—. Los jugadores también tienen objetivos que cumplir dentro del conjunto y eso puede producir pagos de bonificación, como que el equipo termine entre los mejores cuatro en la clasificación o que gane una copa. Una tendencia creciente en el fútbol es que los clubes paguen menos de salario base y otorguen muchos bonos como incentivo.

Las empresas que trabajan junto con los clubes cobrarán una tarifa, como también lo harán los agentes involucrados en el trato. Cada vez son más significativos los derechos de imagen de un futbolista. Como *thesetpieces.com* explicó: una entidad combinará todas las tarifas involucradas en una transferencia (el monto del fichaje, el costo del agente, los derechos de imagen y otros pagos) y las dividirá por la duración del contrato. Por ejemplo, un jugador que cueste 40 millones de libras en un acuerdo de cuatro años le costará al club diez millones de libras por año. Así es como lo ve un club. Además de su tarifa, estarán su salario y sus derechos de imagen. Por ejemplo, sumarán unas 50 000 libras por semana. Al multiplicar eso por las 52 semanas que tiene un año, aparecerán unos 2,6 millones de libras adicionales en el presupuesto del club. En total, un jugador que cuesta 40 millones de libras es visto por el club como 12,6 millones de libras al año —y no 40 millones por adelantado—.

A menudo, la entidad que vende está feliz de que le paguen en ese formato, ya que le ofrece un flujo constante de ingresos. Tomó un poco menos de una década para que el Everton recibiera la cantidad total de la venta de Wayne Rooney al Manchester United. Ramón Calderón, expresidente del Real Madrid, por otro lado, habló de su desconcierto al vender a Robinho al recién adinerado Manchester City. Les dijo el monto que quería y aceptaron de inmediato, pagando todo el dinero por adelantado en una suma total. Una práctica ingenua de su parte, sintió Calderón.[33]

"Muchas cosas se están moviendo en segundo plano. Especialmente aquí en Marsella, donde hay muchas personas alrededor que toman porcentajes", dijo Mehdi. Las transferencias al nivel de élite se han mudado del sistema de fax tradicional usado por décadas. Anteriormente, los clubes se intercambiaban faxes y esperaban por la confirmación. Entonces, le enviaban un fax a la FIFA, la cual emitía un certificado a las Ligas de los dos clubes. Después de eso, las Ligas ofrecían nuevos papeles de registro. Era laborioso, arduo, consumía tiempo y podía tomar días para que ocurriera un fichaje. Desde 2010, sin embargo, las instituciones llegaron a un acuerdo y ambas anotan la misma contraseña dentro de la base de datos TMS de la FIFA. En vez de que los traspasos tomen días, ahora toman minutos. Como una lamentable consecuencia de la eficiencia del TMS, nació el espectáculo comercial del "último día de transferencias" que los aficionados tienen que soportar actualmente. La mala reputación que tienen los agentes es un efecto secundario de este sistema. Debido a que las transferencias son fáciles de realizar, los clubes que se desprenden de un futbolista esperan hasta el último momento. Al equipo comprador ya le ha asegurado el agente que su cliente está dispuesto a firmar, y en los últimos momentos de la ventana de traspasos se produce el pánico, aumentando la tarifa pagada a todas las partes. Varios años antes de su trabajo en el Valencia, Gary Neville tuiteó que el último

---

33   The Big Interview with Graham Hunter, disponible en soundcloud.com/thebiginterview. Ver *Ramon Calderon: Making the Deal* (parte dos).

día de transferencia es un buen indicador de clubes mal administrados. Para los agentes, es Navidad en agosto.[34]

CRECIENDO UN NOMBRE

Mehdi tiene rienda suelta sobre la costa sur de Francia. Asiste a partidos del Olympique de Marsella, AS Monaco y Nice, así como de clubes más pequeños como Cannes y Nimes. La idea es identificar y acercarse a los mejores talentos jóvenes mientras están disponibles. Mehdi asegura: "Es fácil gestionar un jugador de la Ligue 1; vienen los patrocinadores, vienen los clubes. Es más difícil tomar a un integrante del Sub-17 y ayudarlo a convertirse en un hombre con responsabilidades. Siempre tienes que defender a los futbolistas jóvenes. Hablo con sus padres mientras tomamos un café y les pregunto: '¿Qué quieren para su hijo?'. Es bueno tener un plan. Hablé con un joven que me dijo: 'Quiero ir a Inglaterra'. Le dije que primero necesitaba aprender los fundamentos fuertes aquí en Francia. 'No pondré tu carrera contra mi reputación en balance, quédate cerca de tu familia y veamos qué tal te comportas desde ese punto'". Monopolizar el talento joven es normal en el fútbol continental. En Gran Bretaña, los jugadores no tienen un agente hasta que están rozando la edad de profesionales. En Francia es una práctica común que traten de atar a los mejores talentos jóvenes tan pronto como sea posible.

En Portugal, como descubrí, los agentes superricos tienen "espías" observando a los futbolistas de academias desde los 12 años. Mehdi tiene una buena relación con los entrenadores del Olympique de Marsella, asegurándose de no pisar los dedos de los pies de nadie: "Tengo amigos (que entrenan en el OM) con los que juego. Saben que no soy una serpiente y que tengo una correcta reputación. Cuando digo que haré algo, entonces así será; si no puedo hacerlo, entonces no diré que puedo. Debes dar lo mejor de ti para probar tu palabra. Si no sabes nada de mí, pregunta por ahí y ya verás; tengo un buen nombre". Esto es más importante en una

---

34   Tuit: "Lo que te da el día límite de transferencia es un claro indicador de cuáles son los clubes de fútbol que están siendo mal administrados". 31/08/2012

ciudad en la que todos conocen a todos. "Lo llamamos un pueblo. Solo estoy a una persona de Zidane si quieres hablar con él", dice Mehdi.

Tener una reputación destacada también le ha permitido crecer. No solo conduce por toda *le Midi* asistiendo a partidos, estrechando manos y firmando jugadores, sino que Mehdi también gestiona futbolistas en Brasil y Gran Bretaña. La globalización ha permitido la comunicación instantánea. En una era global, su pozo de talentos ha crecido gracias a las aplicaciones de redes sociales: "Los jugadores me contactan en mi Instagram y envían mensajes directos. Un joven del AC Milan me escribió hace dos semanas para que le encontrara un nuevo club porque tenía problemas financieros allí. El Milan intentó venderlo a Ucrania, pero él no quería ir. Ellos (otros jugadores) pueden tener ya otro agente, pero no estar felices. También me hablan en Twitter. Los futbolistas están hablando mucho entre ellos y mencionarán mi nombre". Los clubes también lo contactan. En Europa, habla con algunos que quieren que él venda los jugadores que poseen, mientras que en Sudamérica las entidades le preguntan si tiene a alguno que esté disponible.

Pagamos la cuenta y salimos a las bulliciosas calles de la ciudad. Las motocicletas pitaban en los semáforos, un mercado de dosel banco se extendía por la carretera y mujeres con chales se paraban a hablar mientras sus niños corrían fuera de control. Sin importar los conceptos erróneos que las personas tengan de Marsella, hay pocas ciudades en Europa tan vivas. Sin importar los conceptos erróneos que tengan de los agentes, su presencia es más que esencial.

CAPÍTULO 10

LOS SECRETOS DEL SCOUTING: CÓMO JUVENTUS DOMINA ITALIA

"Juventus es como una flor del desierto. Pueden parecer muertos, pero todo lo que necesitan es una gota de agua para estallar de nuevo en una vida colorida".

Fabio Capello

"Son como un dragón con siete cabezas. Cortas una, pero otra brota en su lugar. Nunca se rinden y su recuperación es hermosa".

Giovanni Trapattoni

Los *Bianconeri* son eternos. Había hablado con mi amigo Luca Hodges-Ramon, un editor de *The Gentleman Ultra*, sobre este moderno superclub antes de visitar Turín. Ahora está olvidado en una gran parte, pero el escándalo del *Calciopoli* que hizo descender a la Juventus pasó en 2006. Perdieron a Fabio Capello como entrenador, además de a estrellas como Fabio Cannavaro, Lilian Thuram, Gianluca Zambrotta, Patrick Vieira y Zlatan Ibrahimović. Los únicos jugadores sustanciales que se quedaron en el primer equipo

fueron Alex Del Piero, David Trezeguet, Pavel Nedvěd y Gigi Buffon. Desde entonces, la Juventus invirtió de manera inteligente en los jugadores y entrenadores correctos, sin gastar más allá de sus posibilidades.

"Muy claramente han construido una reputación de asegurar jugadores con un gran potencial por tarifas modestas, y luego ingresando dinero más adelante —dijo Luca—. Es una filosofía fresca en esta era moderna de mercantilismo futbolístico y extravagantes tarifas de transferencias. A lo que finalmente se reduce es a la jerarquía del club y su prudente modelo de negocio. Dirigida por la familia Agnelli, la Juve es en gran medida un negocio familiar". Uno no puede imaginar, por ejemplo, una situación en la cual ellos gastaran en exceso fondos que no tuvieran por ir en una búsqueda de la gloria con una mirada solo enfocada en el presente.

Agrega Hodges-Ramon: "Su paciente recuperación después del *Calciopoli* es un ejemplo de excelencia. Muchos clubes italianos han caído en el cortoplacismo y en el gasto extravagante, lo que finalmente les ha pasado factura (a comienzos de la década de 1990, les sucedió al Parma bajo el imperio *Parmalat* de Calisto Tanzi, a la Lazio bajo el conglomerado de alimentos *Cirio* de Sergio Cragnotti y al Torino bajo Gian Mauro Borsano) y solo hay que ver cómo ha terminado todo para cada entidad. El Parma estuvo en una ruina financiera, el Torino descendió a la Serie B y la Lazio estuvo al borde de hacerlo. Esto simplemente no se hubiera permitido en la Juve". Hay una sofisticación asociada con la perspectiva a largo plazo de la familia Agnelli.

En nuestro camino hacia el complejo de entrenamiento del equipo, nuestro coche pasó por la fábrica FIAT propiedad de los Agnelli, que fue fundada por Corsa Giovanni Agnelli. La presencia de FIAT en la sociedad italiana, más específicamente en Turín, no se puede subestimar. Son propietarios de Chrysler y Jeep, y así dominan el mercado automovilístico italiano. Históricamente, con los trabajadores de fábricas cuyos salarios eran pagados por FIAT, ellos lealmente eligieron apoyar a la Juventus (fue el segundo violín al Torino en la década de 1940) en una reinversión del cariño. Más tarde, la familia Agnelli constituiría un tercio de los *tre grandi*, las tres grandes familias que controlaron el fútbol italiano en las décadas de 1980 y 1990, junto con los Berlusconi (AC Milan) y los Moratti (Internazionale).

Tal es la pasión por el fútbol en Italia que las familias de riqueza y poder eligen comprar los equipos que apoyan. La Roma, la Lazio, la Sampdoria, el Palermo, el Genoa, el Udinese y el Napoli son todos de propiedad familiar desde la década de 1990. Sin embargo, esos modelos comenzaron a disolverse alrededor de 2010. Anteriormente, se le daba una gran importancia a la estructura corporativa familiar. Hoy en día solo los Agnelli se mantienen como propietarios de renombre. Su modelo está encapsulado en su página web en una sentencia: "La Juventus se esfuerza por mantener relaciones estables con sus accionistas al crear beneficios a través del desarrollo de su marca y la mejora de la organización deportiva". Este genial e inteligente enfoque empresarial es lo que separa a la familia Agnelli de los dueños exaltados de otras partes del Mediterráneo, y es en mayor parte la razón por la que el club es eterno.

CÓMO FIRMAR

Se para sosteniendo su nueva camiseta hacia las destellantes bombillas, sonriendo aturdido por décima vez ese día. Mil "tuits" ensordecedores llevan su imagen alrededor del mundo. Los fanáticos reaccionan con tonos de adulación y desprecio, sin entender completamente el contexto de por qué vino. Para la mayoría, el proceso de un jugador uniéndose a un club está envuelto en misterio. Es largo, complicado y considera factores como la edad, el valor, el contrato, los derechos de imagen, la cultura del modelo de juego, las relaciones con agentes y las ofertas de rivales, lo que determina si una entidad ofertará por un futbolista o no. O al menos se tendrían que considerar estos factores.

Los buenos clubes, como el FC Porto y el Sevilla, analizan potenciales incorporaciones por largos períodos de tiempo y tienen un respaldo de contingencia para otros jugadores, por si las negociaciones van más allá de su umbral predeterminado. "Cada mes hacemos un 11 ideal para cada Liga. Entonces, en diciembre co-

menzamos a observar en diferentes contextos (en casa, como visitante, en encuentros internacionales) a los nombres que aparecieron regularmente para construir el perfil más amplio posible", explicó Monchi, el director deportivo del Sevilla. De manera similar, el Porto tiene más de 300 *scouts* alrededor del mundo trabajando en varios niveles jerárquicos, que ayudan a formar un "equipo en las sombras" de futbolistas listos para ser fichados una vez que se venda a un titular actual.

Sin embargo, el Sevilla y el Porto tienen la capacidad de ser más aventureros en sus compras. Pueden permitirse ciertos fichajes que no se adapten, ya que sus ingresos no se sostienen por los trofeos. La Juventus, un conjunto que constantemente recluta jugadores que se ajustan perfectamente, tiene menos espacio para hacer fichajes costosos equivocados, ya que su posición actual de superclub solo se confirma por la calidad de su nómina. En 2014, la Juve fue firmemente el mejor equipo en Italia y terminó 17 puntos por delante de la Roma. El siguiente año nuevamente finalizó 17 puntos delante de la Roma, pero en 2016 el Napoli amenazó y los *Bianconeri* quedaron solo nueve puntos por delante. Así que, astutamente, para fortalecerse y debilitar a los oponentes, la Juventus fichó a los mejores jugadores de ambos clubes: Gonzalo Higuaín del Napoli y Miralem Pjanić de la Roma. "Una declaración significativa en tomar activos de sus únicas amenazas legítimas", escribió el *International Business Times* sobre los acuerdos. Ambas compras fueron cubiertas por la venta de Paul Pogba, un francés que había sido reclutado de a bajo costo del segundo conjunto del Manchester United años antes.

La responsabilidad de las compras de la Juventus le pertenece a Fabio Paratici, el director deportivo. Es él quien habla con Andrea Agnelli sobre las transferencias y, posiblemente, quien más responsabilidad tiene en la creación de esta eficiente máquina moderna de la Juventus. Llegó en 2010 de la Sampdoria, encargado de refrescar un plantel rancio que albergaba a Momo Sissoko, Miloš Krasić, Vincenzo Iaquinta y Amauri. Trabajando junto con Andrea Agnelli, Paratici identificó qué jugadores había que retener. El club estaba buscando redefinirse como una fuerza europea otra vez después del caso *Calciopoli*, y decidió que Gigi Buffon, Giorgio Chiellini y Claudio Marchisio debían mantenerse. Todos los demás eran desechables. "Trato el dinero de Juventus como si fuera el mío —dijo Paratici—. Es parte de mi ética profesional y personal".

Los mayores catalizadores en el resurgimiento de la Juventus, después de haber terminado en el séptimo lugar en 2010, fueron los fichajes baratos de Arturo Vidal y Andrea Pirlo. El chileno, aburrido de vivir en la industrial Leverkusen, agotó su contrato bajo el consejo de su entonces entrenador Jupp Heynckes, quien planeaba llevárselo con él al Bayern Múnich la temporada siguiente. "Vinimos e Italia se convirtió en su lugar preferido. Su agente fue muy inteligente para comprender la situación", dijo Paratici. A Andrea Pirlo, de 31 años, ya lo conocían. Vidal necesitó de un *scouting* analítico. Las estadísticas mostraban que cubrió más terreno que cualquier otro futbolista en las cinco mejores Ligas de Europa. "Cualquier hombre que pueda entrenarse por horas en el campo y luego ir a casa a montar caballos para liberar la energía excedente está hecho para esta Juventus. Necesitamos su ímpetu, su resistencia inspiradora. Es perfecto para el club trabajador que estamos intentando construir", le dijo Paratici a *ESPN*. El Leverkusen no le vendería a Vidal al Bayern, así que aterrizó en Turín. De séptimos en la campaña anterior (y con Antonio Conte como nuevo entrenador), pasaron a ganar la Serie A.

BUENOS VINOS

Pirlo tenía 31, pero seguía siendo joven en un contexto italiano. A diferencia de Francia, donde, como explicó el Dr. Orhant, cada jugador debe tirar de su propio peso y contribuir sin importar su edad, los clubes italianos ven a los jugadores mayores como un lujo a ser disfrutado. Su experiencia es vista como un bien intangible, algo esencial para la construcción de un equipo. La Juventus terminó la temporada 2016/17 con: Gianluigi Buffon, de 39 años; Andrea Barzagli, de 36, y Dani Alves, de 35. Eso en combinación con Paulo Dybala, un joven de 22 años. Luca Hodges-Ramon explicó que este favoritismo de edad es tanto un fenómeno cultural como táctico.

"Primero, pienso que es importante destacar la relación general entre Italia y la edad —señaló—. Con eso me refiero a que, culturalmente, los italianos llevan una vida saludable y tienen una muy buena dieta. Italia está entre los diez mejores países del mundo en promedio de expectativa de vida (82,94 años). Desde una experiencia personal, puedo recordar a mis *nonni* (abuelos) siendo extremadamente activos a pesar de su edad. Mi *nonno* Bruno, por ejemplo, continuó trabajando bien en la Destilería Poli Grappa en Schiavon hasta sus 70 años, puede que incluso hasta sus 80. Hay un pequeño pueblo llamado Acciaroli, en el suroeste de Italia, donde uno de cada diez residentes vive pasados los 100 años debido a su saludable dieta, basada en mucho romero, y un estilo de vida activo". Estudios encontraron que más de 300 de los 2000 residentes de Acciaroli alcanzaron los 100 años, con un 20% de ellos llegando a los 110. Se descubrió que un buen vino, pequeños deberes y poco estrés, así como el apoyo familiar, prolongaban la expectativa de vida. Luca sumó: "Pienso que esta tradición cultural debe ser tomada en cuenta. De hecho, tiene una correlación directa con los atletas nacionales, porque ellos, obviamente, están socializados y criados dentro de esta cultura. Estoy seguro de que los jugadores italianos tienden a comer más sano que el promedio de los futbolistas británicos, por ejemplo".

Además, Luca reconoce el linaje táctico de Italia, que les permitió a Francesco Totti, Paolo Maldini, Luca Toni y Roberto Baggio alcanzar los 40 en actividad: "Usaré el ejemplo de Andrea Pirlo y la posición *regista*. Los primeros signos de un jugador con responsabilidades de *regista* se originaron del sistema *metodo* de Vittorio Pozzo a comienzos del siglo XX. Habiendo pasado tiempo en Inglaterra, Pozzo creció admirando la manera en la que jugaba Charlie Roberts, mediocentro del Manchester United. Roberts era capaz de iniciar ataques, algo que Pozzo quería en quienes actuaban en esa posición en los tiempos en los que era técnico. En ese momento, los mediocentros solo estaban siendo colocados como parte de una línea defensiva de tres hombres, habiendo sido vistos inicialmente como el centro de los tres hombres del centro del campo en una formación de 1-2-3-5. Pozzo adaptó esta distribución a su manera, rehusándose a incorporar un tercer defensor. En cambio, quería que su mediocentro fuera capaz de distribuir la pelota; quería un conductor o, en italiano, un *regista*".

Luis Monti se convirtió en el *regista* de Pozzo, a pesar de haber jugado para Argentina en la Copa del Mundo de 1930. Para 1931 estaba viviendo en Italia, habiéndose unido a la Juventus desde San Lorenzo. "Con herencia italiana —explicó Luca entre sorbos de agua—, Monti fue llamado por Pozzo para ser su *regista*, su mediocentro, en el *metodo* 1-2-3-2-3. Estaba en sus 30, con sobrepeso, y carecía de agilidad y dinamismo. Pero era justo lo que el entrenador quería. Retrocedía cuando Italia no tenía la posesión y luego acogía el rol de creador cuando tenían la posesión".

Pozzo seguiría hasta ganar la Copa Mundial de 1934. "Esta creación de una posición especializada en la cual un jugador más viejo y con menos movilidad podía prosperar fue la precursora de Pirlo y su apropiación de este rol. Es un jugador que ha combatido la edad magistralmente, por supuesto, usando su inteligente sentido posicional y su estilo despreocupado para preservar sus años". La Juventus fue capaz de mantener la carrera de *regista* de Pirlo mientras el ambiente cultural de la Serie A, con su ritmo más lento y énfasis táctico, se lo permitió. Él no necesitaba correr; tenía a Vidal para que lo hiciera por él.

PASSIONE E LA VELOCITÀ (PASIÓN Y LA VELOCIDAD)

"El club del trabajo duro" vendría a dominar el fútbol italiano. Vidal se convirtió en un molde a seguir para cada compra, mientras el departamento de *scouting* repensaba su enfoque de reclutamiento. Esto comenzó con Roberto Brovarone, oficial de este departamento del club desde 2004. Me reuní con él en las instalaciones en Vinovo de la Juventus en marzo de 2016, durante un período en el que su departamento estaba reduciendo los potenciales objetivos para el verano; el nombre de Dani Alves estaba encima de la mayoría de las hojas de informe. Vinovo, el pequeño pueblo donde se entrena la Juventus, sigue una sola carretera recta desde el centro de Turín, que empieza como *Corsa Abruzzi*, se convierte en *Corsa Giovanni Agnelli* (hogar de la fábrica de FIAT) y termina como *Via-*

le Torino. Mientras viajaba al sur hacia el Palazzina di Stupinigi, el pabellón de caza protegido por la UNESCO desde el siglo XVIII a seis millas de Turín, los Alpes Grayos de cima blanca iban y venían, resplandeciendo entre apartamentos y amplias calles abiertas a mi lado derecho. Es fácil ver por qué Vidal eligió cambiar los humos industriales de Leverkusen por el aire limpio de Turín.

Roberto vio emerger a los *Bianconeri* de las cenizas para convertirse en un superclub. Su trabajo detrás de escena identificando jugadores tanto jóvenes como mayores ha sido, junto con la táctica de Antonio Conte y los reclutamientos de Fabio Paratici, un factor en el renacimiento de la Juve. Cada *scout* en la Juventus tiene que hacer informes de futbolistas para agregar en su base de datos. Hay pocos jugadores en el mundo de los que no estén enterados, especialmente si son de la Sub-20. Un reporte de *scout* de la Juve está dividido en perfiles físicos, técnicos y tácticos, con una conclusión final. "A nosotros nos gusta dar a nuestros *scouts* algo de libertad cuando hacen estos informes —dijo Roberto cuando se le preguntó acerca del área que cubre—. Normalmente no hay un perfil 'Juventus' de futbolistas. El ojeador está capacitado para hacer su propio gráfico de jugadores para darnos una imagen. Tenemos *scouts* que son expertos en análisis, y tenemos otros más sensibles, que tienen una buena sensación (corazonadas) de un jugador. Es importante tener una combinación de ambos".

Su teléfono se iluminó mientras hablábamos. Roberto es tan educado que, en vez de contestar lo que parecía una llamada importante, colocó su teléfono boca abajo en el escritorio. Recuperando su línea de pensamiento, explicó el enfoque de reclutamiento de la Juve, desde niños locales hasta superestrellas internacionales: "Tenemos tres departamentos. El primero es el de *scouting* internacional del equipo principal. El segundo es el internacional y nacional de jóvenes. Y el tercero es el de *scouting* regional de Piedmont. Hasta la edad de 14 años, solo podemos fichar jugadores de Piedmont. En este departamento local, tenemos nueve *scouts* de edades jóvenes. Son como los jerarcas de la región y tienen 38 voluntarios trabajando a sus órdenes que asisten a los encuentros en Piedmont. Somos el conjunto más fuerte de aquí (entre Torino,

Novara y Pro Vercelli), así que lo tenemos que hacer mejor que nuestros adversarios para asegurarnos de tener a los mejores talentos de la región".

Su teléfono sonó de nuevo, con un grado mayor de importancia. Roberto lo vio vibrar, lo levantó, rechazó la llamada y lo puso en el cajón de su escritorio en silencio. Con clase. "El segundo departamento es el departamento nacional —continuó—. Están compuestos por un jefe: Claudio Sclosa (compañero de Paul Gascoigne en la Lazio). Ha estado con nosotros por cuatro años. Tenemos 17 *scouts* que trabajan en cada región para buscar a los mejores jugadores de entre 15 y 19 años. También miramos alrededor de 80 partidos cada semana y nos enfocamos en nuestros objetivos. Desde un punto de vista académico, sabemos cuáles son las necesidades de cada equipo. Por ejemplo, si se necesita un defensa central en el plantel de la categoría 1999, nos enfocamos en los mejores zagueros de Italia. También podemos fichar futbolistas fuera de Italia (dado que son parte de la Unión Europea) cuando tienen 16 años de edad".

Existen dos áreas para el *scouting* internacional: los ojeadores del primer equipo (de los que tienen tres) y los del Sub-20 internacional (de los que tienen cuatro). Los jugadores sudamericanos solo pueden ser incorporados una vez que cumplen 18, y la Juventus está limitada por la legislación que establece que los clubes italianos solo pueden fichar a alguien no europeo cada temporada.[35] Tanto si es Dybala, el argentino, como Alex Sandro, el brasileño, debe ser uno de los mejores del mundo. "Estos cuatro *scouts* del Sub-20 siguen las competiciones más prestigiosas en Europa, los torneos de desarrollo de la UEFA y las Eurocopas, y también asisten a los mejores amistosos internacionales. Seguimos las ligas Sub-18 en Suiza, Francia, Alemania, España; de todos lados —explicó Roberto—. Estamos buscando a los mejores jugadores en estas categorías. Tenemos que incrementar el nivel técnico de todos nuestros conjuntos. Un trabajo diferente se hace para el plantel profesional porque sus tres *scouts* van a las mejores ligas en Euro-

---

35   La legislación italiana, con respecto al número de jugadores no europeos que un club puede fichar, es compleja y varía.

pa y Sudamérica con el fin de concentrarse en quiénes son los mejores futbolistas que encajen en el equipo. Aquí en Europa cada semana vamos a tres o cuatro partidos; sea en Inglaterra, Alemania, Francia, España, etc., y una vez al mes uno de nuestros ojeadores va a Sudamérica. Nuestro *scout* jefe es Javier Ribalta. Es un joven español que ha estado aquí desde 2012. Está trabajando mucho en Sudamérica ahora. Marcamos jugadores para los períodos de traspasos venideros, esa es nuestra organización".

EL ESPAÑOL

"Hablando de quién", dijo Roberto, y se puso de cara a la puerta. Pablo Longoria entró justo en ese momento, habiendo llegado del aeropuerto. Había estado en Argentina observando a un jugador y pasaría el resto de la tarde actualizando la base de datos de la Juventus. Pablo es algo así como un prodigio en el fútbol. Para los tiempos en los que tenía 21 años, era *scout* europeo del Newcastle, habiéndose desempeñando bien en roles similares en el Recreativo de Huelva y el Racing de Santander. Desde Newcastle, Longoria trabajó para el Atalanta (los rivales principales de la Juve a nivel juvenil) y el Sassuolo, donde identificaba jugadores para el ambicioso y rico propietario del club, Giorgio Squinzi. Todavía en sus 20, Pablo gestiona *scouts* por todo Europa para la Juventus.

Ya habiéndonos presentado, explicó el uso de la tecnología en el *scouting* contemporáneo: "Es un proceso piramidal. En el fondo tienes los videos y ves a los futbolistas. Si vamos a ir a Rumania, entonces primero vemos un partido en WyScout. Después de eso haremos un compacto del jugador sobre dos o tres encuentros, por lo que iremos al país para tener las sensaciones (corazonadas) y dos o tres *scouts* irán a ver si tienen las mismas sensaciones".

Los tradicionalistas estarán tranquilos al enterarse de que los clubes todavía miran a los jugadores en persona. Factores como el esfuerzo y el índice de trabajo, la determinación y la solidaridad son más visibles en vivo que a través de una pantalla. Continúa Pablo: "Entonces, hablamos con el *scout* jefe y le proponemos a este jugador al director deportivo, que está en la cima de la pirámide.

También va hacia abajo en sentido contrario. Si al director deportivo le gusta un nombre, nos dirá y seguiremos el procedimiento para él. En los campeonatos menores, nuestro método es empezar a observar a los futbolistas cuando tienen 15 o 16 años cuando juegan para Rumania, por ejemplo. Es un riesgo gastar dinero para ir y observar un partido antes de haber visto al jugador varias veces".

En los seis años siguientes a la contratación de Fabio Paratici, la Juventus ganó cinco títulos de Liga, dos Copas Italia y llegó a una final de la Champions League. En los años anteriores a él, terminaron dos veces consecutivas en el séptimo lugar. Agnelli solo podía mirar cómo ambos clubes de Milán reinaban en la cima. Desde entonces, han ascendido hasta el quinto lugar en los coeficientes de la UEFA para la temporada 2016, habiendo estado en el cuadragésimo tercer puesto (por debajo del København y encima del Espanyol) el año en el que llegó. Nueve de los 11 titulares (dejando de lado a Buffon y Marchisio) que jugaron en Berlín en la final de la Champions League de 2015 fueron fichados por Paratici, costando:

NOMBRE	DE	TEMPORADA	PRECIO
Andrea Barzagli	Wolfsburg	2010 - 2011	£255 000
Leonardo Bonucci	Bari	2010 - 2011	£13 180 000
Stephan Lichtsteiner	Lazio	2011 - 2012	£8 500 000
Andrea Pirlo	Milan	2011 - 2012	£0
Arturo Vidal	Leverkusen	2011 - 2012	£10 630 000
Paul Pogba	Manchester United	2012 - 2013	£800 000
Carlos Tevez	Manchester City	2013 - 2014	£7 600 000
Patrice Evra	Manchester United	2014 - 2015	£1 620 000
Álvaro Morata	Real Madrid	2014 - 2015	£17 000 000

Acerca de Carlos Tévez, no querido en el Manchester City, Paratici le dijo a la prensa: "Créanme, en algún lugar dentro de ese hombre hay una necesidad de probar que sus escépticos se equivocan. Necesita ser recordado de una mejor manera y aún queda mucha ambición en él, solo necesita un equipo y un entrenador que crean en él. Es realmente una estrella, un jugador espectacular". Los *scouts* de la Juventus tuvieron "sensaciones" sobre Tévez, Pirlo y Evra, y consultaron a aquellos que trabajaban alrededor de los jugadores para descubrir si tenían el deseo de formar parte de la nueva maquinaria de la Juventus.

Es un enfoque de *scouting* "centrado en las personas" que ha sido asociado por un largo tiempo con la entidad. "Piensa en Gigi Buffon, una leyenda leal al club que ha hecho que su etiqueta de precio de 32 millones de libras luzca como una ganga —había dicho Luca—. Pavel Nedvěd es otro hombre que viene a la mente. Le pagaron a la Lazio 35 millones de libras por él, pero es otro que se ha convertido en un ícono y ahora ocupa el cargo de vicepresidente. Esto refuerza la idea de que la Juve no solo está comprando futbolistas que creen que les traerán éxito en el campo, sino que también lo están haciendo con una visión de rentabilidad futura o sostenibilidad. Jugadores que encajen en el molde de la Juve y adquieran el espíritu familiar del club".

PROGRESO

A modo de contraste, en *The Secret Diary of a Liverpool Scout* —uno de los pocos libros escritos sobre el *scouting* tradicional—, Simon Hughes, el autor, describió el proceso llevado a cabo por el *scout* jefe Geoff Twentyman para recomendar a un jugador en las décadas de los 60, 70 y 80. Su método no era complicado: "Si veo el mínimo signo de habilidad, haré un informe. Regreso a observarlo de nuevo. Hay que asegurar que no se escape de la red". El Liverpool fichó jugadores del norte de Gran Bretaña durante toda su época más exitosa, con Twentyman encargado de manejar por horas y horas para ver partidos (Ligas inferiores, Reservas, Liga de los domingos) varias veces a la semana. Mantuvo un cuaderno lleno de nombres de futbolistas y los días en que los observó, con algunos comentarios para referencias futuras. De Phil Neal, a quien vio cuatro veces, comentó: "Lo hace bien, buen prospecto". Neal tenía 23 y jugaba para el Northampton Town de la Tercera División, pero Twentyman se impresionó por su capacidad con ambas piernas, además de que los fans hablaban bien de su personalidad. En octubre de 1974, Twentyman le dijo a Bob Paisley que iba a ver a Neal de nuevo. Paisley creyó en la palabra de Twentyman de que el jugador era bueno, justo como Shankly lo había hecho antes que él, e hizo un arreglo para que el presidente Peter Robinson contactara con el Northampton Town. Su secretario condujo a Neal a Melwood y el acuerdo fue cerrado por 66 000 libras. Después de cuatro títulos de la Copa de Europa y de ocho de Liga, Twentyman había encontrado una joya.[36]

Hoy en día, el proceso de encontrar a un jugador es muy diferente, pero la razón para hacerlo sigue siendo la misma: es para ganar ventaja sobre el enemigo. Históricamente, la idea se originó en la milicia con un uso de reconocimiento, donde los generales enviaban a jinetes para explorar (*scout* en inglés) el terreno del enemigo, reuniendo información de sus fortalezas y debilidades. En el fútbol, los *scouts* que trabajan para clubes rivales son todos conscientes unos de otros y todavía están en una especie de guerra. Los ojeadores trabajan para encontrar el mejor talento joven antes que el adversario, lo que significa que el futbolista pueda ser fichado por menos dinero. Tres cosas que no han cambiado entre el enfoque de Twentyman y el de la Juventus son las siguientes: todavía involucra comunicación constante (Twentyman enviaba cartas para lo que ahora los *scouts* tienen teléfonos móviles), requiere confianza en los contactos (muchas personas quieren forzar una agenda o campaña) e involucra muchos viajes en un año. Sin embargo, la diferencia hoy en día es que la Juventus y otros clubes *top* pagan a desarrolladores de *software* (como WyScout y Scout7) para recopilar metrajes de jugadores alrededor del mundo. Lo que quiere decir que primero, antes de volar, los observan en la pantalla. Cuando conducía la autopista M6 para arriba y para abajo en

---

36   Hughes, S (2011). *The Secret Diary of a Liverpool Scout*. Londres: Trinity Mirror Sport Media.

las mañanas de invierno, Twentyman no tenía idea de a quién o qué se encontraría.

"El Sr. Paratici habla con los *scouts* y los entrenadores para analizar qué futbolistas deben seguir, y si podemos ir y observarlos más con otros ojeadores —me dijo Roberto—. Una vez al mes, hacemos un pequeño informe en el cual escribimos en quiénes nos debemos enfocar durante ese mes y analizamos los mejores partidos para observarlos. Es una organización simple. Al comienzo de la temporada también trabajamos con videos, porque antes de viajar a observar al jugador personalmente lo hacemos en WyScout. Cada *scout* observa muchos encuentros de todas las Ligas (Hungría, Bélgica, Grecia), porque tenemos que ver jóvenes interesantes antes de que lo hagan nuestros rivales. En Inglaterra, particularmente, se llevan a los jugadores muy rápido y a una temprana edad". La Juventus tiene que moverse rápido en Sudamérica para averiguar qué futbolistas de allí tienen herencia familiar italiana. Si un argentino tiene un abuelo italiano, por ejemplo, la Juventus puede ficharlo.

Pablo Longoria abrió su laptop. Un reporte típico compila el perfil técnico, táctico y físico de un jugador, así como comentarios de otros *scouts* que lo hayan observado. Aunque la Juventus tenga un modelo de juego y un armado táctico específicos, ellos no miran solamente a futbolistas que se ajusten a ese modelo (1-3-2-3-2), sino que buscan cualquier talento, extremos incluidos. "Normalmente, les hablamos (a los *scouts*) acerca de las diferentes habilidades a analizar. Por ejemplo, para nosotros perfilar un lateral derecho de élite, el jugador tiene que haber sido un *wing* derecho y haberse adaptado a jugar más atrás, ya que así tendría cualidades ofensivas. Todos esos futbolistas que eran extremos en el pasado tienen un particular *set* de habilidades que nuestros ojeadores deberían analizar. Así que si están observando a un extremo, ¿tiene la cualidad para jugar como carrilero?". Dani Alves, en el Bahia, y Patrice Evra, en el OGC Nice, comenzaron sus carreras como extremos. El departamento observa si un jugador puede adaptarse a otra posición antes de firmarlo. Estaban muy conscientes de que Leonardo Bonucci se formó jugando como mediocampista en los equipos juveniles del Inter Milan y luego se beneficiaron de su habilidad de pase.

Si estaba interesado en un jugador, Geoff Twentyman lo observaba lejos de casa para ver cómo se manejaba con la presión. Es una pequeña táctica que ayudaba a combatir uno de los únicos riesgos en el *scouting*. Uno puede evaluar la técnica, el físico y el posicionamiento táctico de un jugador, pero no puede observar sus atributos mentales. Pablo, mientras acepta que es en realidad difícil comprender la fortaleza mental de un futbolista, explica que en la Juventus intentan observar a alguien en varias situaciones, como lo hacía Twentyman, evaluando cómo se desempeña fuera de su zona de confort. La Juve también preguntará si es posible observarlo en el entrenamiento para ver cómo trabaja día a día. Twentyman no tenía tal acceso, así que hablaba con algunos fanáticos en la multitud para ver qué sabían del jugador.

Al acercarse a Carlos Tévez, la Juventus había escuchado que él tenía una personalidad difícil (un factor que contribuye en su evaluación). Investigaron cuidadosamente y encontraron que era alguien con una increíble determinación y deseo. Sostuvo el éxito de los *Bianconeri*, ayudándolos a ganar dos títulos más de la Serie A en 2014 y 2015; también fue nombrado futbolista del año en la Serie A en 2015.

LA AMBICIÓN DE LOS ENTRENADORES

El día siguiente me dirigí de regreso hacia Vinovo para reunirme con los representantes de la academia. A lo largo de la calle *Corsa IV Novembre*, cientos de fans de Juventus se habían reunido afuera del recientemente construido Estadio Olímpico del Torino, para el derbi de esa tarde, cantando y encendiendo fuegos artificiales, creando una atmósfera muy exaltada. Eran las diez de la mañana. El saque inicial no sería hasta las tres de la tarde. Los ultras en Italia estaban protestando en masa para crear un cuerpo unido de resistencia en contra del comienzo de los encuentros en un horario más temprano (para los espectadores asiáticos). Esto de los ultras de la Juventus fue una muestra de fanatismo durante las horas de

la misa católica para probar a la Liga que sus rituales de derbi no se diluirían.

En Gran Bretaña, trabajar en el fútbol juvenil es a menudo visto como un rito de paso antes de poder ser entrenador —Brendan Rodgers en el Chelsea, Mark Warburton y Sean Dyche en el Watford o Eddie Howe en el Bournemouth—. La cultura italiana, sin embargo, dicta que los entrenadores jóvenes y los jugadores retirados deben pasar por alto el entrenamiento de academias para enfocarse en el ámbito profesional. Para hacer esto, comienzan en un nivel más bajo. Marcello Lippi dirigió a Pontedera, Siena, Pistoiese y Carrarese en las divisiones *amateur* del fútbol italiano antes de comandar a Cesena, Lucchese y Atalanta en la mitad inferior de la Serie A. Seguiría hasta ganar la Copa Mundial. Antonio Conte entrenó a Arezzo y Bari antes que a la Juventus. El vendedor de zapatos Arrigo Sacchi trabajó en Rimini y Parma antes que en el Milan. Sin haber sido nunca un futbolista, Alberto Zaccheroni estuvo al mando de Cesenatico, Riccione y Boca Pietri en la Octava División antes de eventualmente ascender al Milan y al Inter. El ganador de la Copa Mundial, Enzo Bearzot, comenzó con Prato, conjunto de la Serie C, y el padre del Milan, Cesare Maldini, dirigió a Foggia y Ternana antes que al Parma.

El entrenador jefe de la Juventus, Massimiliano Allegri, trabajó en SPAL, Grosseto y Sassuolo, y le diría a *The Independent*: "Ese tiempo en las provincias es invaluable. Te da la experiencia fundamental para ser un entrenador exitoso, porque mientras todos sueñan con un gran club, tú primero necesitas aprender cómo hacer el trabajo". Carlo Ancelotti comenzó en Reggina y en su autobiografía habló de su primer rol de liderazgo como un momento de incertidumbre: "Por una buena parte de la primera temporada en Reggina, no tenía una licencia de entrenador. Entender y aceptar que yo era el jefe fue bastante difícil para mí. Conocía mis propias deficiencias, mis propias vulnerabilidades y no podía creer que otros no las vieran".[37]

____

37   Ancelotti, C; Brady, C; Forde, M (2016). *Quiet Leadership: Winning Hearts, Minds and Matches*. Gran Bretaña: Portfolio Penguin.

Tales emociones son naturales para cualquier persona que esté empezando en una nueva labor. Los entrenadores italianos mencionados fueron sabios al trabajar en sus deficiencias lejos del foco crítico. En vez de aceptar un empleo en una entidad que ya era exitosa, comenzar desde el fondo es, a modo de contraste, una oportunidad para enfocarse en los puntos débiles de uno mismo.

Sir Alex Ferguson, un hombre venerado por los italianos, hizo comentarios similares en su autobiografía (la primera) sobre su aventura inicial en esta profesión con el East Stirlingshire en 1974, cuando todavía era conocido como Alec: "Estaba aprendiendo algo nuevo sobre el entrenamiento cada día. A pesar de que estaba cometiendo errores, no los estaba repitiendo".[38] El viaje hacia los corredores de la historia debe comenzar en algún lugar. En Gran Bretaña sucede en academias, pero en Italia es en torneos inferiores.

Sin embargo, mientras los entrenadores italianos siguen este camino que les permite dominar su oficio, el aprendizaje se concentra en los equipos principales y, como resultado, disminuye la calidad del sector juvenil. En Vinovo discutí sobre el tema con el director técnico de la academia de la Juve, Stefano Baldini. "Es una cuestión de mentalidad. En mi opinión, los mejores entrenadores en el mundo son italianos, sí, pero solo para el fútbol de hombres. No estoy seguro de que produzcamos a los mejores en el mundo a nivel juvenil. Son dos juegos diferentes. Concuerdo con que los técnicos italianos son los mejores, pero sé que en otras culturas, como la de los Países Bajos y Portugal, trabajan mejor con sus jugadores jóvenes. En Europa hay otro sentimiento o actitud hacia el ámbito juvenil. Es solo mi opinión". El conocimiento adquirido en Coverciano, la sede de Oxbridge de Italia en el lado florentino del país en la que aspirantes a directores técnicos filosofan sobre temas tácticos, no influye en el fútbol juvenil tanto como podría. Para Baldini, una falta de foco en el desarrollo de los jóvenes está frenando el potencial de Italia.

---

38   Ferguson, A (1999). *Managing My Life*. Londres: Hodder Paperbacks.

TÉCNICA O TÁCTICA

El Juventus Centre es otra instalación que alberga tanto al primer equipo como a la academia. Baldini era una silueta parada enfrente de una dominante ventana observando el partido que se jugaba debajo entre los conjuntos Sub-11 de Juventus y Milan. La Juventus compite con el Atalanta por el título de "la mejor academia de Italia", pero ellos se esfuerzan más. Es el trabajo de Baldini ayudar a la Juventus a ser la mejor de Europa, no solo de Italia. Después de todo, la palabra "Juventus" se deriva del latín "juventud". Dice Stefano: "Uno de los problemas que tenemos es que en Piedmont no tenemos mucha competencia. Jugamos contra el Torino y el Novara, pero debemos organizar torneos alrededor de Italia y alrededor de Europa para tener competidores reales. Esto es algo que estamos intentando cambiar. Dos o tres años atrás empezamos a viajar por el mundo. En este momento, nuestro primer grupo del 2004 está en Brasil y el segundo, en Portugal. El grupo de 2005 está en Suiza". En naciones más pequeñas, la competencia no es un problema. El área de captación en Londres alberga academias afamadas como las del Chelsea, el Arsenal, el Tottenham, el Crystal Palace, el Charlton, el QPR, el Fulham y el West Ham. Ellos juegan partidos regulares unos contra otros, permitiendo una mejor calidad de cooperación y desarrollo. Países más grandes, como Italia, donde los clubes están más dispersos, enfrentan dificultades en la organización de la competencia. Un factor en la rica historia de los Países Bajos en el desarrollo de los jóvenes es la disposición concisa de sus clubes.

Hoy en día Italia aún produce jugadores inteligentes tácticamente, pero el fútbol ha evolucionado. Hablando de la cultura de desarrollar futbolistas de este tipo y el dilema que enfrenta ahora la nación, Baldini aseguró: "Pienso que es una cuestión de metodología. Hablamos un montón acerca de la decisión con los niños. En la mentalidad italiana pensamos primero en desarrollar la táctica y luego en perfeccionar la técnica. Ese era históricamente el pensamiento principal para nosotros. Ahora queremos cambiar un poco, porque buscamos mejorar la parte técnica de nuestros jugadores, así como su entendimiento táctico. En los últimos diez años, nuestro fútbol ha crecido más rápido como juego. Tenemos un pequeño problema en Italia, porque pensamos mucho. Pero si jugamos lento, entonces tenemos un inconveniente. En el futuro tenemos que encontrar un balance para trabajar en ambos aspectos".

Alemania desarrolla futbolistas talentosos tanto con balón como sin él, lo que se representa en Thomas Müller y Mario Götze. "En las academias alemanas hay un gran énfasis en tener conocimientos tácticos y técnicos", diría más tarde el entrenador del Bayern, Nico Kammann, en Múnich. Para Italia, un equilibrio debe ser encontrado; el peligro para ellos es que si van muy lejos al enfocarse en la técnica y descuidan su herencia táctica, se podrían convertir en Brasil, un equipo de jugadores técnicos sin disciplina (que fueron derrotados por 7-1 en la Copa Mundial de 2014 por Alemania, en lo que fue, para los espectadores, la "boda roja" del fútbol). Baldini cree que las academias italianas deben continuar entrenando la táctica, pero también hallar una manera de desarrollar las habilidades con el balón. Él explica cómo se hará esto en las prácticas técnicas comandadas por el entrenador: "Se trata más de preguntarles a los jugadores: '¿Por qué vienes aquí?', '¿Por qué pasaste atrás?' o '¿Por qué corriste hacia delante?'. Les pedimos que piensen, piensen, piensen. Puedes comenzar con esto cuando los chicos tienen seis años: ¿por qué no? Son pequeños, no estúpidos". La tercera ley de Isaac Newton determinó que toda acción tiene una reacción. En la Juventus entrenan a los jóvenes para que entiendan esto desde una edad temprana; con la esperanza de que crezcan para apreciar las acciones necesarias para ser campeones.

CAPÍTULO 11

ESTILO, HISTORIA, PRESTIGIO, MILÁN

Toma casi una hora llegar a Milán desde Turín, a través del hogar de los primeros campeones del fútbol italiano, el Pro Vercelli. La primera impresión de Milán es grandiosa; la Estación Central fue diseñada para representar el poder del fascismo de Mussolini a finales de la década de 1920. La estación podría ser un palacio, con sus domos de mármol y estatuas sobre podios. Excepto que en el fondo, donde debería ir el trono, trenes de alta velocidad vienen y van. Al salir del lugar, una gran pantalla se aparece de frente publicitando Dolce and Gabbana. *Boutiques* de exterior negro venden Calvin Klein y Versace. Música de pasarela resonante acompaña a los pasajeros en las escaleras mecánicas. Nadie se apresura, todos van con tranquilidad. Es como si Milán tuviera una imagen de ella para presentar. La confianza elegante de sí misma de la ciudad es contagiosa; un hombre no pretencioso podría comenzar a fumar solo por el efecto visual que tiene. En las mesas afuera de un pequeño restaurante, parejas arregladas beben vino; los hombres en camisas y las mujeres con jerséis, todos con lentes de sol ovalados. *Paparazzis* pasaban zumbando en sus motocicletas para fotografiar a una dama aparentemente famosa, aunque las parejas difícilmente detenían su conversación. La sofisticación es un estado

mental. Solo el fútbol, más que la moda o la comida, tiene el poder de conmover los sentidos de los milaneses.

A lo largo de las décadas de 1980 y 1990, el AC Milan creció en notoriedad como el club que mejor balanceaba a las superestrellas globales con los graduados de la academia. Los tres poseedores del récord de más partidos jugados con el club progresaron a través de Primavera (el equipo de jóvenes del Milan): Paolo Maldini (647), Franco Baresi (531) y Billy Costacurta (458). Con los años, el Milan, como si fuera para fortalecer su relación con esos profesionales, manteniendo una imagen de grandeza, invirtió en una especie de elixir. En 2002 fundó el "Milan Lab", después del fin de la carrera del talentoso mediocampista Fernando Redondo debido a las lesiones. Jean-Pierre Meersseman, un quiropráctico belga, fue contratado e instaló una perspectiva fresca: "La edad no existe. Lo que cuenta es que estés física y psicológicamente listo para jugar".

En 2007, con una alineación inicial que promediaba los 31,3 años de edad, el Milan, gracias al laboratorio de Meersseman, se tomó revancha del Liverpool en la final de la Champions League (después de haber perdido otra definición dos años antes).[39] Durante la mayor parte de una década, sus jugadores eran vistos como semidioses, capaces de desempeñarse mucho más allá de lo que muchos considerarían su "pico".

Sin embargo, el mismo enfoque que los llevó al éxito eventualmente se convertiría en su caída. Esa sobredependencia de los jugadores más antiguos cegó al Milan y perdieron el foco sobre el desarrollo juvenil. *Sir* Alex Ferguson le decía a la Escuela de Negocios de Harvard: "La idea es que los futbolistas más jóvenes se estén formando y alcancen los estándares que los más viejos han marcado antes". El Milan, en vez de alimentar el ciclo, creó un techo de cristal. Su caída de 2010 a 2016 fue reflejada en su descuido de la primavera. En 2011, tenían el equipo más viejo en la Serie A con Van Bommel, Inzaghi, Seedorf, Nesta, Ambrosini, Abbiati y

---

39   Su once inicial consistía en: Dida (32), Oddo (30), Nesta (31), Maldini (38), Jankulovski (29), Gattuso (29), Pirlo (27), Ambrosini (29), Seedorf (31), Kaká (25) y Inzaghi (33). Aún tenían a Cafu (36) y Costacurta (40) en el equipo ese año. Maldini se retiraría a los 40; Inzaghi, a los 38. Nesta abandonó con 36, al igual que Seedorf. Gattuso se fue al Sion con 35.

Zambrotta; el promedio de edad era de 31,2 años. Cinco años más tarde, en 2016, Silvio Berlusconi le dijo a su nuevo entrenador, Vincenzo Montella, su sueño final para el Milan durante la cena: "Quiero un equipo joven, en su mayoría de italianos que vengan de la academia".

El Milan de Montella se volvió el tercero más joven en la Serie A: su media de edad era de 24,4 años. El exjugador Filippo Galli, cabeza de Visara (el complejo académico a las afueras de la ciudad), fue el hombre al frente del resurgimiento de juventud del club. Vismara otra vez se volvió central para el modelo de desarrollo del Milan, con Gianluigi Donnarumma y Manuel Locatelli impactando en un primer equipo peligrosamente cerca de romper el vidrio. En la entrada del complejo destaca una imagen de la silueta de un jugador, con su cuerpo hecho de los nombres de los graduados de la academia: Aubameyang, Coco, Abate, De Sciglio, Cristante, Maldini, Albertini, Borriello, Casiraghi, Antonelli, Cudicini, Baresi, Galli, Donadel, Donnarumma, Matri, Costacurta, Paloschi, Darmian. Colocaron la silueta del hombre deliberadamente en la entrada para que los jóvenes que lleguen a entrenar se inspiren en agregar su nombre a la figura.

EL RESURGIMIENTO

Después de varias llamadas en ambos sentidos, Galli y yo establecimos una hora para reunirnos. Un ligero sol italiano empezó a ocultarse esa tarde. No había seguridad y las puertas al edificio principal estaban abiertas a los transeúntes. Entrenadores, analistas, fisioterapeutas y otros ocupados miembros del equipo sonreían mientras se dedicaban a sus asuntos, todos vestidos con el famoso uniforme rojo y negro del Milan. Vismara es un amigable, relajado, pero determinado ambiente. Filippo Galli miró por encima de sus anteojos hacia el golpe en su puerta. "¿Daniel?", sonrió, invitándome a pasar y sentarme. Antes de que empezáramos a discutir sobre el resurgimiento juvenil del Milan, me dijo lo gran fan que era del fútbol inglés: "Watford está en mis venas, a pesar de que he apoyado al Milan desde que tengo cinco años; y he amado al Liverpool desde 1984, cuando jugaron contra la Roma aquí".

Entonces comenzó a nombrar el 11 inicial del LFC completo de esa noche en menos de diez segundos. El jefe de la academia tenía casi 40 cuando jugó para el Watford bajo el mando de Gianluca Vialli, en la era de las primeras muestras de influencia europea en el fútbol inglés. "Lo que era grandioso para mí era la atmósfera en el estadio, estoy seguro de que si vuelvo a Vicarage Road (estadio del Watford) voy a llorar".

Galli ganó tres Copas de Europa siendo parte de la mejor defensa de la historia del fútbol. Él es de la realeza en el juego. En el Milan en la década de 1980, sus compañeros eran Baresi y Maldini; Ruud Gullit, Frank Rijkaard y Marco van Basten. Como jugador, aprendió de Arrigo Sacchi y Fabio Capello, y ahora continúa enseñando su legado a los jóvenes del Milan. Es importante para este club preservar la herencia. Galli es un enlace entre el Milan contemporáneo y los días gloriosos del pasado.

"Por supuesto, estos dos entrenadores (Sacchi y Capello) son parte de nuestra historia, y siempre necesitaremos mantener lo que nos enseñaron en nuestras mentes. Pero pienso que no es suficiente (mirar al pasado). Lo que nos dio Sacchi era nuevo en ese momento en la cultura italiana, luego Capello construyó sobre eso". Pero ahora el Milan debe ganar jugando con lo que Galli describió como "la filosofía de Berlusconi": "Ganar desplegando un fútbol divertido y entretenido". Promueven la gran cantidad de carreras sin la pelota en las transiciones de Sacchi, para ir arriba y presionar desde el frente, así como los estándares impecables de Capello. De acuerdo con la biografía de Gabriele Marcotti sobre Capello, *Portrait of a Winner*, las diferencias entre él y Sacchi se deben a la personalidad. Fabio, que fue entrenado para trabajar en negocios por Berlusconi, tenía un entendimiento de cuello blanco sobre el profesionalismo. Sacchi era un revolucionario táctico. "Defensivamente, todo se trataba de la presión, la defensa de cuatro en línea y la trampa del fuera de juego. Pero en el último tercio los jugadores tenían más oportunidad para expresarse", con una mayor libertad dada por Capello que por Sacchi.[40]

---

40   Marcotti, G. (2008). *Capello: Portrait of a Winner*. Londres: Bantam Press.

Galli jugó bajo el mando de ambos hombres. Era un peón en los ejercicios sin el balón de Sacchi y también recibió muchas de las largas y sabias conversaciones de Capello. Sobre todo, durante sus días de juego, Galli era un oyente y estudiante del fútbol. Está empapado en los valores del Milan como institución y, habiendo formado parte de los años de gloria del club, es valioso para su resurgimiento. "Aquí trabajamos día tras día, manteniendo en mente los principios fundamentales del juego", dijo, listando los simples puntos clave enseñados a los jóvenes en la academia desde una edad temprana. Estos son:

- Reconocer los espacios.

- Ocuparlos de una manera racional.

- Reconocer la condición numérica del juego (superioridad o inferioridad).

- El *timing* de cada decisión.

Sacchi les ha enseñado a Galli, Maldini, Baresi, Tassotti y, de hecho, a todos los miembros del mejor equipo del Milan a reconocer y aprovechar el espacio. Su juego con un conjunto compacto fue pionero para su tiempo: "Si tu equipo se mueve como uno solo, con cada jugador ajustándose continuamente a lo que está pasando, sería casi como jugar con 13 o 14 jugadores", le había dicho a Marcotti. Cuando los entrenadores estudiaban al Milan de Sacchi y Capello y, de muchas formas, copiaban sus métodos (Rafa Benítez es un discípulo claro), el juego evolucionó y eventualmente los alcanzó. Galli, sin embargo, se mantuvo estudiando. En el nivel *senior*, trabajó bajo el mando de Leonardo y Carlo Ancelotti, observando particularmente cómo se comunicaban con la nueva generación de futbolistas. "Existen principios para entrenar. Las herramientas que tenemos son las partes del juego o los momentos del partido que debemos trasladar a las sesiones de entrenamiento, como la salida, la posesión y la finalización. Luego están las tareas que están esparcidas a lo largo del calendario semanal de entrenamiento". El grupo de jóvenes del Milan tiene un programa de desarrollo de periodización táctica, no muy diferente al comentado en el Porto.

Siendo un exjugador del lugar, Galli cree que si un futbolista retirado es también un buen profesor, puede transferir para los jóvenes lo que significa jugar para la entidad. "Es importante para nosotros, (especialmente) una vez que el exjugador se da cuenta de que también se trata del futuro del club y no solo de lo que ha hecho en el pasado. Entonces, cuando ponen su experiencia al servicio de los jóvenes, nos beneficiamos". Berlusconi anhela preservar el enlace a la era gloriosa del Milan, creyendo que los exfutbolistas comprenden más los valores del club que los de afuera. Desde el cambio de milenio, el Milan ha sido dirigido principalmente por exjugadores: Cesare Maldini, Mauro Tassotti, Carlo Ancelotti, Leonardo, Clarence Seedorf, Filippo Inzaghi y Cristian Brocchi.

Aunque reconoce que es un beneficio para los entrenadores el haber estado empapados en la cultura del Milan, Galli siente que deben proporcionar nuevas ideas también: "Tienen que empezar desde cero. Es bueno haber sido un buen futbolista, pero necesitas ser un buen maestro. Hay una diferencia cuando se trata de enseñar fútbol. La relación entre los técnicos y sus dirigidos es muy importante en el proceso de aprendizaje. Los jugadores de la academia también pueden leer sobre nuestra historia en Internet y, en general, a través de los medios. En estos días, los jóvenes se percatan de que se están entrenando para un club muy importante y de que están llevando una camiseta gloriosa". Donnarumma, con 17 años, tenía imágenes de Abbiati (su compañero y el hombre al que desplazó como número uno) en su pared, mientras que Locatelli, de 18, es considerado como un futuro capitán en espera (un honor más significativo aquí que en la mayoría de los demás clubes, dados los legados inmortalizados de Maldini y Baresi).

La mayoría de los exjugadores mencionados han tenido largas y gloriosas carreras en el Milan. Seedorf se retiró con 37 años, como lo hizo Nesta. Inzaghi tenía 38; Paolo Maldini, 40, y Alessandro Costacurta, 41. Una cantidad de factores contribuyen a la extensión de las carreras, como Luca había mencionado cuando hablamos acerca de Pirlo: los italianos culturalmente tienen un gran aprecio por la edad, el ritmo de la Serie A es más lento y los entrenadores intentan acomodar tácticamente los beneficios intangibles que traen los jugadores más viejos.

Galli, quien jugó hasta los 40 años, piensa que el factor más importante para mantener una carrera es la mente. Asegura: "Tenemos una organización y la oportunidad de reclutar a los mejores futbolistas del mundo, pero el secreto fue tener a grandes hombres, no solo a grandes jugadores. Grandes hombres italianos, como Maldini, Baresi, Tassotti y Donadoni. Eran grandes seres humanos con un deseo de mejorar. Así que, por supuesto, tienes que ser talentoso para alcanzar este nivel, pero para mantenerte allí necesitas tener valores y determinación". El acondicionamiento físico ayudaba, pero una mentalidad positiva era lo más importante.

Esto concuerda con la investigación *Mindset* de Carol Dweck y las diferencias entre tener una mentalidad "fija" y una "en crecimiento". En resumen, ella piensa que algunas personas están clavadas en su perspectiva y ven los esfuerzos como fútiles. Otros, sin embargo, buscan superar las visiones predeterminadas de lo que es alcanzable.[41] "Con una mentalidad en crecimiento, los estudiantes entienden que sus talentos y habilidades se pueden desarrollar a través del esfuerzo, la buena enseñanza y la persistencia", explica. Su teoría se aplica al deporte y se anuda con los comentarios de Galli sobre la longevidad. Sus compañeros tenían carreras largas y exitosas por su deseo no solo de mantenerse, sino de mejorar.

AVANZANDO

Filippo Galli se quita los lentes y pregunta sobre el fútbol inglés. Dice que le encantaría ver Anfield y declara su admiración por los fanáticos en Inglaterra. Afuera, hojas verdes en árboles en su mayoría desnudos amenazan con reemplazar el invierno por la primavera, ofreciendo optimismo para el futuro. Mientras nuestra entrevista se volvía algo más conversacional, me convertí en un fan humilde. "¿Ha muerto el arte de defender?", pregunté. "No, pero es diferente", respondió.

---

41 Dweck, C (2012). *Mindset: How you can fulfil your potential*. Hachette UK.

—En la academia, estamos intentando cambiar la perspectiva. Queremos construir con el balón desde atrás, pero queremos hacer esto porque es la filosofía del club; cuando tienes la pelota, puedes dominar el juego.

—Entonces, ¿qué hace a buen defensor?

—Tiene que tener personalidad, tiene que ser valiente para también pedir la pelota del portero y empezar a construir la jugada. Tiene que ser muy bueno para concentrarse, para estar consciente de la situación a su alrededor, y tiene que arremangarse los brazos y trabajar duro. En el AC Milan necesitamos un defensor que sea muy bueno en los uno contra uno con espacio detrás de él. Debe estar capacitado para mantener la posesión en espacios cortos.

Un grado de ambigüedad va unido a la palabra "valiente" al hablar de los defensores en el juego moderno. Tienen que serlo de dos maneras: para poner sus cuerpos en situaciones peligrosas de las que podrían salir heridos, tradicionalmente, pero también para recibir la pelota y jugar hacia delante. John Stones, como el castigado precursor del rol moderno, que tiene fe en sus habilidades a pesar de la desaprobación de los fanáticos, es más valiente que la mayoría. "Así que, para que pueda ser bueno defendiendo con espacio detrás de él, ¿necesita un portero adelantado, porque para Sacchi todas las posiciones estaban vinculadas?", le digo. Galli sonríe. Sabe que estoy hablando de Donnarumma. Todo el mundo está hablando de él. Señala: "Él comenzó aquí cuando tenía 14 años y ha trabajado mucho en la salida desde abajo. Es más que un guardameta, porque lo entrenamos para que use mucho sus pies".

A los 16, Donnarumma se convirtió en el chico de los pósteres del Milan. Su cara adornaba las pancartas a las afueras del San Siro la noche del partido contra la Lazio (cuando estaba de visita) y los ultras cantaban su nombre. Comúnmente, se confía en que un portero se adentre en el primer equipo entre los 21 y 25 años. Hay excepciones, por supuesto; Casillas tenía 18 cuando fue titular por primera vez en el Real Madrid y Buffon tenía 17 cuando hizo su debut en el Parma, pero los guardametas de 16 son muy raros —en especial en un equipo de la altura del Milan—. "Todo el mundo estaba observándolo, cada club, pero nosotros teníamos ventaja porque su hermano ya estaba jugando aquí. Entonces, el club fue inteligente para lograr un acuerdo con sus padres. Debido al tamaño de Donnarumma (mide 1,95 metros), siempre jugó varios años por encima de su grupo de edad. Cuando tenía nueve, jugaba para el Sub-13; con 14, representó al Sub-18; con 16, al momento de mi visita, estaba en el primer equipo. Considerando que su rival para la posición, Christian Abbiati, tenía 38 (para ese momento), Donnarumma estaba compitiendo contra alguien más de 20 años mayor que él. Aun así, su aparición no fue inesperada. Le costó 250 000 euros al club. De acuerdo con *La Gazzetta*, su hermano Antonio, nueve años mayor y portero en el Genoa, lo entrenaba en el jardín trasero y lo inspiraba mostrándole videos de YouTube de Buffon y Casillas.

En Róterdam, el jefe de la academia del Feyenoord me explicaría que un jugador joven no puede ser apurado en el equipo mayor muy pronto, ya que su desarrollo se podría detener. "¿Cómo sabías que estaba listo? —le pregunté a Galli—. ¿Cómo sabes que los jugadores jóvenes están listos en general?".

—Su actitud era fantástica para jugar en un estadio tan grande. Mihajlović (el técnico) y el entrenador de porteros del plantel profesional se dieron cuenta de que estaba listo, así que jugó. —Hace una pausa—. Aquí sabíamos que estaría listo; participó con menos edad en nuestros conjuntos jóvenes y nunca lo hizo en el grupo de su misma edad. Siempre jugó con chicos mayores. Tiene un talento natural y aquí lo ayudamos a mostrarlo".

Donnarumma se pasó por alto la lógica consensual de que los jugadores necesitan exposición gradual al fútbol del primer equipo.

—Nosotros sacamos su talento. Educación en latín es *educe*, lo que significa sacar, exponer el talento. Así que, por supuesto, tenía ese talento, pero sus entrenadores le dieron la oportunidad para mostrarlo.

*

CRÓNICA DE UN JUEGO

En la noche de mi llegada, el Milan estaba jugando contra la SS Lazio. San Siro todavía era el hogar, a pesar de que el club no era el propietario del estadio. En cambio, ellos y el Internazionale pagaban una renta cada temporada al Consejo local por el privilegio de jugar ahí (4,1 millones de euros). Esto se transformó en un factor del estancamiento del club: la Juventus tiene su propio terreno (en una tierra que le dieron de manera gratuita) y recibe ingresos, mientras que el Milan tiene gastos.

La atmósfera dentro de San Siro se sentía más genuina con la ausencia de un hombre con micrófono, en contraste con lo que se ve en otros lados de Europa. En cualquier club, los ultras *capo* se posicionan de cara a la multitud, con sus espaldas hacia el espectáculo detrás de ellos, comenzando cantos con un micrófono. Generan una atmósfera particular al dictar qué canciones deben ser entonadas. En Gran Bretaña, las canciones son una dedicación a los momentos en el juego —un tiro de esquina o un remate—, surgiendo con un espontáneo deseo. Aquí los aficionados compran boletos y son guiados en los cantos por los ultras. Pero funciona. En Gran Bretaña hay largos momentos de silencio entre los acontecimientos, mientras que en el continente los ultras llenan todos los minutos.

Luca Hodges-Ramon, siendo un angloitaliano, está mejor posicionado para comentar acerca de los paralelismos y diferencias entre la audiencia inglesa y la italiana, habiendo pasado un largo tiempo sentado entre ultras en Siena, en la Curva Robur, estudiando su cultura. "Cuando el Siena concedía un gol, algunos fans naturalmente se desanimaban y se quedaban callados. Aquí es cuando los ultras *capo* (posicionados directamente detrás de la portería, a menudo apoyados en las barreras o las vallas) entraban en acción, gritando que no les importaba una mierda el resultado y que el conjunto necesitaba el apoyo de la Curva". Luca destaca la dedicación de los *capos*, reconociendo que son leales irregularmente a su club con un deber de apoyo; en comparación con muchos fanáticos consumidores en Gran Bretaña, que pagan dinero y esperan ser entretenidos (ver las referencias de Giulianotti en el Capítulo 1):

"En Gran Bretaña, la preocupación de la mayoría de los fanáticos (incluso de aquellos que generan la atmósfera con los cantos) está a menudo en los resultados finales de su conjunto. Habiendo entrevistado una cantidad de grupos de ultras italianos, su perspectiva es ligeramente distinta. A menudo los escucharás hablando acerca de la *mentalitá* de ultras, (que) aseguran que la Curva es la caldera constante de ruido y apoyo al equipo. Los *capos* lideran los cantos con micrófonos y apenas ven el partido. Otros están encargados de ondear enormes banderas por 90 minutos. Déjame asegurarte que eso requiere algo de compromiso".

El grupo demográfico presente esa noche en Milán contribuyó enormemente al volumen creado; eran hombres de entre 16 y 30 años de edad y privados de derechos. Es este grupo demográfico el que está en una gran medida fuera del consumo regular en Gran Bretaña. Un paralelismo entre ambas naciones es el aumento de la demanda de áreas seguras para estar de pie en los estadios como una alternativa a sentarse. En la Curva Sud de San Siro, los asientos son una molestia peligrosa. Están ahí solamente para pararse sobre ellos; si uno quiere sentarse, entonces debe colocar una copia de *La Gazzetta* en el plástico sucio del asiento. El peligro aumenta cuando el Milan anota y los fanáticos se exaltan. En el mejor de los casos, se lastiman las espinillas; en el peor, caen sobre las filas.

Al subir por las escaleras de espiral, mis ojos fueron conmovidos con la visión de una de las más grandes catedrales del fútbol. Las gradas de los dos lados estaban casi vacías, pero en la del sur ondeaban majestuosamente 100 banderas mientras el aire se llenaba de humo pirotécnico. Una bengala es un símbolo de resistencia, capaz de crear espectáculos antiautoritarios inofensivos. Es usado por los no alineados. El olor a marihuana era persistente en el aire y no podía verse ningún asistente de seguridad. A pesar de eso, la atmósfera era magnífica: ruidosa y con un borde antisistema —un ritual continuo para los aficionados tradicionales—. La pancarta más grande decía "Baresi 6" y se elevaba muy por encima de un mar rojo y negro. Franco Baresi representa al AC Milan más que cualquier otro futbolista. Estaba ahí desde la Serie B y desde el año 1988. El concepto de ultras es tanto una declaración de au-

toestima como una respuesta a la invasión. El fútbol italiano está altamente politizado y el Milan debe demostrarles su fuerza a los ultras de la Lazio que acudieron. Regionalismo mostrado a través del fanatismo.

El Milan continúa recibiendo niveles altos de patrocinio, con Audi, Nivea, Emirates, Dolce and Gabbana y Adidas publicitándose a lo largo de los lados del campo. Esa temporada ganaron alrededor de 102,1 millones de euros en ingresos comerciales de acuerdo con Deloitte, lo que es considerablemente más que los 85 millones de euros que ganó la Juventus. El mediocampista japonés Keisuke Honda era su jugador más técnico esa noche. Al mismo tiempo que ofrecía talento, trajo un peso de apoyo al estadio. Los fanáticos japoneses aplaudían al fondo de las gradas del sur, recibiendo cómicamente regaños de los ultras por tomar fotografías de las banderas. "NO FOTO" afirmaba una pancarta. En la segunda mitad, el agradable disidente Mario Balotelli volvió de una lesión e inmediatamente pareció ser el mejor jugador del campo (junto con el brasileño Felipe Anderson, de la Lazio), lo cual en sí mismo era la ilustración más reveladora del encuentro. El partido terminó empatado por 1-1. Los 33 000 que acudieron se fueron de forma abrupta para hacer parecer al ya vacío estadio aún más vacío. En minutos, San Siro se volvió un cascarón desierto de asientos azules. El Milan terminaría séptimo pocos meses más tarde. Siniša Mihajlović sería despedido y reemplazado por Vincenzo Montella, dando un aire fresco a un club rancio con las incorporaciones de Manuel Locatelli, Suso y M'Baye Niang.

*

EL HOMBRE DE LAS TRANSFERENCIAS

Se para sosteniendo su nueva camiseta hacia las destellantes bombillas, sonriendo aturdido por décima vez ese día. Mil "tuits" ensordecedores llevan su imagen alrededor del mundo. Sin embargo, el primero, el que comenzó el carnaval, fue escrito en el teléfono de Gianluca Di Marzio. Es él, hijo de Gianni Di Marzio, exentrenador del Napoli, quien conoce primero cuándo ocurre una transferencia. Un poco menos de un millón de seguidores en Twitter esperan su confirmación.

La brillante mañana milanesa siguiente al empate del AC con la Lazio, mi traductor (Dario Vismara, redactor de *La Gazzetta dello Sport*) y yo llegamos a los estudios *Sky Italia* en el centro de la ciudad —un gran complejo con seguridad como para rivalizar con las sedes de las Naciones Unidas en Ginebra— y esperamos en el vestíbulo. "¿Escuchaste las noticias? —preguntó Dario de repente, mirando su teléfono—. Cruyff ha muerto". En segundos, el complejo cobró vida mientras grupos de trabajadores frenéticamente comenzaron a producir un montaje sobre el gran hombre.

Di Marzio llegó vistiendo unos jeans y una sudadera y estrechó nuestras manos. "Es terrible", dijo sobre la muerte de Cruyff —todos pensábamos que el neerlandés se estaba recuperando—. El inglés de Di Marzio era en su mayoría perfecto, aunque Dario probó ser un agregado bienvenido. El hombre de las transferencias nos llevó a ambos por un *tour* detrás de escenas por *Sky Sports News* antes de nuestra charla. Allí observamos silenciosamente desde detrás de un teleprónter a los presentadores hablar del fallecimiento de Cruyff. La tristeza se apoderó de nosotros mientras se reproducía su montaje. En Italia es recordado como la encarnación del *Totaalvoetbal* (Fútbol Total), el sistema táctico que acabó con la era dominante del *Catenaccio* de Italia.

Di Marzio es un adjetivo de fiabilidad con una reputación internacional, conocido por entregar los detalles de una transferencia antes que cualquier otro medio de comunicación; usualmente, ganándoles a las páginas webs oficiales de los clubes. La pregunta fascinante es cómo se las arregla para obtener esa información de los clubes.

—¿Te contactan con historias para sus campañas?

—A veces. Colaboramos. Lo más importante en la relación con mi fuente es obtener crédito por las noticias. Para ellos es saber que pueden confiar en mí y que yo puedo confiar en ellos también. Por ejemplo, el año pasado cuando (Roberto) Mancini se convirtió en el nuevo entrenador del Internazionale, yo tenía la noticia antes que cualquier otro. Era un jueves por la noche y tenía dos opciones: podía haberlo hecho público en vivo por la televisión, pero Internazionale confiaba en mí, así que hablé con el club y me dijeron que no comentara nada porque (Walter) Mazzarri (el entrenador) no sabía. Así que para mí era un riesgo, porque cualquier otro periodista se pudo haber llevado la primicia. Sin embargo, el Inter me dijo que una vez que Mazzarri lo descubriera, yo sería el segundo en saberlo, así que me lo comentaron por el respeto de haberlos contactado. Si lo hubiera hecho público primero, pudo haber causado muchos problemas. Así que me gusta tener este tipo de relaciones con mis fuentes".

—Es un conflicto de intereses para ti...

—Ha sucedido. Cuando estaba muy seguro de mis noticias, pero no lo estaba al 100% y he tenido que verificar con el club. A veces tengo la certeza porque dispongo de noticias del agente y del jugador, así que no necesito verificarlo con el equipo. Puedo hacerlo público, aunque cause problemas. Esto ocurrió el año pasado con (Juan) Iturbe, cuando el Genoa estaba seguro de que lo ficharía de la Roma. Saqué la información en TV y todos los fanáticos de la Roma se volvieron locos porque no querían perder al jugador, ¡y entonces el trato se canceló! El presidente del Genoa me llamó y me dijo: "¡Gianluca, todo esto fue por tu culpa!". Pero en lo que a mí respecta, tenía que dar la información.

Iturbe terminó cedido en el Bournemouth, donde jugó solo dos partidos de Liga.

—¿Los agentes algunas veces se ponen en contacto y dicen que sus futbolistas quieren dejar el club?

—Claro.

—¿Entonces qué haces si tienes una relación con el club?

—Mira, eso no es un problema para mí: es un problema para el club. Yo daré la noticia y diré que un jugador quiere irse, que está en un momento difícil y considerará otras ofertas, pero intentaré decirlo de una manera balanceada para no confirmar nada. Esa es mi fortaleza: soy equilibrado y no soy agresivo con mis noticias. Es muy difícil. Siempre hago las cosas de la manera correcta. No quiero crear problemas para nadie.

Aunque no siempre es posible para él. Di Marzio me dice que en el juego moderno los clubes buscan manipular los medios para satisfacer su propia agenda.

—¿Así que, teóricamente, una entidad te contactaría si quiere firmar a un jugador, para crear un rumor y llamar su atención?

—Sí, eso pasa. Pero no frecuentemente, porque los clubes prefieren hacer sus negocios sin ninguna atención del público. Usualmente me dicen que no comente nada, pero lo primero que le aviso a un gerente general es: "No puedes decirme que algo es mentira cuando ya yo sé que es verdad. Si llego a un nombre, no es tu problema. Solo quiero hacerte saber que ya lo sé". Entonces, el contacto puede decirme: "Vale, son tiempos difíciles. Por ahora, mantenlo en secreto para que podamos hacer el trato", en vez de decirme "No, eso no es cierto", y luego se vuelve oficial. A veces, los clubes me dicen que no diga nada. Después, cuando es el momento adecuado, me llaman primero y anuncio la noticia. Quiero llegar primero a la historia. Antes que *Gazzetta dello Sport*, por ejemplo.

La reputación de Di Marzio está construida sobre la calidad de la información que obtiene. Tener un padre entrenador lo llevó lejos, pero para progresar al nivel que ha llegado se necesita *ambizione*.

—¿Qué sucede si una fuente te está mintiendo?

—Eso pasa. A veces un agente quiere darte la noticia de que su jugador está siendo observado por el Real Madrid para que pueda, por ejemplo, lograr un traspaso a la Juventus. Me lo dirá porque tiene una campaña, así que intento descubrir si es verdad o no. Después de 12 años, sé quién me está diciendo la verdad y quién me está mintiendo por sus propios intereses. Si me dicen que necesitan ayuda, entonces les puedo hacer favores. Puedo decir que su futbolista está siendo vigilado por el Real Madrid, entonces salgo al aire con esta información y en contraprestación me informarán

primero cuando firme por la Juventus. Si un club está arrastrando los pies, entonces daré la noticia como un favor, así ellos pueden seguir adelante. Entonces, soy el primero en anunciar cuando sea fichado por el nuevo club, una o dos horas antes de hacerse oficial. Cuando lo anuncia el equipo, ya no es noticia.

—¿Entonces en qué creemos?

El actor estadounidense Denzel Washington resumió mejor los motivos de los medios liberales modernos, de los cuales Di Marzio es miembro. "Si no lees las noticias, estás desinformado. Si las lees, entonces estás mal informado", le dijo a una reportera de la alfombra roja. "¿Y qué haces?", preguntó ella. "Bueno —comenzó—, ¿cuál es el efecto a largo plazo de mucha información? Uno de ellos es la necesidad de ser el primero; ni siquiera de ser real. Solo digámoslo, vendámoslo". Di Marzio nos confirmó que los agentes a veces promueven falsos rumores para lograr un acuerdo, y que él lo continuará siempre que sea a favor de ellos. Aparentemente, es una estrategia de negociación legítima. No es culpa de Di Marzio; tal es la influencia del circo. La sociedad, como los receptores de los medios masivos, tiene el deber de desafiar a los proveedores de noticias sobre la sinceridad de sus afirmaciones; de ser más críticos como consumidores. Una insaciable hambre por novedades de un canal —verdaderas o falsas— perpetúa un ciclo peligroso que trasciende el fútbol. Se puede aprender un montón de los milaneses. Para ellos, la sofisticación es un estado mental. Como también lo es su percepción relativa.

CAPÍTULO 12

CASTILLOS, REYES Y FÁBULAS: EL BAYERN DE BAVIERA

En un camino estrecho sin coches a la vista por ninguno de los dos lados, una multitud de personas se reunió en espera de la señal para cruzar. Se quedaron parados por minutos, mirando sin parpadear, incitando a que el rojo se convirtiera en verde, todo mientras suprimían un profundo impulso de pisar la carretera. Mientras más personas se congregaban, la frustración crecía. Aun así, nadie se atrevió a satisfacer el impulso. Cruzar imprudentemente es ilegal. Hay reglas para ser obedecidas, una estructura a la que adherirse; eso hace a la sociedad alemana tan efectiva. El verde se encenderá eventualmente. La política y el fútbol del país son tan carentes de controversia —en contraste con la volubilidad de la moderna Gran Bretaña— que hacen que el aburrimiento parezca un soplo de aire fresco. Baviera tiene una de las economías más grandes de Europa, con solo un 4,1% de desempleo, y constantemente se posiciona en el *top* de las encuestas de calidad de vida. Los locales hablan sobre ser independientes, pero nunca lo dicen en serio. Es una región de fábulas y cuentos populares, diseñados para ofrecer un direccionamiento moral. Gran Bretaña tiene leyendas; Baviera, lecciones. Tal vez, dado que a Gran Bretaña ahora le gusta bastante Alemania

(las tensiones de la posguerra se están diluyendo en el continente en general), podrían decidir aprender de ellos.

Para descubrir cómo ganan el Bayern y Alemania, viajé a *Säbener Straße* para conocer a Nico Kammann, un entrenador de fuerza y condicionamiento (preparador físico) en la academia. Por todas las ineptitudes de Inglaterra, decidimos que una de las diferencias clave entre los integrantes de ambos seleccionados es la dirección del juego. Cuando los alemanes avergonzaron a Brasil con su triunfo por 7-1 en la Copa del Mundo, lo hicieron contra futbolistas cuya técnica era tan buena o mejor que la de ellos. Haciendo una analogía con otros temas: Oscar tenía unos pies de Ferrari, pero Müller tenía un cerebro de Rolls-Royce. Alemania produce futbolistas que comprenden el juego en cada momento. Son tácticos en el campo; las academias de allí tienen perfectamente mezclado el balance entre las tácticas y las técnicas en el entrenamiento para los jugadores jóvenes, algo en lo que los clubes italianos están trabajando.

"En las academias alemanas, hay un gran énfasis en tener conocimiento táctico y técnico —dijo Nico—. Los estadounidenses son buenos tácticamente y tienen una tremenda ética de trabajo, pero no pueden pasar una pelota, exagerando un poco. Los brasileños son asombrosos técnicamente, pero a veces les faltan conocimientos tácticos de élite o fortaleza. Si lo ves como un triángulo de capacidad atlética, habilidades del deporte específico y táctica, pienso que en Alemania somos buenos en las tres esquinas del modelo de desarrollo".

Nico cree que a los jóvenes alemanes también se les enseña a lidiar con los errores de mejor manera. En los cursos en Gran Bretaña, el entrenador debe identificar y "entrenar" el error tan pronto como lo ve. Aquí ellos entienden que los errores ocurren y que deben permitir que sucedan como parte del proceso de aprendizaje. Solo cuando las fallas se repiten varias veces se consideran como un defecto que vale la pena trabajar: "Así que eso contribuye a que Alemania sea la mejor y pienso que nuestros jugadores aprenden a cometer errores y a no preocuparse por ellos. Intentamos crear una atmósfera en la que a los futbolistas se les permita equivocarse una o dos veces". Incluso a nivel profesional, a Mats Hummels y Jérôme Boateng se les permite regalar el balón de vez en cuando.

La autocrítica fue identificada por los miembros de la Hennes Weisweiler Akademie en Colonia como algo que todas las academias alemanas deberían fomentar en sus jugadores, el epicentro de la educación para entrenadores. Esto resultó en el Bayern creando a Thomas Müller, uno de los futbolistas más inteligentes del planeta. Con sus botas negras, sus medias cortas y su ritmo de trabajo industrial, Müller es un regreso a una generación más humilde. "Su IQ de fútbol está hasta aquí —asegura Nico, mientras estira su brazo muy por encima de su cabeza—. Cuando jugamos contra el Barcelona, básicamente hizo un movimiento de baloncesto al bloquear a un rival. Sé que fue ayudado al ser formado en un ambiente donde era fundamental ganar. Enseñamos mucho de ética de trabajo. Tienes que enseñarles a los niños que perder es importante y una parte del juego. Pero nunca debes perder por pereza. Si eres perezoso, entonces habrá 1000 pequeños que se arrastrarían aquí de rodillas para jugar en el Bayern, así que tienes que trabajar duro".

EL ESPECTÁCULO

La *Säbener Straße* (Calle Sabener) es una parte tranquila de los suburbios. Las casas número 94 y 96 son grandes y unifamiliares, de temática sueca, construidas sobre un largo camino con grandes árboles y suaves cantos de pájaros. Sobre el camino, en el número 55, está un complejo de edificios modernos que recuerda bastante a un pulgar adolorido. Estos le pertenecen a uno de los nombres deportivos más reconocidos del mundo: el FC Bayern.

Los residentes son aparentemente inconscientes de los atletas famosos que entrenan a medio camino de su calle; una mujer estaba cuidando sus narcisos mientras pasaban coches deportivos. Las familias pasean a sus perros a través de la disposición de los edificios, cruzando los campos de entrenamiento, y el bosque detrás. La apertura del entrenamiento para la vista del público es muy impresionante, un pensamiento tan avanzado que solo puede ser un

concepto liberal alemán. Los clubes conservadores británicos nunca soñarían con permitirles a los fanáticos ver una sesión. Muchos de los que apoyan los conjuntos de la Premier League ni siquiera saben dónde están las instalaciones de su equipo. El FC Bayern, por otro lado, pone mapas de direcciones paso a paso hacia la *Säbener Straße* en su sitio web, junto con los horarios de las prácticas semanales.

Vale la pena exhibir el complejo, albergando seis terrenos al aire libre, un restaurante, un concesionario de Audi, varios relojes Hublot grandes con números romanos y una pista de voleibol de playa para que Douglas Costa y Thiago jueguen. Hay una atmósfera de ensueño que los entrenadores llegan a amar. Nico y yo nos reunimos afuera del *biergarten*, al lado del campo principal. Los fanáticos bebían cerveza como parte de la experiencia, observando mientras el entrenador del primer equipo, Lorenzo Bonaventura, armaba su sesión (Guardiola todavía seguía a cargo en ese momento). Los aficionados no solo podían ver a sus amados jugadores gratis, sino que podían beber cerveza al mismo tiempo. Lo mismo también era posible en el Rayo, por supuesto, pero el Rayo no compite en las finales de la Champions. Ser un fanático del Bayern es una bendición. Los boletos son baratos, son activos en la comunidad y siempre ganan. "No pensamos que los fans son vacas para ordeñar", le dijo el presidente Uli Hoeneß a la *BBC*.

Cuando los futbolistas salieron para calentar, las aproximadamente 100 personas que acudieron aplaudieron favorablemente por varios segundos. Luego se quedaron en silencio. No había histeria, no había cantos, no había anhelo por la atención de las celebridades. Incluso difícilmente había fotografías. Para este punto, Pep Guardiola había informado al club de su intención de irse al final de la temporada (volviéndose tan solo el cuarto entrenador en 45 años en no ser despedido). Aún no había comunicado su decisión de unirse al Manchester City. Al principio, los aficionados estaban ofendidos —"le hemos dado todo", decían—, pero para ese día lo habían perdonado y aplaudieron de manera cortés su entrada al terreno. El tiempo había curado las heridas. Guardiola llevaba un chaleco rojo, tenía las manos en los bolsillos y estaba más relajado que antes. A esas alturas de su etapa en el equipo, Pep estaba confiado de que ya les había pasado su filosofía a sus dirigidos. No había necesidad de gritar y gesticular como lo hacía al principio.

Al empezar la práctica técnica, Pep observaba por fuera de la sesión, examinando cada paso. En un punto, la detuvo —los jugadores fijaron su atención en él—. Javi Martínez se estaba saliendo de la figura de metal para recibir la pelota muy pronto. "¡No es real!", gritó Pep antes de demostrar la forma perfecta de hacerlo. Tocó el silbato y el juego se reanudó con un mayor esfuerzo. Los simpatizantes en las gradas comenzaron a mirarlo más fijamente. Olvidando a Lahm, Ribéry y compañía, era él al que habían venido a ver. Pep creció en sí mismo, alabando a su equipo. Xabi Alonso y Javi Martínez respondieron, los tres hablando en su mayoría en español-alemán. Después de varios minutos, Pep tocó el silbato, indicándoles a sus futbolistas que caminaran hacia la próxima práctica. Era un ejercicio de posesión de cuatro contra cuatro y cuatro más afuera del cuadro, similar al que Paco Jémez había espiado. El equipo que perdía la pelota se intercambiaba con el que estaba afuera, representando la transición del ataque a la defensa y viceversa. Tenía que ser Pep el que metiera el balón a la sesión. Él dirigía el tempo: un líder en el oficio.

En una ciudad que ha acogido a Mozart, Wagner, Strauss y Orff, Guardiola era el compositor más emocionante en Múnich. Había inyectado una fascinación a los entrenamientos públicos nunca antes vista. Su estilo de fútbol es música clásica en movimiento; el espectador se convierte en uno con el espectáculo. En la música clásica, el oyente para de escuchar los instrumentos individuales y se acostumbra a la sinfonía. Con el Bayern de Pep, uno no se da cuenta de las rotaciones entre los jugadores, si Alaba elige avanzar o si Robben se va hacia adentro en el campo. Parecen jugar armoniosamente con los terceros creando un fútbol clásico. Es hipnotizante: los fans observan como si estuvieran bajo el efecto del opio.

Hay cobertizos de madera a un lado del campo para que los jardineros guarden sus herramientas. En su mayoría, en estos lugares escuchan la radio y se relajan entre las sesiones. Cuando Pep estaba entrenando, sin embargo, ellos salían a ver. Mientras el balón

impactaba contra los botines sobre la superficie húmeda, los aficionados se quedaban hipnotizados. Incluso la mascota se detuvo a mirar. "¡Bravo! ¡Bravo!", gritó Guardiola, mientras Thiago dejaba pasar la pelota entre sus piernas, engañando a un joven que iba detrás de ella. Al final de la práctica, Pep habló con el muchacho por casi diez minutos. Era Joshua Kimmich, que luego se haría más famoso por ser regañado por Pep frente a 81 000 personas, después de un empate con el Borussia Dortmund. "Yo lo quiero —dijo Guardiola después—. Amo trabajar con estos futbolistas que quieren aprender y mejorar".

Después, los jugadores se reunieron en el círculo central para hacer estiramientos. Xabi Alonso y Ribéry intentaron golpear el travesaño con un pase, pero ambos accidentalmente anotaron goles en el ángulo superior. Guardiola, que había terminado de hablar con Kimmich, estaba más lejos que ellos dos, pero pidió un balón. En vez de solicitar que se enfocaran en los estiramientos, dio un toque y golpeó el travesaño. Los fanáticos finalmente se emocionaron. Algunos comenzaron a gritar el nombre de Pep y la mayoría aplaudió. En la teoría del "Gran Hombre" de Thomas Carlyle, individuos como Napoleón, Gandhi, Alejandro, Lincoln y César decidieron la historia a través de su inteligencia, dinamismo y carisma. Guardiola es un Gran Hombre del fútbol. "Si Pep decidía ser músico, sería un buen músico. Si quería ser un psicólogo, sería un buen psicólogo", dijo una vez su discípulo Xavi.

En una época anterior, Claudio Pizarro tenía que convencer a los juveniles para que reconocieran a los fanáticos, forzándolos a firmar autógrafos. Hoy en día se decide qué jugadores van a firmar autógrafos antes de que comience el entrenamiento. Ese día les tocaba a Javi Martínez y Philipp Lahm. Xabi Alonso se quedó afuera después de que todos sus compañeros entraran, dejando que su joven hijo le pateara la pelota algunas veces. Tenía el aura de un hombre disfrutando de las últimas etapas de su carrera. Considerado una vez como un rival de estilo para Xavi Hernández del Barcelona, Alonso adaptó su juego en respuesta a las demandas de Guardiola.

ACONDICIONAMIENTO

Bastante impresionados por el entretenimiento del día, Nico y yo encontramos una habitación vacía en las oficinas de *Säbener Straße* para hablar. El Bayern se lo llevó como un entrenador de fuerza y acondicionamiento después de la universidad debido a su historial trabajando en el deporte primo de nombre similar, el fútbol americano. Andreas Kornmayer (el hombre que lo contrató, más recientemente como parte del Liverpool FC) tenía antecedentes en judo y valoraba los movimientos dinámicos que usan otros deportes para ayudar en la prevención de lesiones. El fútbol es una actividad altamente especializada que pone presión continua en los mismos músculos: "Siempre el tendón de la corva, siempre la ingle, siempre los flexores de la cadera, siempre la espalda baja — se lamentaba Nico—. Porque están constantemente haciendo lo mismo desde que tenían nueve años de edad. Puede que los jugadores solo sean más débiles ahí, o puede que tengan un patrón de movimiento incómodo".

Trabaja con edades de academia enfocándose en la regeneración, con énfasis en la fuerza, la coordinación, los patrones de movimiento y la preparación del juego. "He implementado un montón de cosas de fútbol americano y podría hacer juegos pequeños que tengan características tanto de un deporte como del otro, donde puedan tomar la pelota, pasarla, lanzarla y hacerse placajes unos a otros, y tener una zona final o una portería dónde anotar. Esto trae un enfoque caótico a los deportes, ya que están usando todo; no están utilizando solo los movimientos que tienen los futbolistas". En otros días, manda a sus jugadores a hacer ejercicios de combate de boxeo. Es divertido para ellos y les quita tensión de sus músculos "de fútbol".

Sin embargo, un enfoque multideportivo no es universal para todos los clubes. Es algo en lo que Nico tiene libertad para su implementación, pero él siente que el juego del futuro debe incorporar sesiones variadas inspiradas en otros deportes. Es muy simple: usar diferentes músculos significa menos lesiones como consecuencia de una menor tensión. Asegura: "Esa es la idea detrás del mismo entrenamiento atlético, de darles un corsé de músculos

atléticos integral y una capacidad de movimiento más amplia. Nunca los vamos a hacer unos buenos jugadores de baloncesto, pero ves una diferencia cuando tiran al aro de vez en cuando. Abre el sistema motriz y separa un movimiento del otro, lo que hace que ambos desplazamientos sean mejores". A veces, Nico coloca un cuadrado y deja a los futbolistas tener una pelea de judo, en la cual cada uno intenta empujar al otro fuera de la zona. Los jugadores que observan apuestan por quién piensan que será el ganador. El perdedor y quienes lo apoyaban son obligados a hacer flexiones de brazos. Es competitivo, divertido y promueve la flexibilidad.

Nico ve los enfoques multideportivos como una evolución obvia del juego en el futuro. Siente que muchas cosas se hacen incorrectamente en el fútbol. Para mejorar, el personal debe mirar lo que están haciendo los expertos en otras actividades. "Digamos que necesitas mejorar la velocidad de los jugadores. No los pongas a gambetear sobre conos. La pelota limitará la frecuencia, la intensidad y el largo de la zancada. Haz lo que hacen los chicos de atletismo, porque saben en dónde pierdes esa última parte de un segundo. Para recortar, mira lo que hacen en el rugby: son sólidos técnicamente en eso. No aprendí mis técnicas de levantamiento de chicos normales, sino del levantador de pesas del equipo nacional de Alemania, Sebastian Kaindl, porque él sabía el verdadero gesto de cómo obtener el último 10%". La increíble flexibilidad de Ibrahimović viene del taekwondo. Ryan Giggs jugó hasta que tenía 40 gracias al yoga. Tal vez, para hacer frente a los cambios rápidos en las transiciones del fútbol, los jugadores deberían ser entrenados con sesiones de acondicionamiento físico al estilo del baloncesto. Kammann, cuando se le preguntó sobre la periodización táctica y la creencia en España y Portugal de que las sesiones deben estar siempre basadas en el mundo real, concedió que esos ejercicios multideportivos se aplican más que todo en los grupos jóvenes, pero subrayó que incluso al nivel del primer equipo la variedad debe ofrecerse para reducir la tensión en los músculos clave.

CONSTRUIR

En el juego moderno, con menos espacio entre las líneas, un mejor perfil físico es necesario en los futbolistas. Kammann me informó que en algunos clubes los jugadores pueden levantar su propio peso en el *press* de banca desde los 14 años de edad. "Si un entrenador no está abierto a la ciencia del deporte, entonces no tendrá éxito a largo plazo. Algunos patrones de lesiones siguen a los entrenadores dondequiera que vayan, especialmente si se rehúsan a traer a las personas correctas —Kammann es una de esas personas correctas—. Mientras más exitoso era el técnico como jugador en una era anterior a la fuerza y el acondicionamiento, más de mente cerrada es. El Arsenal trajo a un chico hace cinco años con antecedentes de rugby. Se dieron cuenta de que no estaban obteniendo los resultados atléticos que podrían tener con sus oportunidades financieras. Así que fueron y tomaron a Des Ryan de la Federación Irlandesa de Rugby. Si recuerdo correctamente, no han tenido ni una sola lesión ACL (del ligamento cruzado anterior de la rodilla) en su academia en los últimos dos años. Es una inversión y, si piensas desde una perspectiva de academia, si tus jugadores se lesionan menos, tienen más tiempo para entrenarse y desarrollarse".

Hay ejemplos de futbolistas cuyas carreras sufrieron de serias lesiones. Michael Owen y Robbie Fowler en el Liverpool llegaron a su pico temprano en sus carreras, pero lamentaron las lesiones más tarde. Dice Nico que "puede deberse al repetido estrés en las mismas partes de sus cuerpos, o puede que no hayan construido un buen programa atlético en su juventud" (en Gran Bretaña tampoco hay un receso de invierno para dar tiempo de recuperación; otra razón por la que Inglaterra sufre en los torneos). Pero a pesar de las múltiples lesiones, Nico reitera lo que dijo el Dr. Orhant en Lyon: no hay tal cosa como un futbolista naturalmente propenso a las lesiones; todos los percances son prevenibles.

Owen y Fowler fueron parte de una generación de futbolistas que creció sin programas de nutrición. En el Sporting de Lisboa, como se comentó, cada jugador tiene un programa de dieta desde una temprana edad. "Alguien solo tiene que educar a tus jugadores sobre qué es lo que pueden meter en sus cuerpos —dice Nico—.

Una amiga mía trabaja con los New York Giants, los New York Red Bulls y el AS Monaco. Ella intenta involucrar a los familiares y a las novias de los deportistas. Con eso crean un flujo que lo hace más fácil para ellos. Y es más fácil pelear contra los conceptos erróneos. Necesitas glucosa en tu cuerpo, necesitas productos lácteos porque son una fuente fácil de proteína. Un nutricionista le dijo a un jugador que no comiera berenjena. ¡¿Cuándo se hicieron malos los vegetales?! Hay tantas ideas equivocadas sobre la nutrición, el entrenamiento atlético, la recuperación y otras cosas que siempre tienes que estar capacitado para defender tu posición a través de la ciencia y datos legítimos".

El fútbol, sin embargo, no es como el fútbol americano en términos de variaciones en los tipos de cuerpos. En el fútbol, la mayoría de las posiciones son lo suficientemente similares para asegurar que el entrenamiento de aptitud física pueda ser universal: "Por supuesto, si un jugador tiene una carencia en su nivel, necesitará hacer un esfuerzo extra. Si yo estuviera con el primer equipo, les podría dar a los extremos saltos diferentes a los que les daría a los centrales. Pero no tanto por su posición, sino por su tamaño y sus niveles de capacidad de movimiento. Los únicos chicos para los que replantearía la práctica serían los porteros". Nico trabaja junto con el portero reserva del Bayern, Tom Starke, quien combina el juego con el entrenamiento en la academia. Más temprano, Starke se unió en los rondos con el resto del grupo para mejorar su juego de pies. Él une la filosofía del equipo principal con la academia. Las edades más jóvenes intentan aplicar un modelo de juego de posicionamiento similar al del primer conjunto, construyendo en triángulos en una formación 1-4-1-4-1, lo cual se vincula con la razón por la que Alemania siempre gana. La transición entre el estilo de juego de la academia y el del primer equipo es sencilla, porque son muy similares entre ellos.

*

STARKE MENTALITÄT

La habilidad alemana de sacar victorias con una crueldad de una sola mente es un verdadero oficio. Sin embargo, a pesar de su obvia fortaleza mental y su perfecto uso de la gestión del juego, los germanos, como los españoles hicieron antes, también tienen un camino claro para los futbolistas desde la academia al combinado nacional. Esto significa que, cuando se ponen sus famosas camisetas de blanco y negro por primera vez, la transición ha sido perfecta. Después de su triste desempeño en la Euro 2000, la DFB (la Federación Alemana) y la Bundesliga trabajaron en conjunto para elaborar un plan. Se produjo un programa de desarrollo de talento que capacitó a más entrenadores y jugadores que antes. "El período posterior a la Euro 2000 se trató de cambiar filosofías, así como emplear más entrenadores a tiempo completo y mejorar las instalaciones. La DFB quería alejarse de jugar en líneas rectas y confiar en 'la mentalidad alemana' para ganar partidos", escribió *The Guardian*.

El camino de abajo es el del Bayern Múnich, el proveedor principal de jugadores para el seleccionado nacional, y refleja el proceso que vio al Barcelona asistir a España en su victoria de la Copa Mundial 2010 y al Sporting de Lisboa ayudar a Portugal en la Eurocopa de 2016.

1. Un niño joven se une a la academia por primera vez con ocho o nueve años.

2. Se le enseña un estilo de fútbol que está sincronizado desde las edades básicas hasta las mayores.

3. Cuando firma un contrato profesional con 17 años, es colocado en un equipo "B", un peldaño entre el fútbol juvenil y el *senior* con demandas competitivas.

4. Desde el conjunto B, se une al grupo del primer equipo. El primer equipo juega el mismo estilo que el B y la academia, haciendo más fácil su transición.

5. El estilo de fútbol del primer equipo es el mismo que el del seleccionado nacional.

6. Se une al combinado nacional y es completamente consciente de sus roles y requerimientos en la formación, y ha dominado su posición en el campo.

7. El seleccionado nacional normalmente está hecho de futbolistas con los que ha jugado a nivel club por muchos años. Entienden cómo juega el otro a través de la comunicación no verbal.[42]

Tomemos a Andrés Iniesta. En su primera sesión de entrenamiento para el Barça, a los 16 años, caminó 100 yardas desde La Masia a donde se reunía el primer equipo. En las puertas de seguridad fue saludado por Luis Enrique y presentado al capitán Pep Guardiola, compañeros en ese momento que luego se convertirían en sus entrenadores. Fue capaz de progresar tan fácilmente porque el estilo estaba sincronizado. Con los otros jóvenes con los que compartía lugar —Gerard Piqué, Cesc Fàbregas, Víctor Valdés y Pepe Reina— ganó la Copa del Mundo.

En Gran Bretaña, las academias tienen diferentes ideas con respecto a los tipos de jugadores que desean reclutar, así como en su enfoque hacia el desarrollo de ellos. Las distintas Federaciones de Fútbol imparten cursos e inspeccionan las divisiones inferiores, pero son cuerpos autónomos que pueden crear su propio programa de desarrollo. La DFB de Alemania, sin embargo, como se explicará luego en el capítulo de "Renania del Norte-Westfalia", envuelve a cada joven futbolista en el país.

Se discutió con Nico cómo, continuando con el fútbol de academias en Gran Bretaña, no hay un peldaño obvio entre el fútbol juvenil y el *senior* para un jugador, aparte de una temporada a préstamo en un ambiente no familiar que puede potencialmente sofocar la progresión. Si un jugador joven logra llegar, afortunadamente, al conjunto principal, rara vez ese equipo juega el mismo estilo que la academia. Tal es la mentalidad de supervivencia a corto plazo de los entrenadores en Gran Bretaña: son más reactivos que proactivos. Y si tal vez los estilos a nivel juvenil y mayor son los mismos,

---

42 Ruesch, J. and Kees, W., 1982. *Nonverbal communication (Vol. 139)*. University of California Press.

eso no es suficiente para beneficiar al combinado nacional, ya que ningún club de la Premier League, por ejemplo, está verdaderamente armado a partir de su cosecha propia. A nivel nacional, no hay dos equipos de la Premier League que jueguen el mismo estilo (algunos son similares, pero no exactamente iguales), terminando en un desajuste de la progresión. Dentro de todo, cuando un joven llega al seleccionado, es un extraño para sus compañeros y para el estilo. Rinus Michels explicaba que la construcción de un grupo es más que una cohesión social: es un proceso para desarrollar una metodología clara o un modelo de juego. En Gran Bretaña, debido a distintas campañas, un método fluido no es siempre evidente.

Para hacer que una bombilla se encienda usando un circuito eléctrico, todos los interruptores deben estar "abiertos", asegurando que el paso no se interrumpa. Para tener un equipo nacional exitoso, el difícil sendero que los jugadores navegan debe estar abierto. Tristemente, a nivel nacional, la mayoría de los pasos desde la academia hasta el combinado nacional están "cerrados" y el juego británico se mantiene oscuro. A modo de contraste, las asociaciones de Alemania y España trabajan junto con sus clubes. "Tenemos una 'estrategia de fidelidad' que asegura que el 77% de los jugadores de La Liga sean capaces de jugar para el seleccionado", dijo el presidente de La Liga, José Luis Astiazarán sobre su plan de diez años.

Ellos juegan un estilo de fútbol similar en sus Ligas nacionales —presión alta con rápidos cambios de posesión—, que se refleja en el estilo de juego de su combinado nacional. Además, el camino que toman los jugadores jóvenes, sea en el Valencia o en el Schalke, está "abierto" y es en su mayoría similar al de sus rivales nacionales. Siete graduados de La Masia del Barcelona se presentaron en la final del Mundial 2010, mientras que siete del Bayern Múnich (incluido el saliente Toni Kroos) se presentaron para Alemania en 2014; lo más destacado pasó por el trío de cosecha propia de Lahm, Müller y Schweinsteiger. En ese escuadrón ganador alemán, seis jugadores (Neuer, Höwedes, Boateng, Hummels, Khedira y Özil) habían jugado juntos en la Eurocopa Sub-21 de 2009, venciendo a Inglaterra en la final por 4-0 (del combinado británico, solo James

Milner iría a Brasil cinco años después). La plantilla de Alemania tenía cinco años jugando en conjunto, perfeccionando las relaciones en el campo y ensayando el ataque posicional; mientras, Inglaterra persistía en llevar a extraños a tierras extrañas.

*

Cuando salimos, las multitudes que estaban esperando se habían dispersado. Los aspersores comenzaron a mojar el campo y el anochecer se asentó. Lucía como la mayoría de los complejos, pero se sentía diferente. Lo que resulta especial sobre el Bayern, lo que los hace únicos tanto en Europa como en Alemania, más que sus pioneros trabajos físicos y su camino abierto para los jóvenes, son sus estándares impecablemente altos. Nico no romantizó la pregunta cuando le consulté sobre su unicidad y fue directamente alemán en su respuesta: "La cosa más grande que es única aquí es que todos los días camino pasando por donde está el primer equipo y veo lo duro que trabajan cuando Müller, Lahm y el equipo están ahí afuera. En una de sus primeras prácticas después de la Copa del Mundo, los jugadores se entrenaron al 100%. Cuando un futbolista hacía un mal pase, otros le gritaban porque ese no era el estándar que tenemos aquí". Los conjuntos más grandes en la historia, desde el Ajax en la década de 1970 hasta el Milan en los 80 y el Manchester United en los 90, todos compartían el hilo común de tener una mentalidad ejemplar. Eso, a pesar de todo el estudio del mundo, no puede ser aprendido. Eso tiene que vivirse.

Desde entonces, Nico ha progresado a un rol con mayor responsabilidad con los vecinos bávaros del Bayern, el Augsburgo.

CAPÍTULO 13

ALAS DE CAMBIO: EL RED BULL SALZBURGO

"Cómo odio a Salzburgo —le escribió Mozart desde París a un amigo en 1778—. No pasa nada musicalmente. ¡No hay teatro! ¡No hay ópera!". La gran ironía ahora es que Salzburgo lo ama mucho. Unos 480 556 turistas visitaron el lugar de su nacimiento en 2014. Su música aparece de manera fantasmal entre los adoquines de Altstadt, el viejo pueblo, donde su cara luce en todas las tiendas de regalos. Mozart anhelaba dejar la ciudad y la usó solo como una base a la que podía volver después de viajar por el continente en su juventud. Su padre, Leopold, llevó al niño prodigio a las cortes imperiales de Praga, Viena, Londres, Baviera, Francia e Italia, presentando su talento a los nobles con la esperanza de ganar algo. Para Mozart, Salzburgo no sería más que un peldaño en su camino a la grandeza.

Pero eso era entonces. La ciudad ahora es maravillosa. Su belleza es natural; un terreno plano verde encerrado por los Alpes. El viaje hasta ahí desde Múnich ofrecía varias horas de fotografías de postal. Al inicio, en Baviera, árboles negros y altos se reunían alrededor de grandes casas de madera, e incluso aunque estuvieran aislados de la sociedad cotidiana seguían presumiendo banderas del FC Bayern en grandes postes. Los trenes de Múnich a Salzbur-

go salen en cada hora del día. Hay señales de tránsito para cada respectiva ciudad; tal es su cercanía. Desde las afueras de Baviera, los Alpes pueden ser vistos a la distancia, casi irreales, como una pintura a la que nunca puedes llegar. Sin embargo, eventualmente los pasas, llegando a lagos, tierras forestales y castillos distantes en el camino. Escenarios de cuentos de hadas.

La historia del residente de la ciudad Dietrich Mateschitz es como de un cuento de hadas. A los 38, era director de una pequeña compañía alemana de pasta dental: a los 60, el hombre más rico de Austria y más allá. Su compañía, Red Bull, creció hasta ser vista en todos lados como la cara de los deportes extremos y las carreras, tanto en tierra como en el aire —incluso patrocinaron el salto desde el espacio del local Felix Baumgartner—. Mateschitz trabaja desde la base de su empresa "Hangar-7" (una colección de bares y restaurantes rodeados por aeroplanos históricos) en las afueras de Salzburgo. Desde ahí, Red Bull orquesta la dirección de sus clubes de fútbol por todo el mundo.

HISTORIA

Mateschitz es una persona reservada: "Los eventos sociales son el gasto de tiempo con menos sentido". Uno simplemente no puede imaginarlo participando en las trivialidades de la escena de Salzburgo. Sin embargo, con un amigo, la superestrella alemana Franz Beckenbauer, otro residente de la ciudad, hablaba a menudo sobre el poder del fútbol como espectáculo y como empresa comercial. Con el tiempo, Mateschitz convenció a Beckenbauer de ayudarlo en las inversiones de la compañía en clubes de fútbol, y en 2005 Red Bull compró al SV Austria Salzburg.

"Esto no tuvo nada que ver con pasión, alegría o un comienzo de neurosis —razonó Mateschitz—. En todo lo que hacemos debemos distinguir entre las actividades de la marca y yo como persona". Entrar en el fútbol no fue, explicó, un capricho personal, sino una idea para hacer crecer a Red Bull. Su amigo Beckenbauer le dijo a la prensa alemana cómo "el Salzburg es un gigante durmiente" y usó sus contactos para convencer a Giovanni Trapattoni y Lothar

Matthäus, favoritos del Bayern Múnich, para que administraran el recién renombrado Red Bull Salzburg.[43]

La adquisición fue diferente a las del Chelsea, el Manchester City y el PSG. Inicialmente no hubo un gasto excesivo, sino que fue implementado un plan de negocios más minucioso. "Estaría mal comprar un conjunto de mercenarios —dijo Mateschitz—. El tiempo y el crecimiento natural del equipo es más importante que un presupuesto astronómico y nombres deslumbrantes". No atrajeron nuevos fanáticos a su marca al sobrecargar al Salzburg con futbolistas famosos del pasado (como hizo la Premier League de India en el 2014, cuando llegaron David Trezeguet, Roberto Carlos, Nicolas Anelka y Lúcio), sino que hicieron compras calculadas de talentos poco conocidos.[44]

El exdirector deportivo Ralf Rangnick le dijo a una audiencia con trajes cuál es el enfoque orgánico de Red Bull para las transferencias: "La diferencia entre nosotros y otros clubes es que, en primer lugar, cuando fichamos u observamos jugadores estamos pescando en un estanque pequeño, ya que estamos interesados solamente en futbolistas de entre 17 y 23 años de edad. Nuestra política de transferencias es firmar profesionales que están solo, tal vez, en el segundo contrato de sus vidas y quieren desarrollar su carrera

---

43   Compraron clubes en Nueva York (2006), São Paulo (2007), Leipzig (2007) y Sogakope (2008).

44   Un trato controvertido rodeó la adquisición y el subsecuente cambio de identidad del SV Austria Salzburg (nombre, escudo y colores). Se reformaron ese año como un club fénix, comenzando en la Séptima División de Austria. Al momento de mi visita, la hostilidad había disminuido, ya que las dos empresas llegaron a reconocer sus predicamentos. El SV Austria Salzburg es propiedad de los fans y usa su posición como una fuerza para el bien, con campañas y voluntariados para iniciativas en Gambia y otros lugares. Cuando la crisis de refugiados estaba en su momento más difícil en 2015, el club abrió sus puertas y entregó comida, agua y otros elementos esenciales a los inmigrantes de paso. Como una institución propiedad de los fans, los que apoyan tienen asegurado que el futuro está en sus manos, de manera similar al FC United y el AFC Wimbledon, sabiendo que nunca más serían explotados comercialmente. Existe desdén por Red Bull, pero no una enemistad ciega. Después de todo, 13 000 fanáticos regulares del Salzburg decidieron quedarse y apoyar al Red Bull Salzburg, satisfechos con la dirección del club y el éxito instantáneo entregado.

paso a paso, y si tienes la oferta correcta tienes que dejarlos ir y tener otros jugadores en camino".[45]

NOMBRE	DE	POR	PARA	POR
Alan	Desp. Brasil	£2 980 000	Guangzhou	£9 440 000
Kevin Kampl	Aalen	£2 550 000	Dortmund	£10 200 000
Sadio Mané	Metz	£3 400 000	Southampton	£12 750 000
Peter Gulasci	Liverpool	£0	RB Leipzig	£2 550 000
Stefan Ilsanker	Mattersburg	£0	RB Leipzig	£2 550 000
Bernardo	RB Brasil	£0	RB Leipzig	£5 100 000
M. Hinteregger	La Academia	£0	Augsburg	£5 950 000
Naby Keïta	Istres	£1 280 000	RB Leipzig	£12 750 000
	TOTAL	£10 210 000	TOTAL	£61 290 000

Se convirtió en una estrategia a largo plazo alineada con la paciencia de la ciudad. A través del fútbol, Mateschitz sintió que podía sumar al perfil de Salzburgo al tiempo que se aseguraba que Red Bull se beneficiara. Cabe la aclaración de que mientras las ventas de arriba al RB Leipzig permiten entender el valor de los jugadores, no son especialmente reveladoras, ya que Red Bull es propietaria de ambos clubes y lo más probable es que vea las transferencias entre los dos como una manera de mover las finanzas.

---

45   Conferencia International Football Arena, 2014

EL ENFOQUE

Tal vez debido a su localización a la sombra de los Alpes —un lugar de aire pacífico—, la mentalidad de ver a Salzburgo como un lugar desde donde los hombres progresan se ha mantenido desde los días de Mozart. ¿Qué yace al otro lado? Una especie de trampolín. Red Bull, en vez de resistir inútilmente, va con esa mentalidad. "Les podemos dar la oportunidad de jugar en una liga competitiva contra rivales mayores", dijo Christopher Vivell, el joven y brillante jefe de *scouts*. Red Bull estudia el mercado de transferencias, invierte en futbolistas con potencial, les ofrece una plataforma y los vende. "Los jugadores se pueden adaptar y alcanzar el siguiente escalón".

—¿Exploran en ligas de menor reputación?

—Sí, por supuesto, tenemos un gran departamento de *scouting*. Intentamos conocer todos los mercados que sean interesantes para nosotros. Intentamos usar todas las diferentes posibilidades de *scouting* (en línea, por estadísticas, análisis en video y en vivo, como en la Juventus). Hoy en día hay imágenes de casi todas las divisiones profesionales y todo tipo de datos. Así que queremos estar preparados antes de viajar.

Como la Juve, el Salzburg sabe que es caro viajar para las sensaciones en vivo en el *scouting* y hace lo mejor posible para saber de un jugador antes de comprometerse a observarlo en carne y hueso. Luego atraen futbolistas al club con sus instalaciones de última generación y la competencia regular europea (así como con la posibilidad de esquiar los fines de semana —como se determinó antes, el futbolista moderno prefiere ejercer su oficio en entornos más cosmopolitas que antes—).[46]

---

46   Por lo tanto, no durará mucho para que los jugadores cultos tengan ambiciones de jugar allí. La ciudad tiene museos, castillos, catedrales, bares y vida nocturna, todo dentro de sus pequeños confines (tiene 65 kilómetros cuadrados). "Es una buena oportunidad para conocer una cultura distinta", dijo Andre Wisdom de su tiempo en el Red Bull Salzburgo, siendo él un inglés poco común en el extranjero. Las construcciones en la vieja ciudad son finos homenajes de la forma de arte arquitectónica. Han sido considerados cuidadosamente, de estilo barroco con salas de mármol. Hay un largoplacismo para ellos, para la ciudad y ahora, de hecho, para su club de fútbol.

—El término "Moneyball" es a menudo usado en el reclutamiento. ¿Usan estadísticas cuando están fichando a un jugador?

—Siempre, intentamos hacer todo. Queremos estar más preparados y ser más rápidos que nuestros adversarios. Tenemos que conocer a los jugadores jóvenes de todo el mundo. Tienes que estar siempre activo cuando estás buscando.

Las estadísticas analizadas incluyen pases exitosos hacia delante, ingresos en el último tercio, duelos aéreos ganados, porcentajes de conversión y una variedad de otros datos principales de posición que identifican talentos aspirantes y con dedicación.

El libro *Moneyball* de Michael Lewis habla de cómo el gerente general Billy Beane hizo que los Oakland Athletics (conjunto de béisbol) pasaran de ser un equipo pobre y por debajo del promedio a uno ganador, a través de una revolucionaria política de reclutamiento. Identificaron y matricularon jugadores basados en sus estadísticas principales subyacentes, como los bateos y el promedio de bases ganadas, en vez de adherirse al enfoque tradicional y diplomático de "observar y comentar".

Muchos de sus reclutamientos eran oscuros; incluso Scott Hatteberg, el veterano *catcher* cuyas estadísticas lo identificaban como un reemplazo ideal para el MVP que se iba, Jason Giambi, no podía creer que los Athletics estuvieran tan interesados en él. Sus datos indicaban que él podría convertirse potencialmente en un buen primera base, así que fue mantenido y convertido, justificando luego la adquisición con 49 jonrones. El *scouting* pasó de centrarse en hombres viejos alrededor de una mesa a hacerlo en estudiantes de Harvard en sus computadores. Había, por supuesto, una amargura instantánea, una que acompaña la mayoría de las formas de cambio. Los *scouts* tradicionales perseguían a los "nerds" de una manera similar que la Iglesia a Galileo. Lo nuevo da miedo y, por lo tanto, debe estar mal. Pero el deporte evoluciona junto con los avances tecnológicos en la sociedad. La idea de la *Moneyball* vendría a ser considerada transferible a una infinidad de deportes, incluyendo el fútbol, y generó un mayor interés en la analítica.

Pero su asociación con el fútbol es ambigua. Un número considerable de periodistas hizo referencia a este método al describir a los jugadores comprados a un bajo precio. Otros lo hicieron al comentar el uso de las estadísticas en el reclutamiento de atletas. Ambos ejemplos son en su mayor parte acertados. Pero hay varios mitos anclados a la relación del *Moneyball* con el fútbol. Primero, el reclutamiento en el béisbol involucra intercambios de jugadores, no tarifas de transferencias. No hay una compra de precio reducido de cinco millones de libras en el béisbol hecha por debajo de un valor esperado. Segundo, la cuantificación de los futbolistas no fue concebida con el lanzamiento de *Moneyball*. En varios clubes, los paradigmas de largo plazo ya estaban implantados y eran consultados al momento de incorporar, años antes de que el libro fuera escrito. En otras palabras, su efecto no fue tan influyente en el fútbol como lo fue en otras actividades. A pesar de eso, su popularidad dio luz a un mayor interés por el análisis estadístico en el deporte más popular del mundo. La idea detrás de *Moneyball* no es usar estadísticas para identificar atletas. En cambio, se trata de utilizarlas para encontrar un Hatteberg, un jugador infravalorado en el mercado que no está siendo usado efectivamente.

Para el Red Bull Salzburg, el delantero catalán Jonathan Soriano —que estaba estancado en el equipo B del Barcelona— demostraría ser su Hatteberg, atrayendo las miradas en el continente por su desempeño durante la campaña 2013/14 de la Europa League. El interés llegó a su pico después de la victoria del conjunto austriaco con un 6-1 global sobre el Ajax. La presión alta del Red Bull Salzburg estaba tan estructurada que a Daley Blind y Mike van der Hoorn del Ajax, jugadores con confianza cuando tienen el balón, les permitían mantener la posesión, pero cuando pasaban la pelota hacia el centro o a cualquier lateral, el Salzburg los forzaba a entrar en una trampa de presión. Creció la frustración del Ajax y perdió su compostura, intentando sobrecompensar en otras áreas. Para el tercer gol del Salzburg, Soriano picó el balón por encima de Jasper Cillessen, futuro portero del Barcelona, desde la línea media.

Fue una temporada definitoria de descubrimiento para el Red Bull Salzburg, hecha posible por la filosofía de Ralf Rangnick (ahora

del RB Leipzig), contratado por Red Bull para crear una identidad de juego más clara para cada club de la empresa. Cuando Mateschitz lo llamó, el RB Salzburg tenía una edad promedio de 29 años en su plantilla. Rangnick le dijo al dueño que el eslogan de la compañía "Red Bull te da alas" está dirigido a gente joven, pero ellos no se pueden identificar con futbolistas más viejos. Cuenta: "Le dije cómo lo desarrollaría (al club), fichando jóvenes y talentosos desconocidos y jugando un fútbol muy ofensivo y de transiciones que se ajusta a la marca de Red Bull".

En retrospectiva, Vivell confirmó: "Toda nuestra filosofía de club es parte de una filosofía de Red Bull, y está basada en la de nuestro antiguo director deportivo, Ralf Rangnick. Todavía continuamos con esa idea basada en un juego rápido, agresivo y compacto, con espíritu de equipo y recuperaciones rápidas. Defendemos colectivamente con rápidos cambios de juego. Es una mentalidad clara que fue formada por Rangnick". Los jugadores firmados son cuidadosamente considerados y deben tener tanto una correcta aptitud mental como las capacidades técnicas para jugar dentro de las pautas de Rangnick. "Si no tiene el carácter para presionar, entonces no será fichado. Pero no siempre llegamos a ver siempre el potencial del futbolista en el entorno en el que se encuentra (tal vez el entrenador le está diciendo que se relaje cuando no tiene la posesión), así que necesitamos usar nuestra imaginación", dijo Vivell.

RALF Y RENE

En su Alemania natal, Ralf Rangnick es considerado un pionero en el desarrollo táctico. "Estaba en la TV a finales de la década de 1990 (probablemente 1999) y estaba ahí con una pizarra de tácticas explicando cómo funcionaban —recordó Tobias Escher, del sitio web de tácticas spielverlagerung.de—. Fue un gran escándalo: algunas personas se ofendieron por eso porque creían que el fútbol era un deporte sencillo que no necesitaba complicarse". En Salzburgo, Rangnick encontró un hogar. Las personas allí aprecian las nociones tácticas y el ingenio en general. Cada día, hombres adultos juegan ajedrez en la plaza *Kapitelplatz* en un tablero gigante mientras los turistas fotografían la batalla.

Al norte de la plaza, al lado del pintoresco Río Salzach, está la *Akademie* de Red Bull. Son, sin lugar a dudas, las mejores instalaciones de academia en Austria —con 200 metros de largo; está hecha con madera local—. Para el propietario del club, Mateschitz, es el eje central de una estrategia a largo plazo, la cual fue desarrollada por Rangnick: "El equipo se rejuvenecerá naturalmente, al producir graduados talentosos desde nuestra academia". Vivell coincidía: "Le queremos dar a los jóvenes el desarrollo perfecto. No solo en el fútbol, sino en sus habilidades para la vida. Esto es muy importante para Red Bull. Tenemos la academia perfecta, una de las mejores en Europa. Es bastante nueva". Futuras estrellas de *hockey* y de fútbol comparten una misma escuela de internado y son alentadas a inspirarse entre ellas con una competitividad controlada.

Rene Marić trabaja para el Red Bull Salzburgo como entrenador juvenil y explicó el modelo que recorre toda la instalación: "Se trata de una presión alta con movimientos orientados hacia el balón[47], alta compacidad, defender hacia adelante y no hacia atrás[48], con un gran enfoque en ambas fases de transición y cómo aprovecharlas. Esto se implementa en cada conjunto de la academia, solo de algunas formas. Esto significa que cada técnico puede adaptarlo a las circunstancias (la edad del futbolista, etc.) en formas distintas, como los roles del jugador y patrones específicos, pero los principios siempre se mantienen iguales".

Rene, a principios de su segunda década de edad, es otro miembro de una generación joven de entrenadores de fútbol que disfrutan diseccionando el juego. Trabaja con el Sub-18 y el Sub-19 (también conocido como el equipo de la UEFA Youth League, que en 2017 iluminó el torneo derrotando al PSG por 5-0), y fue con-

---

47 Movimiento orientado al balón significa que el jugador y el equipo deben reajustarse de acuerdo con la posición de la pelota (y su movimiento) cuando no tienen la posesión.

48 Defender hacia adelante significa presionar delante del balón, tanto hacia delante como diagonalmente en cada jugada defensiva. Con esto se evita tener que hacer carreras de recuperación.

tratado debido a su conocimiento táctico. Sin embargo, el modelo de juego que fluye por el club no fue producto solamente de Ralf Rangnick, como subraya Marić, sino también de Helmut Groß y Ernst Tanner: "Hay un montón de detalles que son compartidos en la academia. El modelo realmente le pertenece a Red Bull y hay muchos pensadores/técnicos detrás de él, con cada uno de ellos agregándole sus propios pequeños detalles".

Un entrenador que Rangnick admiraba y que ayudó a reclutar para el club, Roger Schmidt, sumó cosas al modelo, mientras que Ernst Tanner, jefe actual de desarrollo juvenil en el club, ayudó con su producción. Helmut Groß fue alguna vez ingeniero de construcciones. De acuerdo con Paul Campbell, "construía puentes de día y entrenaba equipos *amateur* de noche". Fue Groß, escribió, quien introdujo la defensa enfocada en el balón al fútbol alemán y austriaco. "En 1989, Groß tomó el cargo sobre la organización juvenil del VfB Stuttgart, sentando las bases para un sistema que desde entonces ha sacado talentos como Mario Gómez, Sami Khedira y Timo Hildebrand". Campbell escribió que Groß era un mejor amigo para Ralf Rangnick y que los dos veían videos del Milan de Sacchi, así que a menudo su reproductor de cintas se estropeaba.[49] Groß aconseja a Red Bull y —junto con Rangnick, Schmidt y Tanner— ha ayudado a desarrollar el modelo que le ha dado fama a Salzburgo más allá de los adoquines de Mozar

---

49   Campbell, P (2015). *The Blizzard – The Football Quarterly*. Sunderland: Blizzard Media Ltd.

CAPÍTULO 14

UNA LECTURA DE DESCANSO: INVIRTIENDO EN POTENCIAL; TRANSFERENCIAS EUROPEAS

"El club elaborará una lista de jugadores que se adapte a (un) cometido en colaboración con el departamento de análisis. Anteriormente, solo eran el entrenador jefe y el presidente quienes compilaban la lista, pero ahora el fútbol es un gran negocio y son tomadas en cuenta muchas consideraciones aparte de simplemente sus desempeños en el campo; como su edad y potencial, el valor de reventa, los ingresos comerciales y esas cosas".

Carlo Ancelotti en su biografía *Liderazgo Tranquilo*[50]

Generar ingresos es el aspecto más determinante del fútbol. Ha sido el caso, posiblemente, desde la construcción de los estadios por los terratenientes en el siglo XIX. Las transferencias son la cara pública de los ingresos y, por lo tanto, mantienen una gran relevancia tanto para los aficionados como para los clubes, especialmente en el contexto de los métodos en el fútbol, habiendo sido usadas

---

50   Ancelotti, C; Brady, C; Forde, M (2016). *Quiet Leadership: Winning Hearts, Minds and Matches*. Gran Bretaña: Portfolio Penguin. 125.

para redefinir la noción de éxito desde la Ley Bosman.[51] Como destaca Ancelotti, en el continente los directores han considerado por muchos años los factores antes mencionados al completar una transferencia. Tomemos las palabras de Ralf Rangnick del capítulo anterior. Todas las entidades consideran la edad, el potencial y el valor de reventa, pero hay varias, como el Red Bull Salzburg, que ponen un gran énfasis en esos factores, activamente definiendo su identidad comercial alrededor de invertir en el potencial. "Solo estamos interesados en jugadores de entre 17 y 23 años de edad —dijo en una conferencia en Zúrich—, y si obtienes la oferta correcta tienes que dejarlos ir y tener otros futbolistas en camino". Este capítulo explorará un grupo similar de clubes conscientes de sí mismos.

"Año tras año venden, compran, forman y buscan valor en el mercado", escribió *The Telegraph* sobre el modelo de transferencias del Southampton en octubre de 2016. Es, escribirían, un enfoque refrescante. También es uno que ha sido aplicado por los clubes del continente desde que la Ley Bosman tomó efecto en la década de 1990, cuando se volvieron más conscientes del valor del futbolista. Como Sæbø y Hvattum hallaron: "Para ayudar a evaluar las inversiones, ayuda (a los clubes) conocer el valor de mercado de los jugadores e identificar las ineficiencias en el precio (de ellos)".[52] En otras palabras, buscan hallar el talento infravalorado. El proceso que describen se aplica a operadores notorios y astutos: el Porto, el Benfica, el Sevilla y el Udinese, por nombrar unos pocos.

Tan común es este enfoque en el mercado del fútbol de riqueza jerárquica (en la cual los clubes comprenden su posición) que merece su propia terminología. Ha sido descrito por numerosas fuentes como Inversión Financiera en Potencial de Crecimiento (FIPG, por sus siglas en inglés) y es definido como "una negativa a gastar más allá de los propios medios, mientras se asegura que se puede obtener una ganancia". Es una descripción decente de "un club de ventas" y por facilidad será usado en este capítulo.

---

51   Kranz, A (1998). *The Bosman Case: The Relationship between European Union Law and the Transfer System in European Football.*

52   Sæbø, O. & Hvattum, L. (2015) *Evaluating the efficiency of the association football transfer market using regression-based player ratings. Molde.*

En años recientes ha habido un incremento en los estudios relacionados con las transferencias, especialmente sobre la importancia de las entidades que las hacen bien. "Las inversiones de fichajes son mostradas para tener un impacto bastante significativo y positivo en los puntos por partido en Liga"[53] Rohde y Breuer 2016. "El auge de la popularidad y el interés financiero en el fútbol pone una mayor presión en los clubes profesionales para invertir sabiamente en su factor de competencia principal: los jugadores", Sæbø y Hvattum 2015. Rodrigues (2016) concluye: "(En las cinco grandes Ligas de Europa) la demanda de futbolistas de calidad es alta y la competencia para obtenerlos resulta feroz".[54] Todo esto contrasta directamente con la mentalidad de los miembros de las juntas y dueños de acciones en una época previa, cuando creían que las pérdidas ocurrirían naturalmente; no vendían en el momento correcto y dependían de los patrocinadores para rescatarlos.

Hoy en día los funcionarios de los clubes han desarrollado un mayor grado de autoconsciencia. Los académicos alemanes Sybille Frank y Silke Steets escribieron en 2010 acerca de la jerarquía de la riqueza y la migración del talento a una industria transnacional. "Hay muchos clubes —reconocieron— que confían en futbolistas nacionales, en su mayoría jóvenes aspirantes a talentos que se complementan con jugadores del extranjero, y para quienes estos clubes son con frecuencia un trampolín hacia una mejor carrera". Es, como ellos destacaron, un acuerdo mutuo entre jugador y club que abraza una "identidad de trampolín".[55] El internacional francés Lassana Diarra confirmó esa mentalidad cuando firmó por el Portsmouth con 23 años. Sus comentarios en su presentación ante la prensa británico fueron:

---

53   Rohde, M. & Breuer, C. (2016). *Europe's Elite Football: Financial Growth, Sporting Success, Transfer Investment, and Private Majority Investors. Int. J. Financial Stud.* 16 (4), 12.

54   Rodrigues, P.M.M., (2016). *Football players' transfer price determination based on performance in the Big 5 European leagues* (Disertación doctoral, NOVA–Escuela de Negocios y Economía).

55   Frank, S. & Steets, S (2010). *Stadium Worlds: Football, Space and the Built Environment. Gran Bretaña: Routledge.*

- "La gente en el Portsmouth sabe que no voy a pasar toda mi vida en este club".

- "Si brillo, si un club realmente grande me quiere, ya sabré que todo irá bien".

- "Realmente quiero pensar acerca de mí, acerca de aquellos que me aprecian".

Él se desempeñó bien, ganó la FA Cup y fue fichado por el Real Madrid por 20 millones de libras. A diferencia del Portsmouth, que estaba cargado de deudas y entró en administración, los clubes en otros lugares han vivido orgánicamente usando el mercado de transferencias para invertir en la trayectoria de jugadores como Diarra. Históricamente, la noción de comprar un futbolista con la intención de venderlo luego no existía. Los clubes, antes de la Ley Bosman, no necesitaban vender; ellos eran los propietarios y conservaban todo el valor. Sin embargo, con la evolución del poder del jugador, los clubes fueron forzados a sacar provecho de los futbolistas como si se trataran de activos de la bolsa de valores antes de que su valor disminuyera y se fueran gratuitamente. La noción de "confianza" es cuestionable ahora. Solo pudo ser en una era de mayor flujo de dinero que el capitalismo basado en activos llegó a cuestionar y redefinir la idea de éxito. Un club ahora puede tenerlo y estar saludable y próspero sin siquiera ganar trofeos. Para los fans eso es rebatible —ellos nunca ven el dinero—, pero para las entidades la ganancia representa el triunfo.

Las siguientes subcategorías son sobre los tipos de transferencias, específicamente la noción de invertir en talento. Buscaré comparar la mentalidad de los clubes dependiendo de su posición jerárquica en un mundo del fútbol motivado financieramente. Tanto si intentan alcanzar el éxito (galardones) como si buscan sacar beneficios (ventas). Geurts (2016) ve las dos ideas como un conflicto de intereses, entre la maximización de las ganancias y la maximización del éxito: "El primero se refiere a un club de fútbol cuya función objetiva está dominada por los beneficios, mientras que el segundo motiva que las instituciones puedan ser dirigidas por el éxito deportivo pendiente de una contracción presupuestaria de cero ganancias". Sin embargo, con el tiempo, actuando astutamente, las entidades pueden eventualmente transformar las ganancias en galardones (vean al Sevilla).[56]

Superclubes
Triunfadores mayores
Triunfadores de término medio
Triunfadores marginales
Formadores de jóvenes
Figura 1: Pirámide de jerarquía de riqueza

Todos los clubes tienen la posibilidad de formar parte del proceso de invertir en potencial (FIPG). Norbäck, Olsson y Persson (2016) explican el proceso como: "El club de guardería (hace) una inversión costosa en la búsqueda y el desarrollo de talento, lo que incrementa la posibilidad de encontrar y ofrecer un jugador estrella. La naturaleza entonces hace aparecer la verdadera calidad del talentoso futbolista", dando lugar a una reventa y la posterior ganancia.[57]

La fase de naturaleza es especialmente clave en la capitalización de potencial. Tomemos la ascendencia de Luis Suárez como ejemplo. Un jugador joven en Nacional Montevideo (valor de mercado de 16,8 millones de libras) que fue comprado por el FC Groningen (valor de mercado de 20,53 millones) por 680 000 libras. A los 20 años de edad se unió al Ajax (valor de mercado de 102,9 millones) por seis millones de libras. Considerando la economía del fútbol neerlandés, ellos retuvieron el valor máximo al vender al Suárez de 24 años al Liverpool (valor de mercado de 329 millones) por 22,7 millones de libras en 2011. En una liga más alta y financieramente mejor, en un club con fuertes capacidades financieras, el rendimiento de Suárez aumentó en la misma trayectoria que su valor. Para 2014 había llegado a su cima y fue comprado por el Barcelona

---

56 La mayoría de las investigaciones sostienen la idea de que los clubes favorecen la maximización del éxito y la inevitable pérdida de ingresos como consecuencia. Por lo tanto, es conmovedor reconocer cómo clubes que buscan ganancias (Atlético, Porto, Sevilla) se las arreglan para llevar esa agenda mientras obtienen galardones.

57 Norbäck, P. Olsson, M. & Persson, L. (2016). *The Emergence of a Market for Football Stars: Talent Development and Competitive Balance in European Football*. Instituto de Investigación de Economía Industrial. 1126

(valor de mercado de 643 millones) por 69 millones de libras. Su carrera es un ejemplo perfecto de Inversión Financiera en Potencial de Crecimiento. Mientras crecía su desempeño en plataformas más valiosas (a través de la fase de naturaleza), también lo hizo su valor y tarifa, generando beneficios para todos los clubes.

1. Invirtiendo en potencial: superclubes

Las entidades que muy conscientemente se posicionan para alcanzar el éxito en el mercado de transferencias son capaces de hacerlo porque en la cima de la cadena alimenticia capitalista siempre hay un propietario dispuesto a gastar excesivamente, sea para llamar la atención o para ejercitar el ego. Roman Abramovich en el Chelsea, Suleyman Kerimov en el Anzhi, Florentino Pérez en el Real Madrid, Nasser Al-Khelaifi en el PSG y Sheikh Mansour en el Manchester City han invertido fuertemente desde 2005. Los empresarios chinos fueron alentados por el presidente Xi Jinping en 2015 a convertir al país en una potencia futbolística adquiriendo activos a cualquier costo. Para esos hombres, ninguna tarifa es muy cara. Crean olas debajo de ellos para que los propietarios de clubes de otros lugares las monten.

Dentro de este ecosistema de clubes y Ligas de ingresos variados, es importante para una institución encontrar su posición. En el *top* están los superclubes, cuyo deber es hacer compras costosas y registrar deudas en la búsqueda del éxito. Están menos dispuestos a invertir en potencial y, en cambio, eligen comprar estrellas ya hechas con talento actual y comercial. El Real Madrid, como el ejemplo más alto de este nivel, rompió el récord mundial por transferencias cinco veces consecutivas al comprar a Luis Figo, Zinedine Zidane, Kaká, Cristiano Ronaldo y Gareth Bale.

Simon Kuper y Stefan Szymanski hallaron en *Soccernomics* que si los dos clubes más grandes de España reajustaban sus prioridades y paraban de gastar en jugadores, entonces esto afectaría negativamente su posición en la Liga: "Si el Barcelona quisiera maximizar los beneficios, tendría que apuntar a terminar decimoquinto en La Liga, porque tendría que recortar sus salarios. Un Real Madrid con fines de lucro debe esperar finalizar en un mero puesto decimoséptimo". Un tema recurrente en *Soccernomics* es que todos los clubes que aspiran al éxito deportivo se endeudan en el camino. Lo hacen de buena gana. Para mantenerse competitivos deben gastar, porque si no lo hacen, propietarios de otros lados lo harán y ellos se quedarán atrás.[58] Ellos son los clubes "motivados por el éxito", la cima de la pirámide capitalista.

Tales superclubes tienen que comprar futbolistas en su valor cumbre y mantenerlos durante sus mejores años de forma. El Barcelona registró una pérdida de 35 millones de euros con Zlatan Ibrahimović en los acuerdos con ambos clubes de Milán (llegó del Inter y se fue al AC). Apenas parpadearon. Su pérdida se compensó con el dinero de premios y los ingresos comerciales, habiendo ganado la Champions League en la temporada anterior y la posterior al trato (15 millones de euros fue el dinero en premios, más acuerdos comerciales de patrocinio estimados por Deloitte en un valor de 244 millones de euros). Podían permitirse hacer mal el trato. El Real Madrid bendijo al fútbol con el primer equipo de los Galácticos que ganó la Champions League en 2002. Financieramente, crecieron como una marca global durante esa etapa, pero al fichar futbolistas en su cumbre tuvieron una pérdida en el mercado de transferencias. A pesar de que los beneficios comerciales compensan, es un enfoque que es poco probable que se dé en el futuro con la introducción del Juego Limpio Financiero.

Aquí hay algunos ejemplos de sus pérdidas en esa época:

---

58 Kuper, S. y Szymanski, S. (2012). *The Worst Businesses in the World.* En: *Soccernomics*. 3º ed. Gran Bretaña: Harper Sport. 74–5.

NOMBRE	DE	POR	PARA	POR
Luis Figo	Barcelona	£37 000 000	Inter Milan	£7 000 000
Zinedine Zidane	Juventus	£62 480 000	Retirado	£0
David Beckham	Manchester Utd	£31 800 000	LA Galaxy	£0
Walter Samuel	AS Roma	£19 550 000	Inter Milan	£15 300 000
Ronaldo	Inter Milan	£38 250 000	AC MIlan	£6 380 000
	TOTAL	£189 080 000	TOTAL	£28 680 000

Pérdida de £160 400 000

Tabla 1 – Aparte de Walter Samuel, todos los jugadores fueron mantenidos durante sus mejores años de forma.

2. FIPG: triunfadores mayores – ejemplos españoles

Las siguientes son las entidades metidas en el medio de las otras escalas de la pirámide. Para ellos, el trabajo es invertir en jugadores que han mostrado consistentemente niveles de mejora y que tienen un potencial natural para alcanzar el nivel de superclub. Compran esos futbolistas (de Ligas de menor valor) con el propósito de desarrollar su estatus como club, pero si las ofertas llegan, están en una fuerte posición de negociación para vendérselos a los conjuntos de la categoría superior (o cualquiera dispuesto a gastar) debido a su estabilidad financiera. Enrique Cerezo, el presidente del Atlético de Madrid, dijo sobre el tema: "El Atlético es un club que compra... Hay equipos que pagan (por jugadores) mucho más y se van... No es un problema que me preocupe. Futbolistas de similares características llegarán y podrían hacer incluso un mejor trabajo".

El Atleti se posa en el límite de convertirse en un superclub, como el séptimo club más valioso en el mundo en 2016 (Deloitte). Sin embargo, antes de que Fernando Torres hiciera su debut, se estaban languideciendo en la Segunda División española. El Niño se convirtió en capitán a los 19 y fue el punto focal de su regreso a

La Liga. Después de su venta al Liverpool en 2007, el presidente del club, Cerezo, fue capaz de implementar una estrategia de inversión en atacantes potencialmente valiosos:

NOMBRE	DE	POR	PARA	POR
Fernando Torres	La academia	£0	Liverpool	£26 000 000
Sergio Agüero	Independiente	£18 500 000	Manchester City	£34 000 000
Radamel Falcao	Porto	£34 000 000	AS Monaco	£37 000 000
Diego Costa	Braga	£1 280 000	Chelsea	£32 300 000
A. Griezmann	Real Sociedad	£25 500 000	*	*
Mario Mandžukić	Bayern Múnich	£18 700 000	Juventus	£16 150 000
Jackson Martínez	Porto	£31 150 000	Guangzhou	£35 700 000
Fernando Torres	AC Milan	£0	*	*

El proceso terminó con el Atlético casi ganando la Champions League dos veces, si no fuera por la riqueza más grande de su vecino más comercial y más impulsado por los gastos, el Real Madrid. Coherentemente, es improbable hoy en día que el torneo sea ganado por el Estrella Roja de Belgrado, un *outsider*, como lo fue en 1991 cuando ellos sobrepasaron paradigmas predeterminados como: "Tener menos dinero quiere decir que no puedes ganar". Después de ese triunfo yugoslavo, se convirtió en verdad que los clubes ricos generalmente están más encaminados al éxito que los más pobres. Sin embargo, el FIPG les permite a las entidades más pobres convertirse en más ricas con el tiempo y, por lo tanto, tener más probabilidades de triunfar. El Sevilla es un ejemplo de esto y otra historia española de un paso de la pobreza a la riqueza, pasando de ser un club de estibadores andaluces a la sombra de sus vecinos, el Real Betis, a convertirse en el ganador más frecuente

de la Europa League y en el primer equipo en ganar un trofeo europeo tres años seguidos desde el Bayern Múnich de Beckenbauer de 1974 a 1976.

El arquitecto de la era dorada del Sevilla no fue un solo entrenador o un jugador, sino un director deportivo. Monchi asumió el papel en el 2000 mientras el club se movía entre deudas y el descenso. Él explicó su proceso: "Una serie de Ligas son cubiertas por 16 personas. Por los primeros cinco meses vimos mucho fútbol, pero sin un objetivo en particular: solo estábamos acumulando datos. Cada mes producimos un 11 ideal para cada Liga. Entonces, en diciembre, comenzamos a mirar en diferentes contextos (en casa, fuera, internacionales) a jugadores que aparecían regularmente para construir un perfil lo más amplio posible (cada temporada, Monchi construye una base de datos de más de 200 objetivos potenciales). Si el jugador dice: 'El Chelsea me quiere', yo digo: '¿Entonces para qué me estás hablando a mí?'. Pero si el Swansea o el Tottenham te quieren, hablemos". Está completamente consciente del nivel jerárquico del Sevilla. Algunos de sus tratos más rentables son los listados abajo:

NOMBRE	DE	POR	PARA	POR
Christian Poulsen	Schalke	£0	Juventus	£8 290 000
Seydou Keita	Lens	£3 400 000	Barcelona	£11 900 000
Dani Alves	Bahia	£468 000	Barcelona	£30 180 000
Adriano	Coritiba	£1 790 000	Barcelona	£8 080 000
Gary Medel	U. Católica	£2 550 000	Cardiff	£11 050 000
G. Kondogbia	Lens	£3 400 000	AS Monaco	£17 000 000
Jesús Navas	La academia	£0	Manchester City	£17 000 000
Álvaro Negredo	Real Madrid	£12 750 000	Manchester City	£21 250 000

NOMBRE	DE	POR	PARA	POR
Federico Fazio	Ferro	£680 000	Tottenham	£8 500 000
Ivan Rakitić	Schalke	£2 130 000	Barcelona	£15 300 000
Alberto Moreno	La academia	£0	Liverpool	£15 300 000
Aleix Vidal	Almería	£2 550 000	Barcelona	£14 450 000
Carlos Bacca	Club Brugge	£5 950 000	AC Milan	£25 500 000
Kévin Gameiro	PSG	£6 380 000	Atlético	£27 200 000
G. Krychowiak	Stade de Reims	£4 600 000	PSG	£28 560 000
	TOTAL	£46 648 000	TOTAL	£259 560 000

Fichar a un jugador que no sea capaz de adaptarse es un problema arraigado a cualquier transferencia. Clubes inteligentes, como el Barcelona, identifican los objetivos a incorporar desde un ambiente que juegue el mismo estilo que ellos; para este ejemplo, el Sevilla, a quien le compraron a Keita, Alves, Adriano, Rakitić y Vidal. Crear cohesión debe ser el objetivo de todas las compras.

3. Fíchalos jóvenes

Los explotadores más notorios del mercado de las transferencias son el Porto y el Benfica. Portugal es una bienvenida para los jugadores de América que buscan asentarse en Europa. Culturalmente se convierte en un paso intermedio agradable, con su clima caliente y su atmósfera tranquila, especialmente en Lisboa, y gracias a la casi inexistente regulación en permisos de trabajo para los futbolistas extranjeros (que no se halla en otros lugares), así como a la presencia de acuerdos de propiedad de terceros al mismo tiempo. Por eso el Porto y el Benfica han sido capaces de fichar en todo el mundo. Los clubes españoles solo pueden tener a tres jugadores que no sean de la Unión Europea al mismo tiempo. Los

italianos solo pueden incorporar uno por temporada. Para la Premier League hay permisos de trabajo. Sin embargo, en Portugal no hay tales regulaciones. Una vez dentro del país, los futbolistas pueden aplicar por un pasaporte de la Unión Europea como anticipación a su siguiente movimiento.

Ejemplo 1: Porto

Seixo Alvo es una plaza somnolienta donde el ritmo de la vida está marcado por lentos gatos. Hay una parada de autobuses, una panadería y una barbería. También es el hogar del PortoGaia, el complejo que visité en febrero. Al sonar a la distancia las campanas de la iglesia por el mediodía, los señores mayores en las barberías se volteaban hacia la ventana y veían pasar los grandes coches deportivos. "Ahí va Casillas", señaló un hombre. "No, ese era Héctor (Herrera, el mexicano). ¡Estás ciego!", respondió otro. Desde que el PortoGaia abrió el camino en 2002, los ancianos han visto muchos automóviles pasar por la plaza: de Falcao, de Hulk, de James Rodríguez, de Pepe y de Carvalho, por nombrar unos pocos.

El frente de la barbería y, de hecho, los frentes de la mayoría de las casas y las iglesias en Oporto se ven como si estuvieran hechos de fina porcelana azul, con miles de baldosas formando sus fachadas —una idea arquitectónica que fue tomada de Brasil en el siglo XIX—. Esta es la ciudad donde comienza Portugal. Su puerto fue usado por el rey para explorar América. Oporto naturalmente tiene una fuerte historia de reclutamientos desde Brasil, reflejada en la actualidad en su club de fútbol.

A través de los regímenes de entrenamiento de la periodización táctica, los jugadores se desarrollan hasta llegar cerca de su máximo potencial antes de ser vendidos a mercados más ricos. El director del Porto, Antero Henrique, explicó hace varios años que el club tiene más de 300 *scouts* alrededor del mundo trabajando en varios niveles jerárquicos; ellos ayudan a formar un "equipo en las sombras" de jugadores listos para ser fichados una vez que se haya vendido a un titular.

Tom Kundert, de la revista *World Soccer*, me habló acerca de la estrategia del FC Porto, de construir un equipo para vender. "Los fichan desde Sudamérica, jóvenes y talentosos, los desarrollan hasta ser futbolistas de clase mundial, obtienen un gran servicio de ellos y los venden con un enorme beneficio. Demandan tarifas altas porque se han construido una reputación de tener jugadores de calidad, así que el monto está ahí porque sabes que estás comprando lo mejor en el mercado". El autor John le Carré una vez escribió que mientras más cara es una pintura, independientemente de su calidad, menos inclinado estará el comprador a dudar de su autenticidad. En otras palabras, debe costar tanto por una razón. La idea se aplica al fútbol. Algunas entidades gastan excesivamente de manera voluntaria en las estrellas del Porto porque vienen con una supuesta garantía. Pero ningún futbolista es un encaje asegurado y ninguna pintura ofrece una ganancia de reventa cierta.

La de abajo es una tabla que muestra las ventas de más de diez millones de libras del conjunto del norte del país desde el triunfo de la Champions League en 2004 (hasta 2017). Casi la mitad de los jugadores vendidos eran representados por Jorge Mendes, el expropietario de clubes nocturnos, con siete de los primeros ocho futbolistas siendo locales. A medida que el juego se fue haciendo más globalizado, el tipo de jugador comprado y vendido dejó de ser portugués; desde 2009 solo tres de los 16 "exportados" fueron de la nación. La mayoría eran traídos desde América.

NOMBRE	COSTO	DE	PARA	AÑO	POR	EDAD
Ricardo Carvalho	N/a	Porto B	Chelsea	2004	£22 500 000	26
Deco	£6 000 000	Benfica SLB	Barcelona	2004	£15 750 000	26
Paulo Ferreira	£1 500 000	Vítoria	Chelsea	2004	£15 000 000	24
Maniche	£0	Benfica	Dinamo Moscow	2005	£12 000 000	26
Anderson	£3 750 000	Grêmio	Manchester Utd	2007	£26 630 000	18
Pepe	£1 500 000	Marítimo	Real Madrid	2007	£22 500 000	23

NOMBRE	COSTO	DE	PARA	AÑO	POR	EDAD
Quaresma	£4 500 000	FC Barcelona	Internazionale	2008	£18 450 000	24
José Bosingwa	£750 000	Boavista	Chelsea	2008	£15 380 000	25
Lisandro López	£1 730 000	Racing Club	Lyon	2009	£18 000 000	25
Lucho González	£7 700 000	River Plate	Marseille	2009	£14 250 000	27
Aly Cissokho	£225 000	Vítoria	Lyon	2009	£12 150 000	21
Bruno Alves	£750 000	AEK Athens	Zenit	2010	£16 500 000	28
Raul Meireles	£0	Boavista	Liverpool	2010	£10 000 000	26
Falcao	£4 070 000	River Plate	Atlético	2011	£30 000 000	24
Hulk	£14 250 000	Tokyo Verdy	Zenit	2012	£41 100 000	26
James Rodríguez	£1 880 000	Banfield	Monaco	2013	£33 750 000	21
João Moutinho	£8 250 000	Sporting CP	Monaco	2013	£18 750 000	26
Eliaquim Mangala	£5 000 000	Standard	Manchester City	2014	£30 000 000	23
Fernando	£540 000	Vila Nova	Manchester City	2014	£11 250 000	26
Juan Iturbe	£3 000 000	Quilmes	Hellas Verona	2014	£11 250 000	20
Jackson Martínez	£6 670 000	Jaguares	Atlético	2015	£27 830 000	28
Danilo	£9 750 000	Santos	Real Madrid	2015	£23 650 000	23
Alex Sandro	£7 200 000	Maldonado	Juventus	2015	£19 500 000	24
Giannelli Imbula	£15 000 000	Marseille	Stoke City	2016	£18 190 000	23
TOTAL	**£104 015 000**		**TOTAL**		**£476 130 000**	

El promedio de edad de los jugadores al venderse es de 24,3 años. Mientras los jugadores envejecen, se vuelven menos valiosos, naturalmente. Una de las razones de por qué el Porto alcanza tales tarifas tan altas es porque se han presentado en la fase de grupos en los últimos 22 torneos de la Champions League de manera consecutiva —igualados solo por el Real Madrid y el Barcelona (2017)—. Sin embargo, su compra del portero campeón de la Copa del Mundo de 34 años, Iker Casillas, del Real Madrid, haciéndolo el jugador mejor pagado en su historia, significó una desviación del FIPG y socavó una década de prosperidad. La edad y el sueldo de Casillas significaban que no tenía potencial de reventa —el Porto estaba atascado con él—. Un año más tarde fueron marcados por funcionarios del Juego Limpio Financiero.

Pero la inversión del presidente José Nuno da Costa, primero en José Mourinho del Leira y luego en André Villas-Boas del Académica, ambos habiendo sido exmiembros del personal de Porto, es una de las más grandes historias en el fútbol moderno. El complejo PortoGaia es un punto de referencia de su liderazgo como presidente. Cuando llegó al club como director de fútbol en 1976, el rival local Boavista era más atractivo para los futbolistas. Ese año el Porto tenía solo cinco títulos de Liga, el último logrado 17 años atrás, en 1959. En esa función y después como presidente, creó una dinastía —entre su llegada en 1976 y 2016, el club amasó otros 27 títulos de Liga y dos Copas de Europa—.

Ejemplo 2: Benfica

Las Águilas Gloriosas, como un club en medio del desierto sin invertir en compras ni en su academia, casi pierden su identidad después del cambio de milenio. En 2010, sin embargo, comenzaron a copiar el modelo de FIPG del Porto, usando las ganancias generadas para mejorar sus instalaciones (descritas antes). Después adoptaron un enfoque liderado por la academia. El presidente, Luis Filipe Vieira, explicó su modelo para reducir la deuda: "Se trata de un paradigma que da oportunidades a nuestros jóvenes para trabajar y crecer con el equipo principal". Tras desarrollarse, son vendidos para obtener ganancias.

NOMBRE	DE	POR	PARA	POR	EDAD
Ramires	Cruzeiro	£6 380 000	Chelsea	£18 700 000	23
David Luiz	Vítoria	£425 000	Chelsea	£21 250 000	23
Ángel Di María	Rosario Central	£6 800 000	Real Madrid	£28 050 000	22
Fábio Coentrão	Rio Ave	£765 000	Real Madrid	£25 500 000	23
Javi García	Real Madrid	£5 950 000	Manchester City	£17 170 000	25
Axel Witsel	Standard	£7 650 000	Zenit	£34 000 000	23
Nemanja Matić	Chelsea	£4 250 000	Chelsea	£21 250 000	25
Bernardo Silva	La academia	£0	AS Monaco	£13 390 000	20
Jan Oblak	Olimpija	£1 450 000	Atlético	£13 600 000	21
Enzo Pérez	Estudiantes	£2 040 000	Valencia	£21 250 000	28
Lazar Marković	Partizan	£8 500 000	Liverpool	£21 250 000	20
João Cancelo	La academia	£0	Valencia	£12 250 000	20
Ivan Cavaleiro	La academia	£0	AS Monaco	£12 750 000	20
André Gomes	La academia	£0	Valencia	£17 000 000	21
Rodrigo Moreno	Real Madrid	£5 000 000	Valencia	£25 000 000	24
Nicolás Gaitán	Boca Juniors	£7 140 000	Atlético	£21 250 000	28
Renato Sanches	La academia	£0	Bayern	£29 750 000	18
	TOTAL	**£56 350 000**	**TOTAL**	**£332 160 000**	

El promedio de edad por venta del Benfica desde 2010 es de 22,5 años, un testimonio más del valor de la juventud.

4. <u>Triunfadores de término medio</u>

Un club de esta escala es consciente de su posición. Sabe que hay menos entidades valiosas debajo desde las cuales fichar y varias más valiosas a las que vender. El Udinese Calcio es el mejor ejemplo de esto. Debería ser un club pequeño, situado en una ciudad cercana a Liubliana de solo 100 000 habitantes. Pero bajo la propiedad de la familia Pozzo se ha transformado en un habitual europeo después de haber sido un pececillo. Lo hizo a través de un *scouting* preciso y de excelentes ventas. Hay 50 *scouts* alrededor del mundo bajo la nómina del Udinese, la mayoría trabajando en Sudamérica, África y Europa del Este; es decir, ambientes económicos. "Nuestro secreto en el mercado de transferencias internacional es simple (o al menos así suena cuando lo dices): tenemos que llegar allí antes que cualquier otro, o al menos antes que los equipos con más dinero y prestigio", explicó el *scout* jefe Andrea Carnevale.

El Udinese firma jóvenes y los retiene de dos formas: o bien los da en préstamo (tienen más futbolistas cedidos que cualquier otro club en Italia) o los vende a sus clubes hermanos. Gino Pozzo, graduado de Harvard, es propietario tanto del Granada en La Liga como del Watford en la Premier League y, por lo tanto, es capaz de triangular jugadores entre equipos.

Un enfoque de FIPG ha sido esencial para el crecimiento en Udinese. Solo el 30% de las ganancias televisivas son redistribuidas en los clubes de la Serie A —la Juventus toma la mayoría del resto—, así que deben ser generadas con otras formas de ingresos. A través de las ventas, produjeron alrededor de 215 millones de libras en una década. Entre 2006 y 2017, en promedio compraron 23,6 jugadores cada temporada. Una vez que se vendía uno, su tarifa era reinvertida en el club. Pozzo gastó 25 millones de libras modernizando el Stadio Friuli para la temporada 2015.

Debajo está cada venta de más de cinco millones de libras (nótese la obscuridad y versatilidad de los clubes con los que hace negocios el Udinese). "(Ellos) construyeron una red de *scouts* al-

rededor del mundo, (que) se enfoca especialmente en jóvenes de naciones de segundo nivel" (*Independent*, 2011).

NOMBRE	DE	POR	PARA	POR
Sulley Muntari	Liberty Ghana	£0	Portsmouth	£8 500 000
Vincenzo Iaquinta	Castel di Sangro	£180 000	Juventus	£9 610 000
Gyan Asamoah	Liberty Ghana	£0	Rennes	£6 800 000
Andrea Dossena	Treviso	£340 000	Liverpool	£7 650 000
Fabio Quagliarella	Sampdoria	£6 210 000	Napoli	£15 300 000
A. Luković	Red Star	£2 300 000	Zenit	£5 950 000
Simone Pepe	Palermo	£2 130 000	Juventus	£6 380 000
Cristián Zapata	Deportivo Cali	£425 000	Villarreal	£7 650 000
Gokhan Inler	FC Zurich	£850 000	Napoli	£15 300 000
Alexis Sánchez	Cobreloa	£2 550 000	Barcelona	£22 100 000
Mauricio Isla	Universidad Católica	£446 000	Juventus	£11 820 000
Samir Handanović	Domzale	£0	Internazionale	£12 750 000
Kwadwo Asamoah	Bellinzona	£850 000	Juventus	£12 750 000
Andrea Candreva	Ternana	£425 000	Lazio	£6 970 000
Mehdi Benatia	Clermont Foot	£0	Roma	£11 480 000
Juan Cuadrado	Medellín	£680 000	Fiorentina	£17 000 000
Matěj Vydra	Matěj Vydra	£2 550 000	Watford	£7 140 000

NOMBRE	DE	POR	PARA	POR
Luis Muriel	Deportivo Cali	£1 280 000	Sampdoria	£8 930 000
A Peñaranda	Dep. La Guaira	£655 000	Watford	£9 000 000
Allan	Granada	£2 550 000	Napoli	£9 780 000
Roberto Pereyra	River Plate	£1 700 000	Juventus	£12 750 000
Nico López	Roma	£3 400 000	Internacional	£7 720 000
Piotr Zielinski	Lubin	£85 000	Napoli	£11 900 000
	TOTAL	£29 606 000	**TOTAL**	£245 230 000

5. <u>Triunfadores marginales: el neerlandés</u>

El valor está en su mayor parte determinado por factores como la fuerza de la Liga, las ganancias televisivas, el valor del club, la deuda y la duración del contrato.[59] Pero independientemente de las limitaciones del nivel, siempre hay beneficios para obtener, no importa qué tan grande o insignificante sea un club. Heerenveen es el pueblo más pequeño que ha llegado a tener un equipo en la Eredivisie. Solo hay 30 000 personas viviendo allí; en su mayoría son granjeros con su propio lenguaje. Deportiva y económicamente, el Heerenveen SC es un especialista en superar las expectativas. Su enfoque de transferencias, junto con el de sus grandes rivales norteños, el FC Groningen (disputan el derbi *van het Noorden*), ha ofrecido consistentes ganancias marginales en la Eredivisie y ha facilitado una reinversión tanto en instalaciones como en mejores jugadores. Es una estrategia a largo plazo que ha tomado muchos años, pero les ha permitido a ambas entidades aumentar su valor de mercado. El rédito por ventas de futbolistas ha sido utilizado en

---

59 Feess, E. and Muehlheusser, G., 2003. "El impacto de las tarifas de transferencia en los deportes profesionales: un análisis del nuevo sistema de transferencias para el fútbol europeo". *The Scandinavian Journal of Economics*, 105(1), pp.139–54.

mejorar el entrenamiento de los jóvenes, expandir su estadio y, por supuesto, un casino para Groningen en el Euroborg. Las mayores ventas del Groningen en la década pasada fueron:

NOMBRE	DE	POR	PARA	POR
Luis Suárez	Nacional	£680 000	Ajax	£6 380 000
Bruno Silva	Danubio	£170 000	Ajax	£3 190 000
Filip Kostić	Radnicki	£1 000 000	Stuttgart	£5 100 000
Virgil van Dijk	Willem II	£0	Celtic	£2 550 000
Dušan Tadić	Vojvodina	£935 000	FC Twente	£4 600 000
Tim Matavz	ND Gorica	£950 000	PSV	£5 950 000
Marcus Berg	Göteborg	£3 400 000	Hamburg	£8 500 000
	TOTAL	**£7 135 000**	**TOTAL**	**£36 270 000**

Y las mayores ventas del SC Heerenveen en la década pasada fueron:

NOMBRE	DE	POR	PARA	POR
Alf Finnbogason	Lokeren	£425 000	Real Sociedad	£6 800 000
Daley Sinkgraven	Divisiones inferiores	£0	Ajax	£5 950 000
Filip Đuričić	Radnicki	£0	Benfica	£6 800 000
Bas Dost	Heracles	£2 340 000	Wolfsburg	£5 950 000
Danijel Pranjić	Dinamo Zagreb	£425 000	Bayern	£6 500 000
Miralem Sulejmani	Partizan	£221 000	Ajax	£13 810 000

NOMBRE	DE	POR	PARA	POR
Alfonso Alves	Malmö FF	£3 850 000	Middlesbrough	£14 450 000
Klaas Huntelaar	PSV	£765 000	Ajax	£7 600 000
Oussama Assaidi	De Graafschap	£1 020 000	Liverpool	£3 400 000
	TOTAL	£9 046 000	TOTAL	£71 260 000

Y las mayores ventas del SC Heerenveen en la década pasada fueron:

El método del FIPG marginal es comprar jugadores trabajadores de clubes menores (tanto financiera como competitivamente), ofrecerles una plataforma y luego venderlos a clubes más ricos.

6. <u>Negocio de academia</u>

Eventualmente, si se hace correctamente, las ganancias del FIPG pueden ser usadas para reinvertirse en una academia, de manera que un club pueda producir sus propios talentos que se alineen con su filosofía de juego. Las academias también son negocios, con un costo anual pagado por la junta directiva. Ese gasto debe estar justificado. Por lo tanto, solo son mantenidos los talentos más destacados que tienen el potencial de impactar en el primer equipo. Todos los demás están disponibles para la venta. Si equis academia cuesta dos millones de libras para mantenerse cada temporada, entonces algún jugador (o varios) debe ser vendido por esa suma para mantenerla.

A pesar de no estar en el fondo de la pirámide como "formador de jóvenes", el Ajax es el ejemplo más prominente de un club usando su cantera para mantenerse económicamente. La estructura de su primer equipo y la ruta hacia la plantilla cuentan con una cinta transportadora que se mantiene consistente. Si, por ejemplo, un futbolista es vendido, entonces un talento de la academia está disponible para emerger y llenar su lugar. El colectivo es más im-

portante que cualquier pieza individual. Por lo tanto, si Christian Eriksen se va, Davy Klaassen da un paso al frente. Son energía renovable. Alrededor del 30% de la Eredivisie viene de la academia del Ajax.

NOMBRE	PARA	POR
Viktor Fischer*	Middlesbrough	£4 250 000
Daley Blind	Manchester United	£14 880 000
Siem de Jong	Newcastle	£7 400 000
Christian Eriksen*	Tottenham	£15 300 000
Toby Alderweireld	Atlético de Madrid	£8 500 000
Jan Vertonghen	Tottenham	£12 750 000
Vurnon Anita	Newcastle	£5 100 000
G. van der Wiel	PSG	£7 650 000
M. Stekelenburg	AS Roma	£6 230 000
Thomas Vermaelen	Arsenal	£10 200 000
John Heitinga	Atlético de Madrid	£8 500 000
Wesley Sneijder	Real Madrid	£22 950 000
Ryan Babel	Liverpool	£14 250 000
	TOTAL	**£206 140 000**

*Comprado por la academia

Las estadísticas del Football Observatory encontraron que el Ajax era el productor de talento más frecuente en Europa. Marcaron que 77 futbolistas de las mejores 30 Ligas del continente pasaron por el club. Mantener esa reputación no es algo barato, pero tiene sus beneficios a largo plazo. Wim Jonk, director de la academia en 2014, pidió unos 1,8 millones de euros adicionales para gastar en entrenadores de élite e instalaciones, pero la junta solo estaba dispuesta a ofrecer 900 000 euros. Especialistas financieros independientes del *Boston Consulting Group* fueron llamados para resolver la controversia —pocas entidades ponen tal importancia a los asuntos de la cantera—. "La del Ajax ha sido considerada como la mejor academia por décadas —concluyó Jonk—. Muchos clubes han intentado copiar lo que ocurre aquí. En este aspecto no hay muchos secretos. (Son) los detalles y las personas (los que) hacen la diferencia". De ahí su valoración de los directores técnicos.

Varios factores aseguran que el Ajax está en la posición perfecta para mantener a los jóvenes, ya que tal enfoque no sería viable en otros lugares. Primero, el estándar de la Liga es menos desafiante que en las mejores cinco de Europa y los futbolistas de menor edad están en el ancho de su plantilla. Segundo, la sociedad neerlandesa valora a los jóvenes, pensadores e innovadores, y aprecia la inclusión de jugadores juveniles. Otros ambientes serían menos tolerantes con desempeños pobres de canteranos. Debido a las demandas de sobrevivir en la Premier League (a partir de 2017, todos los 20 equipos reciben alrededor de 100 millones de libras en redistribución televisiva —los clubes en la categoría inferior, Championship, ganan alrededor de tres millones de libras en comparación—), ninguna junta permitiría que un entrenador confiase en los jóvenes. Los Países Bajos tienen un clima fértil para las academias. En lo que respecta a los contraargumentos —los superclubes Barcelona y Bayern Múnich—, aunque ambos incluyen talentosos jóvenes, no confían en ellos y, en cambio, tienen conjuntos B que les permiten crecer hasta que alcanzan los estándares requeridos. También llenan las posiciones vacantes fichando a los mejores del mundo.

*

No hay reglas establecidas para invertir en potencial, sino más bien parámetros en los que trabajan los clubes europeos. Ellos aspiran a crear un ambiente "propicio para que los jugadores tengan éxito y mejoren", de acuerdo con Monchi, del Sevilla. Los ejemplos mencionados resaltan tales límites y muestran los métodos a través de los cuales las entidades viven orgánicamente a varios niveles. Estos son:

- Evitar comprar jugadores de más de 26 años. Los talentos jóvenes atesoran un mayor grado de potencial y valor (Porto y Benfica).

- No perseguir jugadores que tengan el "foco"; en cambio, identificar nombres más obscuros (Udinese).

- No comprar futbolistas de la misma Liga que demanden salarios altos (Heerenveen).

- No incorporar jugadores de Ligas más altas, a menos que no estén establecidos y no los quieran (Sevilla y Udinese).

- Identificar los talentos que se esfuerzan jugando en Ligas menos valiosas. Sin importar el nivel, siempre hay un torneo más abajo.

- Alterar la mentalidad y el entendimiento sobre el éxito de ganar trofeos a construir ganancias de capital.

A pesar de los beneficios obvios de invertir en potencial para venta, Monchi, una vez más, concluye que eventualmente la maximización de la ganancia debería convertirse en maximización del éxito mientras la junta gradualmente ajusta su agenda. "Nadie lleva una conmemoración de 'Qué grandes resultados económicos' al estadio", dijo; y él debe saber.

CAPÍTULO 15

LANZARSE AL DANUBIO, PARTE I: VIENA Y UN AMOR AL PUESTO

El Río Danubio baja y fluye a través de los límites sin importarle a quién les pertenecen. Nace en la Selva Negra y se eleva, brota y a veces gotea a través de Austria, Eslovaquia, Hungría, Croacia, Serbia, Rumania, Bulgaria, Moldavia y Ucrania antes de vaciarse en el Mar Negro. El ancho del río una vez fue usado como un borde entre el Imperio romano y las tribus germanas del norte —los arqueólogos continúan hasta el día de hoy buscando fortificaciones a lo largo de sus orillas—. En su tiempo conoció tanto los barcos de comercio como los de guerra que navegaban a lo largo de él.

En la "Ruta de Emperadores y Reyes", los pasajeros se deleitan con los palacios históricos y los hogares de la familia Habsburg que fueron construidos con la riqueza del Imperio austrohúngaro. Así como tensión y comercio, la ruta también ha conocido el fútbol. Años después de la disolución, el heredero vivo Otto von Habsburg , al enterarse de un partido entre Austria y Hungría, preguntó: "¿Y contra quién estamos jugando?". Los clubes austriacos, húngaros y checos compitieron anualmente en la Challenge Cup de 1897 a 1911; el Wiener AC fue el más exitoso. Exploremos un curso trazado a lo largo de la Ruta de Emperadores y Reyes, uno del fútbol

del día de hoy, comenzando en una rampa en Viena y terminando varios días después en Budapest.

Viena abrazó el fútbol apasionadamente en la década de 1920. El deporte fue adoptado por las esferas trabajadoras, como lo había sido en Gran Bretaña, por su simplicidad y su potencial como espectáculo comunitario. Pero también atrajo a las clases medias, que estaban fascinadas por sus estrategias. Fueron ellos quienes teorizaron y reestructuraron el estilo de juego que contrarrestó las tácticas de su tiempo.

Las comunidades judías burguesas y los entrenadores locales tanto en Austria como en Hungría desarrollaron un estilo de fútbol del Danubio, cuya hipótesis fue creada en las cafeterías locales. En *La pirámide invertida*, Jonathan Wilson describe estos centros culturales de Viena, en los cuales creció el fenómeno del fútbol:

> Las cafeterías florecían hacia el final del Imperio Habsburg, convirtiéndose en un salón público, particularmente señalado por su aspecto artístico y bohemio. Las personas leían los periódicos allí; jugaban cartas y ajedrez. Los candidatos políticos las usaban como lugares para reuniones y debates, mientras los intelectuales y sus acólitos discutían los grandes asuntos del día: arte, literatura, drama y, cada vez más en los años veinte, fútbol.[60]

Eran, en esencia, foros de discursos públicos informales. En la Gran Bretaña contemporánea muchas casas públicas mantienen una identidad y atraen clientes. En la Viena de ese tiempo, las cafeterías llegaron a variar sus perfiles: algunas eran conocidas por ser de charlas políticas; otras, por la filosofía; unas cuantas, por la música. *The Ring Café*, Schwarzenberg, originalmente era el centro para las discusiones de *cricket*, pero también atrajo a teóricos del fútbol. Un jugador importante en la escena social, Hugo Meisl, iba a dirigir al equipo nacional e incorporó una formación de 1-2-3-5, nacida del clima de la cafetería, en la cual los jugadores mostraban

---

60   Wilson, J (2008). *Inverting The Pyramid: The History Of Football Tactics*. Gran Bretaña: Orion.

"ballet y gracia… Cariñosamente conocido por los fanáticos vieneses como el juego *Scheiberl*".[61] Las victorias contra un orgulloso equipo de Escocia en 1931 (5-0) y luego sus vecinos de Alemania (6-0) hicieron que Austria fuera el favorito para la Copa del Mundo de 1934, defendiendo su apodo de *Wunderteam* (Equipo Dorado).

Con el talismán Matthias Sindelar, "la sociedad de café de Viena al fin tuvo un futbolista y un juego con su propia imagen: cultural, intelectual, cerebral, atlético y, al mismo tiempo, digno del ballet", escribió David Goldblatt.[62] Sin embargo, para 1938 tanto Meisl como Sindelar estaban muertos. Fue el hijo no deseado de Austria, Adolf Hitler, quien acabó con los años gloriosos del país tanto para la sociedad como para el fútbol. Su odio hacia los judíos ha sido atribuido, entre otros varios factores, a su tiempo como pintor de 25 años sin hogar viviendo en Viena, fomentando su creencia de que ellos controlaban el mercado de concesionarios y eran, por lo tanto, responsables de su fracaso. Debido a sus deficiencias artísticas y amplios problemas sociópatas, Hitler masacró a las comunidades judías en Europa. El haber proporcionado la guerra pospuso el fútbol en el continente, lastimando más a Austria en ese sentido. Los pensadores judíos dejaron el país y Sindelar, que jugaba para el club judío burgués Austria Viena, tenía una novia judía y se opuso abiertamente al nazismo; murió misteriosamente una noche debido a un "suicidio".

Casi un siglo después, yo estaba alojado por un solo día en la capital —un período de tiempo que nunca sería suficiente para apreciar completamente cualquier ciudad, menos aún una tan empapada de cultura como Viena—. Contacté un club con significado contemporáneo —el Austria Viena de Sindelar—, que mucho más recientemente identificó y nutrió el sobresaliente talento de David Alaba, que luego saltó al Bayern Múnich; un hombre tan bendecido en capacidad que podría eventualmente rivalizar a Sindelar como el jugador más grande de Austria.

---

61   Hesse-Lichtenberger, U (2002). *Tor!: The Story of German Football*. Londres: WSC Books.
62   Goldblatt, D (2007). *The Ball Is Round*. Inglaterra: Penguin.

Esa mañana en el complejo de entrenamiento, un sol brillante iluminó brevemente el rocío plateado, ofreciendo optimismo antes de que nubes grises se tragaran el momento y consignaran el día a la frialdad. Viena, sin embargo, era cualquier cosa menos un lugar desolado. Si el éxito de un equipo de fútbol fuera el reflejo de la belleza de sus alrededores, entonces el Austria Viena sería uno de los mejores en el mundo, compitiendo en un "torneo de belleza" con IFK Göteborg, Bologna, OGC Nice, Club Brugge, FC Thun, MVV Maastricht y un equipo de cualesquiera futbolistas *amateur* a tiempo parcial que se pueda encontrar en San Marino.

Los ciudadanos de Viena siguen siendo tan impresionantes como siempre. Se aferran a la cultura histórica de la ciudad con valor. Música suena por todas partes, invitando a las parejas a bailar el vals espontáneamente (lo que pasa más a menudo de lo que uno esperaría). Después, afuera del teatro de ópera, grupos de personas se sientan bajo mantas calientes y el cielo nocturno, escuchando a la Orquesta Filarmónica que equilibra los metales, las cuerdas y los vientos con la misma facilidad que sus colegas del 1800 hubiesen mostrado. Todo eso es admirable; después de todo, una ciudad es más que caminos y edificios; son las personas las que le dan valor.

POSICIONES

Ralf Muhr estaba en las puertas para darme la bienvenida cuando llegué. Es el director de la academia del Austria Viena y creó la filosofía que desarrolló a Alaba. Hasta este día, los entrenadores todavía hablaban sobre el talento del hombre del Bayern Múnich: "Él lo va a lograr. Y si no lo hace, ¿entonces qué esperanza tiene cualquier otro jugador?", se dicen entre ellos después de la práctica. Una de las cosas más impresionantes acerca de él, más que su habilidad técnica, es su comprensión del juego. Es tal su inteligencia que es capaz de jugar en cualquier posición —defensa, mediocampo, ataque; por la derecha, por el centro o por la izquierda— y parece que fuera algo natural en él. "David Alaba es nuestro Dios, ya ha jugado en casi todas las diez posiciones", aclamó Pep Guardiola del jugador sin debilidades. El Austria Viena le enseñó, y de hecho a todos los demás jóvenes graduados, a desenvolverse en cualquier ubicación, incluyendo la portería: "Nuestra filosofía es no crear solo una posición —dijo Muhr—. Con los pequeños no tenemos porteros; tiene que ser un jugador normal de fútbol en el arco, porque es importante que quien cumpla esta función pueda jugar al fútbol".

Alaba jugaba como un mediocampista ofensivo en los conjuntos juveniles, pero hizo su debut con 16 años como un lateral izquierdo. "Ahora este es el rol que tiene en el Bayern Múnich (así como de central con Guardiola), porque intentamos crear futbolistas que puedan jugar en la mayoría de las posiciones". Una teoría sugiere que, al desempeñarse en diferentes sectores durante sus años de formación, luego los jóvenes no son capaces de especializarse en ninguna posición en particular. En una conferencia en 2015, un jefe de academia de la Premier League le contó a la audiencia sobre el momento en el que mató a un niño. No literalmente (todavía está vivo y jugando fútbol), sino que figurativamente mató su talento. Tan bueno era este delantero que los entrenadores pasaban horas reflexionando cómo podían mejorarlo aún más. Decidieron enseñarle cómo jugar en una posición más retrasada, en la que podía tener más intervenciones y mejorar su repertorio de habilidades. Él lo hizo y se convirtió en un decente número diez, pero cuando volvió a su rol original, de número nueve, no era tan sobresaliente. Luego de dos años, lo liberaron. Junto con otros factores, el ponente sintió que le había quitado horas de especialización en su posición y, por lo tanto, frenó su crecimiento.

Mientras que ese puede ser el caso a veces, el juego hoy en día es tan fluido, con posiciones tan intercambiables, que enseñarles varios roles a los jóvenes ayuda a su entendimiento táctico del juego como un todo, y entonces desarrolla la susceptibilidad del colectivo para aprender de táctica. "Un defensa central debería ser capaz de jugar de mediocampista central y un jugador de exterior tiene que aprender a desempeñarse en la línea defensiva y en la ofensiva", dijo Muhr. En el Monaco, Arsène Wenger convirtió a un joven Lilian Thuram de mediocampista a defensor e hizo lo contra-

rio con Emmanuel Petit —ambos jugadores ganarían la Copa del Mundo en sus nuevas colocaciones—.

TEORÍAS DE COMPETENCIA

Los cambios de posición son considerados una práctica común en el juego moderno europeo. Hay muchos ejemplos, como Petit y Thuram, e incluso David Alaba, de futbolistas que se han reajustado a nuevas colocaciones y han sido excelentes ahí. Uno de esos es Javier Mascherano, que ha estado operando toda su carrera como un mediocampista central y fue colocado como un defensa central por el Barcelona, ganando dos Champions Leagues. Johan Cruyff escribió en *De Telegraaf* en 2014 que el delantero Dirk Kuyt estaba "tácticamente bendecido" para desenvolverse como un carrilero izquierdo en la Copa del Mundo. Y cuando el honesto y trabajador lateral Philipp Lahm se adaptó bien a la posición de mediocampista central, su entrenador Guardiola dijo: "Philipp es tal vez el jugador más inteligente que he entrenado en mi carrera. Está en otro nivel".

Abundan varias teorías sobre los cambios de posición y cómo mover a un futbolista de su ubicación natural a una poco familiar le permite desempeñarse bien. Lo que debería ser considerado es que durante un partido el cerebro de un deportista utiliza numerosos mecanismos complejos que le permiten llevar a cabo su actividad. Primero que todo, el jugador la mayoría de las veces toma una decisión basado en qué es lo que ha visto a través de su lóbulo occipital. Su velocidad de pensamiento al tomar decisiones rápidas, considerando la consciencia espacial y el ambiente que lo rodea, comienza aquí. Segundo, su sistema límbico regula las reacciones emocionales para asegurar que el pensamiento racional se mantenga. El cerebelo tiene un rol de coordinación y movimiento, y el lóbulo temporal abre la mente al lenguaje y la memoria, lo que le permite recibir consejos tácticos.

Pero los dos mecanismos que más se aplican a un futbolista que se ajusta a una nueva posición son el lóbulo frontal y las corrientes dorsal y ventral. Los movimientos y las acciones en otra función, como desdoblar como un carrilero, están organizadas dentro del lóbulo frontal. La corriente dorsal es, entonces, el proceso de aprender cómo jugar, con la corriente ventral siendo el dominio de una posición. "Se ha demostrado que los expertos usan diferentes áreas de su cerebro cuando hacen juicios deportivos, independientemente de si la decisión se realiza en una actividad en la que son excelentes o en una en la que no están familiarizados", escribió el Dr. Zoe Wimshurst en 2012.[63]

Combinar esas áreas específicas del cerebro en una forma de entrenamiento es algo difícil de hacer. Se aconseja que a los jugadores, especialmente a los más jóvenes, les sea permitido probar actuar en varias posiciones para abrir su lóbulo frontal y estimular su corriente ventral. Para apoyar a los futbolistas de menor edad en lo que puede ser una tarea desafiante, el psicólogo Chris Harwood teorizó el modelo de las cinco "C", que consiste en: compromiso, comunicación, concentración, control y confianza. Tales comportamientos son señas de identidad de lo que Harwood describe como "jugadores mentalmente fuertes y emocionalmente inteligentes". Pero es una "C" en particular, "concentración", la que se relaciona con un joven adaptándose a su nueva ubicación. Como un marco guiado, al preguntarles a los chicos en intervalos regulares de una sesión o un partido qué estaban "pensando, haciendo o a punto de ejecutar en ese preciso momento", se refuerza la concentración.[64] El Austria Viena hace esto a lo largo de sus ejercicios de entrenamiento y en los encuentros con jóvenes tiene "tiempos muertos" frecuentes, para preguntarle a un mediocampista de siete años, por ejemplo, qué está pensando mientras juega de defensa. También rota a los futbolistas a lo largo de los partidos en diferentes posiciones para que así experimenten el juego en su totalidad. Esto los prepara para el juego futuro. Por ejemplo, al colocar a un central como lateral y pedirle que gambetee, al crecer estará más confiado en romper líneas y llevar el balón hacia el medio del campo

---

63   Wimshurst, Z. (2012). *Visual Skills in Elite Athletes*. Disponible en: http://epubs.surrey.ac.uk/791906/1/Wimshurst2012.pdf.

64   Harwood, C. *Integrating sport psychology into elite youth soccer: Player, coach and parent interventions*. Disponible en: http://www.innovatefc.com/members/resources. Consultado el 31/12/2016.

desde atrás. Después de la práctica y al final de los encuentros, los analistas les enseñan a los jóvenes videos de su posicionamiento y les preguntan sobre su proceso de pensamiento.

Que David Alaba fuera llevado a desarrollar su entendimiento cognitivo y motor del fútbol en sus nuevas posiciones en el Austria Viena le ha permitido adquirir una comprensión completa del juego —tanto así que se desempeñó bien cuando actuó en una nueva posición en el Bayern—. "Jugaré donde sea que pueda ayudar al equipo", dijo humildemente a los periodistas, antes de que su entrenador Guardiola desbordara su impresión: "Es simplemente increíble… Puede jugar absolutamente en todos lados". Muhr es de la creencia de que los futbolistas son más completos y tienen un mayor entendimiento del juego cuando son probados en varias ubicaciones. Sin embargo, está a discreción del técnico si él quiere desarrollar un jugador más versátil o uno más especializado.

LUCHANDO CONTRA LA MAREA

Alaba ganó 14 galardones, incluyendo cinco títulos de Liga y una Copa de Europa, en sus primeras seis temporadas en el Bayern. Fue elegido por la prensa como el Jugador Austriaco del Año seis veces seguidas, a pesar de solo tener 24 años. Sin embargo, por todo su talento natural y fenomenal, Alaba es un producto del ambiente en el que fue desarrollado. Así lo explicó Muhr: es inteligente, "tenemos un preparador mental que trabaja de manera cercana con la escuela, donde tenemos lecciones extra para los niños sobre la ciencia del deporte y temas relacionados con el fútbol"; tiene un gran motor, "intentamos entrenar con las edades más jóvenes en el desarrollo físico", y es un chico traído de la ciudad, "nuestro objetivo es traer jugadores de nuestros equipos juveniles al principal que sean de Viena. Tenemos cuatro o cinco futbolistas de otras zonas, pero el grupo principal puede vivir en casa con sus padres". Austria Viena quiere ser una academia para las personas de la ciudad. "Tenemos muchos clubes pequeños locales que forman buenos jugadores y buscamos traer a los mejores de esos clubes. Es un ciclo, ya que luego también les damos de vuelta esos futbolistas".

El director de la academia se recuesta en su silla y reflexiona atentamente sobre las preguntas formuladas. Es su oficina hay una gran pizarra con detalles y resultados del Sub-18 escritos en ella. Hay fotos de Alaba por todos lados. En algunas imágenes luce su conjunto de competencia, mientras que en otras está posando con sus premios. "Empecé aquí en 1994 como un entrenador juvenil. Estaba con el Sub-8 y luego estuve aquí por cuatro años antes de convertirme en director juvenil. Es atípico del fútbol, para mí, el haber estado aquí por tanto tiempo". Como el gran filósofo Rocky Balboa una vez balbuceó: "Si te quedas en un sitio lo suficiente, te conviertes en ese sitio". Muhr se ha transformado en Austria Viena. Él patea todas las pelotas y siente cada *tackle*. Es frustrante para él ver cómo el club lucha por ganancias marginales. "Es muy difícil (mantener futbolistas) porque perdimos un chico hace seis meses para el Middlesbrough. Esto es normal, ya que tenemos muy buenos jugadores que son convocados a los combinados nacionales. Aunque somos grandes en Austria, somos pequeños en Europa". El dinero en el continente y el atractivo del éxito es demasiado grande para que se resistan los jóvenes vieneses. "La mayoría de los mejores conjuntos son buenos en la formación, incluyendo el Middlesbrough, pero es muy difícil llegar al plantel profesional en esos clubes. Les decimos (a los jugadores) que se formen aquí. Necesitamos jóvenes jugando en nuestro primer equipo y ellos tendrán esa oportunidad".

En 2016, Viena estaba en la cumbre de un estudio socioeconómico hecho por Mercer sobre la calidad de vida. Según los resultados, esta es la mejor ciudad en el mundo para vivir; aun así, los jugadores siguen eligiendo irse a lugares peores. Muhr concede entre dientes que otros clubes tienen una mejor infraestructura y son, por lo tanto, más deseables. Los problemas que enfrenta el Austria Viena son típicos de la Liga en general —los mejores quieren irse—, así que él se ha estabilizado en el largo plazo: "Lo más importante es la instilación de más academias. Empezamos en el 2000 a hacer el desarrollo juvenil algo profesional, con entrenadores y científicos deportivos especializados, y esto era lo más importante en la formación de mejores futbolistas".

Los clubes austriacos están mirando hacia el futuro. Su objetivo es reinvertir el dinero de las ventas en academias, para desarrollar un mejor nivel de jugador y que tenga un mayor valor. "En la actualidad, todos los integrantes de la selección nacional han pasado por una academia de aquí, no de Alemania o Inglaterra como en años previos. Se desarrollaron aquí y pienso que es importante para el fútbol local que invirtamos más en el estado de nuestros jóvenes. Para que nuestra Bundesliga se vuelva un torneo en el cual formar chicos y para mostrarles a las entidades más grandes que los mejores nombres a comprar están aquí".

Tal vez esa es la vergüenza más profunda. Habiendo sido una vez el imperio más grande de Europa, del cual emergió un digno equipo de fútbol, Austria puede que nunca vuelva a ser una potencia competitiva. Muhr y su nación de academias deben colocar a sus jóvenes en un tipo de vitrina y esperar a que una guerra de ofertas se produzca. Es un grito lejano de los días del *Wunderteam*, de una época en la que la innovación pudo triunfar. Ahora es copiada o comprada. Los edificios dentro de la Ringstraße —el parlamento, los museos y las (alguna vez) ruidosas cafeterías— son bonitas cáscaras vacías. Nada más que monumentos a un tiempo olvidado. Pero se pueden ver grietas de progreso. Austria cumplió 70 años entre Sindelar y Alaba. Al final, encontraron significado. Muhr saca optimismo de las pequeñas mejoras que se hacen. Tal vez en otros 20 años emergerá otro Alaba y dedicará su carrera a mejorar la fortuna de su club local, una idea noble, pero poco probable.

CAPÍTULO 16

LANZARSE AL DANUBIO, PARTE II: LA HISTORIA DE HONVÉD

"Las vías del ferrocarril son las venas de la Tierra,
la cultura y el progreso prosperan donde
causan las pulsaciones del aire,
a la grandeza de las naciones dan vida".

Sándor Petőfi, poeta húngaro y liberal revolucionario, 1842

La grandeza del Imperio austrohúngaro ha sido algo olvidada con el tiempo. Hungría contaba a Zagreb y Bratislava entre sus ciudades, así como a Budapest, mientras Austria incluía a Viena, Praga, Trieste y Cracovia. Los miembros de la aristocracia tuvieron problemas para apaciguar las muchas etnias dentro de una región que se extendía desde Italia hasta Transilvania. Las autoridades trataban de empapelar las grietas de las tensiones nacionalistas, usando el desarrollo ferroviario como distracción, pero la agitación política eventualmente llevó a la Primera Guerra Mundial. Hungría ha tenido una dura existencia desde entonces. Guerras, pérdidas de territorio, la Gran Depresión, el Holocausto, la Stalinización y el comunismo total siguieron. Sobre las huellas de Petőfi visité Bu-

dapest buscando fútbol: la única constante verdadera. Esta es la segunda y última parada de la Ruta de Emperadores y Reyes.

Para este día, Hungría es mejor conocida por muchos por su Equipo Dorado de la década de 1950. Mientras Austria nunca se recuperó de la caída de su *Wunderteam*, el fútbol húngaro prosperó bajo el comunismo; no gracias al socialismo de Estado, sino como una reacción a él y la opresión del nacionalismo húngaro. Entrenados por el sindicalista Gusztáv Sebes, el Equipo Dorado ganó 42 veces entre 1950 y 1956, jugando con una revolucionaria formación de 1-2-3-3-2. Avergonzaron a Inglaterra en el "Juego del Siglo" en 1953, y perdieron solo un partido: la final de la Copa del Mundo de 1954 contra Alemania Occidental. La mayoría del equipo fue reclutado por el Estado para jugar para el Budapest Honvéd, el equipo del ejército, donde los jugadores se volvían famosos por derecho propio. Sebes fue capaz de usar el Honvéd como una base para entrenar a su conjunto a lo largo del año, lo que contribuyó a su éxito.

Sin embargo, durante el *tour* de Italia, España, Portugal y Brasil de 1956 organizado por el entrenador Béla Guttmann del Honvéd, los estudiantes en casa marcharon contra el mandato soviético. Uno fue asesinado por una bala de un policía del Estado y se convirtió en un mártir de la causa. Cuando se esparció la noticia de su muerte, miles organizaron grupos de milicia y comenzó la Revolución Húngara. Miembros del Equipo Dorado se rehusaron a volver a su país. Sándor Kocsis y Zoltán Czibor, del Honvéd, se mudaron a España para jugar con el Barcelona, mientras que su talismán más famoso, Ferenc Puskás, firmó para el Real Madrid. Hungría y el Honvéd cayeron pesadamente después de la disolución del equipo, sin haber regresado ni el club ni el país a los estándares de élite desde entonces.

Parece que las mismas pistas de acero de las que escribió el revolucionario Sándor Petőf se están desmoronando, aunque siguen en uso, en la Hungría moderna. Al cruzar la frontera desde Austria, la vida regresa en el tiempo unos 30 años. La pintura en los automóviles detenidos en los jardines crecidos está áspera y descamada; las casas no tienen color; los hombres tienen bigote. Todo es muy "poscomunista", lo cual es una lástima para los que viven allí.

Ellos son víctimas indefensas de pobres decisiones tomadas por su gobierno. A pesar de todo, sacan el máximo provecho de lo que tienen. Esta es la Hungría que no ven los turistas. Nuestro tren se detuvo en la estación Győr, la cual podría haber sido el escenario para una vieja película *western*. Tal era la preocupante quietud de sus andenes. Mientras los pasajeros esperaban, varios trenes de carga pasaron rugiendo hacia la capital. Todo va hacia allí.

Budapest tiene la población más densa en Hungría. El país se está recuperando gradualmente de su comunismo mal administrado bajo el liderazgo firme del primer ministro Viktor Orbán. Después de la caída del comunismo en 1989, las personas no sabían qué hacer. El primer hombre en reaccionar al potencial de la situación fue György Szabó, o George F. Hemingway como se le conocería luego. Habiendo estudiado en Nueva York y Los Ángeles por varios años, Hemingway entendía cómo funcionaba el capitalismo. Al volver a casa, abrió franquicias de Pizza Hut y KFC, y rápidamente se convirtió en uno de los hombres más ricos de la ciudad (y probablemente el primer millonario hecho por sí mismo). Su adquisición del Honvéd llegó en 2006, en un momento en el que el club estaba sufriendo: hacía solo tres temporadas atrás habían descendido a la Segunda División y fueron a liquidación el año siguiente. El club debía decenas de miles y sus propietarios italianos, Pini, consideraron fusionarse con el equipo provincial Dúnaujváros y mudarse. Pero como dicta la historia, un salvador solo aparece en tiempos de crisis. Para la comunidad de fanáticos en Kispest, eso es exactamente lo que Hemingway probó ser. Después de su compra, se produjo la estabilidad.

*

ATRAPADO ENTRE LAS ERAS

Ábel Lorincz ha trabajado para el club por dos años. Nos reunimos afuera de la frenética estación de Keleti a través de la bulliciosa multitud de turistas y pedimos un taxi hacia el vecindario de Kispest. La zona está justo fuera de Budapest y creció durante la era socialista, cuando la legislación establecía que las personas

necesitaban un pase para entrar en la ciudad; los hombres de negocios construyeron fábricas aquí para evitar las autoridades comunistas. Hoy en día la industria se ha centralizado dentro de Budapest sin preocuparse por encontrarse con la autoridad estatal, dejando detrás a Kispest. Desde nuestro taxi, bloques de torres se tragaban la poca luz del día que podía haber, hasta que eventualmente giramos en una esquina para llegar al brillantemente iluminado estadio Bozsik del Honvéd. "El Club de Puskás" declaraba una señal en la entrada.

Ábel, un ambicioso analista, iba a ser mi guía turístico ese día y comenzó enseñándome el terreno del primer equipo. Porciones de grama crecían a través de los escalones de cemento en la sección cercada para estar de pie en el estadio, a la izquierda en la estructura, usualmente ocupada por los ultras locales. Pegatinas desteñidas a medio pelar dejadas por los grupos de visitantes adornaban los niveles en esa sección: el FK Vojvodina y el Anzhi Makhachkala eran los casos más recientes; los recuerdos de noches europeas hace mucho que se fueron. Los jugadores del primer equipo poco a poco comenzaron a llegar para el encuentro de esa noche contra el Videoton —algunos de ellos en el mismo coche— y aparcaron en la grama amontonada del campo de entrenamiento, para disgusto del jardinero. Un terreno para jugar cinco contra cinco yacía a la izquierda de ese campo, con un cementerio a su derecha. "Cuando un futbolista patea el balón por encima de la pared hacia las tumbas, tiene que ir allí y buscarla", explicó Ábel entre risas. Más de 100 jugadores jóvenes viven dentro del complejo. Fuera de las ventanas de las oficinas del club, nubes de humo industrial llenaban el aire de la tarde.

Los corredores dentro del estadio parecían desgastados. Piezas de equipamiento, tuberías y esas cosas habían sido tumbadas a lo largo de las paredes y dejadas ahí para que otro se ocupara de ellas. El mobiliario estaba desgastado, despojado de color. Pero a pesar de eso, la amabilidad del lugar lo hacía parecer humilde, encantador y definitivamente no monótono. Al llegar a la puerta del dueño, Ábel tocó varias veces. No hubo respuesta. Eventualmente un recepcionista entró en nuestro nombre y Mr. Hemingway vino a saludarnos. Un caballero corpulento, muy grande y con un apretón de manos de oso, nos dio la bienvenida a su oficina.

En gran contraste con los corredores de atrás, la oficina de Hemingway era Narnia. Pinturas al óleo colgaban alrededor de su escritorio de roble; una alfombra mullida yacía en el medio del piso, con sillas rojas de felpa para los invitados. Con acento estadounidense, nos ofreció las sillas y nos sentamos a hablar. Era difícil no admirarlo inmediatamente. "¿Qué hace un dueño?", le pregunté, encendiendo mi grabador. "Tengo que establecer una visión a largo plazo para el club y tengo que aprobar todas las decisiones financieras importantes —respondió con franqueza—. Debo confirmar el presupuesto para el año y aprobar nuestras ventas y adquisiciones. No me involucro en las tareas del día a día ni en armar el equipo". Tiene un gerente general que se encarga de eso. El lado deportivo se deja a las personas del fútbol, o al menos así debe ser.

En un tiempo su director era un italiano, Fabio Cordella, que dirigía una sociedad de vinos que contaba con Wesley Sneijder, Antonio Conte y Roberto Mancini como clientes. En la administración de Cordella, el Honvéd se convirtió en la pequeña Italia, ya que el club trajo a Davide Lanzafame, Andrea Mancini (hijo de Roberto), Emanuele Testardi, Emiliano Bonazzoli y Arturo Lupoli, el exprotegido adolescente del Arsenal. También estuvieron cerca de fichar a Fabrizio Miccoli y Alessandro Del Piero, por quien accedieron a traer la camiseta de número diez de Puskás de vuelta del retiro, hasta que Sídney resultó ser un mayor atractivo. Cordella persuadió a Pietro Vierchowod, defensor ganador de la Copa del Mundo, para que dirigiera el club, pero los resultados no salieron, así que se separaron. Sin embargo, el negocio más misterioso durante la era italiana fue el nombramiento del desconocido entrenador jefe Marco Rossi —despedido un año antes por el club de nivel regional Cavese después de dirigirlos al fondo de la tabla—. Al momento de mi visita, Rossi estaba de vuelta en el club en una segunda temporada como entrenador; Cordella y todos los otros italianos se habían ido.

ORIÓN

El cielo nocturno es muy basto y cambiante, las estrellas tienden a estar fuera de lugar. Los granjeros y poetas contemplaron su manta oscura por mil años para ver emerger formas centelleantes. Las constelaciones en realidad no existen, pero son bastante usadas como nemotécnica por los astrónomos que intentan identificar con precisión estrellas individuales. Solo al alinearlas muy perfectamente pueden verse las constelaciones. Sin una alineación absoluta de estrellas, Orión no tendría un cinturón. Para que Hungría brillara, las academias y las plantillas de los primeros equipos también debían alinearse. Esto significa que el estilo de juego desde el fútbol juvenil al mayor tenía que seguir la misma línea, tanto a nivel de club como nacional, como el comentado en el Bayern. Durante mi vista al Honvéd, ellos no lo hacían.

Marco Rossi era el entrenador del club, jugando con un conservador 1-5-3-2 con poca construcción de juego desde atrás. Su filosofía de fútbol contrastaba directamente con la de la academia, donde el neerlandés Jasper de Muijnck les enseñaba a los jugadores a salir desde el portero con un dinámico 1-4-3-3. "Trajimos un director de academia desde los Países Bajos solo para asegurarnos de que estábamos haciendo las mismas cosas que el Ajax o el PSV —dijo Hemingway en su oficina, aunque pudo haber sido mejor que llevara a un director de Italia—. Tenemos la mejor academia de fútbol de Europa del Este. De nuestro grupo de 26 hombres, 16 pasaron por nuestra cantera. Y solo empezó desde 2007". El Sparta Prague y el Dynamo Kiev no estarían de acuerdo, pero Hemingway está en lo correcto al sentirse orgulloso. Su equipo juvenil juega cada año contra el Real Madrid en el "Trofeo Puskás" y usualmente lo gana. El problema para el Honvéd era que tenían dos estilos en contraste entre el nivel de academia y el profesional. Ese obvio contraste significaba que los jóvenes talentosos promovidos al primer equipo estaban propensos al estancamiento.

EL PROBLEMA

Fue varios años antes que Jasper de Muijnck se encontró por primera vez con el Honvéd. Había estado trabajando con Louis van Gaal para el combinado nacional neerlandés y fue a Budapest para probar el fútbol húngaro. Cuando llegó al estadio, Jasper preguntó: "¿Cómo veo al MTK juvenil contra el Honvéd?". El recepcionista le dibujó un mapa que involucraba ir sobre algunas vías del tren, por debajo de un puente y bajando una colina hacia un campo de fútbol cubierto de maleza. "Por eso es que tengo este sentimiento romántico hacia el fútbol del este europeo. Estas eran las dos academias más grandes en Hungría y jugaban en ese pequeño terreno", recordó. Jasper es un verdadero fanático del fútbol. Solo un purista puede encontrar esta cara del juego tan entrañable como las deslumbrantes luces de otros lugares. Cuando el Honvéd despidió a Pietro Vierchowod, Jasper se convirtió en entrenador jefe por un mes. "Fue increíble para mí caminar los mismos pasos que Puskás había hecho". Como director de academia, inspiraba a sus jugadores del Honvéd con historias del hombre.

Desde que Cordella se fue, sin embargo, no había ningún enlace desde la academia hacia el equipo principal. "Es difícil porque no tenemos un director deportivo. La política parece ser solo sobrevivir en la primera Liga, pero eventualmente caeremos con esa mentalidad", dijo Jasper. El Honvéd tenía más de 30 jóvenes internacionales en la academia que desarrollaban un juego de ataque y presión, pero el plantel profesional optaba por un estilo conservador de la vieja escuela italiana. "(Tenemos) dos escuelas de pensamiento totalmente en contraste. El dueño me contrató para asegurarme de que la academia vaya de la manera neerlandesa. No puedes formar a un niño para que juegue entrelíneas para que luego en el conjunto principal no pueda hacerlo. Tendrá 23 años antes de llegar a adaptarse a ese estilo; tendría que poder hacerlo a los 17".

Debido a las diferencias en la filosofía, el primer equipo y los grupos juveniles del Honvéd eran llevados como dos organizaciones separadas. "Vivir partido a partido es un gran problema", dijo Jasper. Para él, fue un gran éxito formar conexiones con academias

extranjeras que se interesaban en sus futbolistas. Había enviado un chico al Ajax y cuando regresó era capaz de sobrepasar a los otros de la clase y tenía la dedicación requerida para alcanzar un nivel más alto. Jasper se mantiene con miras al futuro en ese sentido. Su entendimiento de la sociedad que lo rodea lo llevó a su nombramiento como director técnico a tiempo parcial en la Asociación de Fútbol Húngara.

"El año pasado tuvimos un torneo en los Países Bajos contra las academias más grandes del mundo, las del PSV y el Inter Milan, e incluso las nuevas de China. Obtuvimos unos buenos resultados contra todos y llegamos al cuarto puesto, controlando cada encuentro y jugando un buen fútbol. El nivel de entrenamiento en Hungría es tan bajo porque la educación de los entrenadores fue muy mala. Esta nación siempre ha tenido jugadores talentosos, pero los ejercicios que hacían eran sin resistencia y no eran realistas, y no se pudieron adaptar al fútbol real", dice Jasper. Él cree que eso tiene que ver con la historia y la sociedad: "Cuando el comunismo vino aquí, ya no estaban interesados en ser sobresalientes: era más fácil quedarse en la línea y ser normales, y todas las personas creativas dejaron el país. Le pregunto a todo el mundo: '¿Cuál es el estilo de juego húngaro?', pero nadie me da una respuesta. Ellos solían ser excelentes ejecutando transiciones a lo largo de todo el campo con intercambios de posiciones, pero ahora no saben cuál es su identidad. Son como todos los otros equipos pequeños de ahora, y se asientan atrás y contraatacan".

Lo mismo es cierto para el Honvéd. De acuerdo con Jasper, Rossi vive partido a partido sin ningún interés en desarrollar un modelo de juego como legado: "Si tienes dos futbolistas que juegan el partido entero y nacieron después de 1996, entonces el gobierno le dará dinero al club porque quiere formar a los jóvenes". Jasper dijo que a Rossi le dieron 13 jóvenes talentosos de la cantera, pero él no los quiso. "Vivir partido a partido es un gran problema. Necesito proteger a los chicos jóvenes de ir arriba (con Rossi) muy pronto, porque los perderemos; dejarán de desarrollarse", asegura el neerlandés. Si alguien entra muy pronto al equipo, el peligro es que si no se desempeña inmediatamente, no tendrá una segunda oportunidad. Puede perder su confianza y parará de intentar las cosas que permitieron que lo llamaran en primer lugar. Esto es un problema para todos los clubes del continente.

EL VIGILANTE

Como un joven analista en sus 20, Ábel Lorincz viaja por el continente (con dinero propio) descubriendo los métodos más pioneros en su campo. El análisis está apenas despegando en Hungría; de hecho, el fútbol aquí es tan anticuado que Ábel no ha visto un partido de Liga húngara televisado en años. ¿Por qué estudiar un enfoque anticuado? Mientras estábamos sentados esperando por Hemingway más temprano ese día, el Arsenal estaba jugando contra el Watford en la pantalla de la cantina. Ábel rápidamente explicó las posturas de los equipos y estaba en el proceso de alabar el equilibrio que Alex Iwobi le trajo al Arsenal cuando, antes de que pudiera terminar, el joven anotó.

Ábel había visitado el Leicester City pocos meses antes y estaba consciente del trabajo hecho en el club "antes de que se hicieran famosos". Comparó su rol con el del analista de su primer equipo: "Aprendí algunas nuevas ideas acerca de cómo hacer un análisis pospartido cuando los visité. Por ejemplo, Rob McKenzie era el analista de reclutamiento en el Leicester y habló acerca de lo importante que es involucrar a los jugadores en el proceso. Me concentro más en preguntarles a los futbolistas cómo se sintieron en las situaciones y qué podría ser mejorado, qué es lo que piensan. Ellos podrían decir que tienen una idea de cómo hacerlo mejor, pero que no están seguros. Si se involucran, entonces aprenden más que si estuvieran en un escenario de escuela donde solo los sermoneas y se duermen".

Si el Leicester tenía un presupuesto humilde, entonces el Honvéd estaba empobrecido en comparación. Pero los impedimentos financieros en el departamento de análisis no preocupaban a Ábel. Él piensa que la calidad de la tecnología no es lo importante, sino cómo se usa y que el "80 o 90% del análisis puede hacerse con tecnología barata", como cámaras para crear videos destacados. "Lo

que más importa es lo que tú y los entrenadores saben sobre el fútbol, no el dinero". En el Honvéd, parecía haber una división entre la academia y el primer equipo que no era sostenible a largo plazo. Eran dos clubes diferentes, algo que estaba reflejado en el laboratorio: las divisiones menores tenían a Ábel trabajando sin descanso en los jóvenes, pero el plantel profesional no contaba con ningún analista de desempeño.

Como era de esperar, Ábel pudo hacer ambos trabajos, lo que se hizo sorprendentemente obvio cuando lo interrogué sobre las diferencias en el análisis entre el nivel juvenil y el mayor. Respondió: "Obviamente, los objetivos son diferentes porque con el primer equipo el resultado es lo más importante, mientras que en la academia puedes perder partidos, pero si los jugadores se desarrollan entonces has cumplido tu objetivo". Hay un enfoque más individual en los futbolistas de la academia, mientras que con los profesionales el trabajo se concentra más en el análisis previo al partido del colectivo, con miras al próximo compromiso, más que en el análisis pospartido usado para desarrollar a los jóvenes. "En la academia, detallamos más el pospartido. Hay menos énfasis en contra quién se están enfrentando y cómo deben neutralizarlos", señala.

Lo que Ábel les enfatiza a sus futbolistas es cómo son responsables de su propio desarrollo: "Hablo acerca de análisis y los alentamos a que vengan a mí para preguntarme por situaciones del juego o si sienten que tienen carencias en algún departamento. Los jugadores más talentosos también tienen un plan de desarrollo que dura entre tres o cuatro meses. Tienen que decidir qué ayuda necesitan de los entrenadores". Para entender completamente cómo ayudar a los jugadores, Ábel se empapó en el estilo de fútbol de la academia, para actuar como un pequeño consejero que les refuerza el modelo. "Todos los equipos juveniles llevan a cabo un fútbol de posesión. Queremos controlar y dominar el juego, y recuperar la pelota lo más rápido posible. Es bastante agresivo y empezamos defendiendo en el campo del oponente", dice. En ese sentido no podría ser más neerlandés.

JUGANDO A LA POLÍTICA

Como hombre de negocios, Hemingway es inteligente. Sabe que el club está a solo una muy buena temporada del éxito. Todo está preparado para ello excepto unos pocos factores obvios, pero se da cuenta del potencial del proyecto: "En 2006, cuando compramos el club después de que pasara diez años muerto, hicimos todo para reconstruirlo. Construiremos un nuevo estadio el año que viene y queremos estar en la cima de un renacimiento del fútbol húngaro". No son el único equipo parte de ese proceso. El Ferencváros es igualmente prestigioso (el Honvéd presume a Puskás, pero el Ferencváros tiene a Florian Albert) y ha construido un nuevo y moderno estadio de 22 000 asientos: Groupama Arena. Junto con el Ferencváros y el Honvéd, el Debrecen tiene dominado el fútbol húngaro desde el cambio de milenio y ha ondeado la bandera en la competición europea.

Pero el equipo que es más probable que impulse el renacimiento de Hungría estaba, en ese punto, todavía en la Segunda División. El Puskás Akadémia (la Academia de Puskás) aún no había cumplido diez años, pero ya tenía las mejores instalaciones para jóvenes en el país. Fueron creados por el primer ministro Viktor Orbán —un ávido fanático del fútbol— y tienen su base en el pueblo de Felcsút, donde este nació. A pesar de tener solo unas 1000 personas viviendo allí, un estadio contemporáneo con una capacidad de 3500 personas fue construido en el pueblo en 2014. El "Pancho Arena" (por el apodo de Puskás en el Real Madrid) es una de las estructuras más interesantes del deporte, recordando a un edificio de la Tierra Media, con diez campos de entrenamiento para que las usen los jóvenes más talentosos de Hungría.

Al estilo típico de Europa del Este, su construcción fue polémica. Con los estándares de vida de muchos cayendo, los críticos demandaban saber por qué 13 millones de euros de fuerte financiación estatal fueron gastados en un sueño para Orbán. "El presidente Hollande no está construyendo un campo de rugby, ni David Cameron un campo de *cricket*", señaló la oposición. Junto con su sueño de la Academia de Puskás, Orbán tenía programado introducir tarjetas de identificación y escáneres de mano a los partidos. "La

pasión ya no es bienvenida, quieren que aplaudamos de manera cortés y compremos costosas bebidas en el entretiempo como lo hacemos en el teatro", dijo un ultra del Ferencváros.

La asistencia cayó como resultado tanto de la modernización de Orbán como de la estandarización del fútbol en la pantalla. Sin embargo, los desembolsos que hizo fueron bien recibidos por los dueños. Al preguntarle por la seguridad de su inversión para el futuro, desde su lujosa oficina, Hemingway citó el trabajo hecho por el Primer Ministro como algo remunerativo: "Si este gobierno se queda, pienso que vendrá una era de plata para el fútbol húngaro. No una era dorada, eso fue en la década de 1950. Hay muchos jugadores jóvenes; el equipo nacional ha ido desde el puesto 77 en la lista de la FIFA al puesto 18 en un par de años. Es la primera vez que hemos estado de vuelta en el *top* 20 en años. Queremos estar entre los fuertes clubes medianos de Europa, como los neerlandeses y belgas".

*

Un par de miles de personas asistieron esa noche. En el entretiempo, Hemingway caminó por el campo para acercarse a los fans. Era el cumpleaños de Puskás; tal es su legado en el club que cada año lo celebran. El dueño hizo un discurso de diez minutos en tributo al Comandante Galopante, alabando su dedicación al Honvéd. Más temprano le había preguntado del peso de la historia y cómo el club es capaz de balancear lo que ha pasado antes con su visión para el futuro. "No hay otro equipo húngaro que sea tan conocido fuera del país como el Honvéd". Él piensa que el Ferencváros y el Debrecen son más famosos dentro de Hungría, pero la fama del Honvéd trasciende al país. Tal vez está en lo correcto, por lo cual cambió el nombre del club de Kispest FC de vuelta a Honvéd.

Hemingway sabe que la fama solo puede llevar al club hasta cierto punto. El fútbol moderno se decide por la riqueza. El superrico Anzhi Makhachkala, un club de Daguestán con casi ningún fanático, historia o fama, respaldado por el multimillonario daguestano Suleyman Kerimov, los visitó en 2013 con la superestrella Samuel Eto'o y derrotó al Honvéd 4-0 frente a 5000 fanáticos. Para Hemingway, eso fue un momento de revelación: "Nuestra historia lo determina todo. Debido a ella, nuestro estilo ha sido desarrollado por los últimos diez años con una idea de ataque". Aun así, el desempeño en el campo dice otra cosa. Marco Rossi jugaba un estilo de fútbol lento y protector. Si una propuesta ofensiva puede ser descrita por un osado movimiento sin el balón, carreras hacia adelante, pases filtrados, combinaciones y entradas en el último tercio, el enfoque del Honvéd era cualquier cosa menos eso. Más tarde, cuando me fui del estadio y me adentré en la oscura noche de Budapest, la cita de Bill Shankly sobre "la Santa Trinidad" en un club de fútbol me vino a la mente. Todos aman el Honvéd en este lugar, pero cada uno lo hace de una manera distinta.

NUEVE MESES DESPUÉS...

Y luego hizo clic. Llamé a Ábel el siguiente abril al haber descubierto que el Honvéd estaba en un desafío por el título contra el Videoton. "¡¿Qué está pasando?!", pregunté, tanto confundido como encantado. "La concurrencia a los partidos es la mejor que he visto", me dijo mientras pensaba en el Bozsik József Stadion cubierto de musgo. Hemingway, montando la cresta de la ola de la "era de plata" de Orbán, incluso había presentado planes para un nuevo estadio de 8000 asientos. "También tenemos a Davide Lanzafame de vuelta, quien es excepcional para este nivel", continuó Ábel. El delantero italiano una vez fue descrito como el "Cristiano Ronaldo de Bari" por su entrenador en ese momento, Antonio Conte, hasta que un escándalo de amaño de partidos amenazó con terminar su carrera. En Hungría, con consuelo, estaba anotando con facilidad. "Y puede dirigir el juego estratégicamente. Cuándo bajar el ritmo, cuándo avanzar, cuándo esconder la pelota y agotar el tiempo. Nadie más conoce esta manera de jugar en nuestro grupo y nunca pudimos hacerlo antes", dijo Ábel.

Pero su cambio de suerte no era para acreditar a una sola persona. Hemingway había tomado la decisión de alinear la filosofía del club, de ir con una sola escuela de pensamiento. Eligió la italiana —Jasper se había ido y un amigo de Rossi fue contratado como analista—. De acuerdo con sus resultados, fue la decisión correcta.

No importa si la metodología es italiana, neerlandesa, española o alemana: tiene que coincidir, desde la manera de jugar del Sub-6 hasta el Sub-23. Hemingway pudo haber escogido el método neerlandés y habría tenido el mismo efecto. Sin embargo, el repunte del desempeño del Honvéd y la mejora de la atmósfera dentro del campo es una prueba, si se necesitara alguna, de que una filosofía coherente es crucial en el juego moderno.

Solo podemos ser receptivos de una institución (como un bar, un restaurante o un club de fútbol) a través de las experiencias vividas con las personas. El Honvéd sería solo otro club visitado si no fuera por las personalidades de Hemingway y Jasper, y la ayuda de Ábel. Porque me había ofrecido una botella de vino tinto y una camiseta como regalos; por el aura del Equipo Dorado, las historias de Puskás y el sentimiento histórico, y por la presencia de lo *amateur* y lo profesional combinado. Por todo eso, siempre tendré un poco del Honvéd en mi corazón. Espero que, para ustedes, esos sentimientos se compartan.

CAPÍTULO 17

CABALLEROS DEL MURO AMARILLO: RENANIA DEL NORTE-WESTFALIA

Budapest a Praga, luego Núremberg y Dortmund. Los campos fueron sustituidos por fábricas. El fútbol surge de la Alemania Occidental. Hay 13 clubes profesionales alardeando una combinación de 22 títulos de Liga, 18 copas y cinco victorias en competencias europeas. Estas han sido ganadas por Bayer 04 Leverkusen, FC Schalke 04, 1. FC Köln, Fortuna Düsseldorf, Rot-Weiss Essen, Borussia Dortmund y Borussia Mönchengladbach. Este capítulo es una narración de mi viaje en tren por la región, investigando cómo Alemania se convirtió en la campeona del mundo. Comienza en Colonia y termina en Gelsenkirchen.

LLEGANDO AQUÍ

Fue en Renania del Norte-Westfalia (RNW) en donde el fútbol alemán se apoyó para su renacimiento. O al menos parcialmente. En 1998, el entrenador del seleccionado nacional, Berti Vogts, nacido en esa zona, resaltó el declive de Alemania, específicamente cómo el estilo físico de juego que alguna vez los impulsó hacia la victoria ya no podía aplicarse en este deporte más nuevo y técnico.

Propuso un programa de talentos para crear jóvenes habilidosos, pero nunca vio la luz del día. El hombre que inspiraría a Alemania a crear tal sistema fue, de forma inadvertida, el sucesor de Vogts y compañero nativo de RNW, Erich Ribbeck. Su equipo alemán en la Eurocopa 2000, lento y pesado, con una edad promedio de 31,5 años, fue eliminado en la fase de grupos e inspiró un período de ira nacional.

Kicker, la revista de fútbol más respetada de Alemania, dedicó 17 páginas a las deficiencias de *Die Mannschaft*, el 11 nacional, después de que Portugal los enviara a casa. La DFB, la Federación de Alemania, se sentó con los clubes de la Bundesliga para crear un plan y en 2001 se les ocurrió el "Programa Extendido de Promoción de Talento" (PEPT, por sus siglas en inglés), el cual sería, esencialmente, un esquema que asegurara que el bochorno de la Euro 2000 no volviera a ocurrir otra vez.

El PEPT requería que los clubes alemanes y las asociaciones invirtieran en sus cimientos, estableciendo que a no ser que la base fuera transformada, la cima se mantendría igual. Una regla fue añadida a los contratos de todos los clubes de la Bundesliga por la DFB: si querían estar en la mejor división, tenían que construir centros de excelencia. "La regla incluso especificaba cuántos jugadores elegibles para un combinado nacional juvenil de Alemania tenían que estar entre sus filas (en estos centros), cuántos entrenadores y fisioterapeutas tenía que emplear el club, de qué manera los clubes tenían que interactuar con las escuelas locales y así sucesivamente —explicó Uli Hesse—. Fallar en esto resultaría en que le retiraran la licencia a la entidad. Para ponerlo simple: se les decía a los clubes qué hacer, bajo pena de ser degradados al fútbol *amateur*".

La mayoría de los clubes eran reacios debido al costo del proyecto —48 millones de euros al año—, pero tenían poco para decir sobre el asunto. Estaba pasando y tenían que aceptarlo. Luego se colocaron anuncios en las pantallas de televisión por toda la nación proclamando el eslogan: "Unsere Amateure, Echte Profits" ("Nuestros amateurs, profesionales genuinos"). En total, 54 centros de "alto rendimiento" fueron construidos en todo el país por los clubes para la DFB y, tanto como cualquier otra cosa, se convirtieron en bases de *scouting* para construir un fuerte conocimiento sobre los mejores jóvenes del país. "Si el talento del siglo llega a nacer en una pequeña villa detrás de las montañas, lo encontraremos", profetizó el director del PEPT, Jörg Daniel. Desde entonces, los jóvenes talentosos han sido requeridos para jugar para su academia y, además, entrenarse una vez a la semana por dos horas en la base de la DFB más cercana, o *Stützpunkte*. Los mejores chicos seleccionados para jugar por el país son tomados, entonces, de las bases en vez de las academias.

Así como reestructuraron el nivel *top* del fútbol juvenil con bases de alto rendimiento, la DFB y la Bundesliga decidieron que la competencia *amateur* necesitaba mejorar en cada pueblo y ciudad a través de un proceso de educación. Camionetas "DFB móvil" conducen a clubes *amateur* para enseñarles varias sesiones a los directores técnicos, alineándolos con la filosofía de lo que es requerido para un jugador "alemán" técnico. Unos 22 000 jugadores son entrenados y luego analizados por los miembros del *Sporthochschule* de Colonia, con sus desempeños analizados a lo largo de todo el año. Todo esto se acumula en Alemania para crear a Mesut Özil, Toni Kroos y Mario Götze —jugadores habilidosos que tuvieron un rol central en su victoria en la Copa del Mundo 2014—. Cuando los entrenadores de la DFB llegan a uno de los 387 campamentos que se llevan a cabo cada año, les dicen a los jóvenes: "¡Eres un miembro de la DFB, lo que significa que eres un campeón del mundo!". Para ellos, cada niño es una potencial estrella internacional. Esta es la Alemania por la que viajé, una nación consciente de sus jugadores, sus fanáticos y el espectáculo.

EL VIAJE

En la mañana del 7 de abril de 2016, alrededor de las 9:30, un tren DB de la estación central (*Hauptbahnhof*, o HbF) de Colonia llevaba 300 aficionados, algunos vestidos de rojo y la mayoría de amarillo y negro, a la Hbf de Dortmund. Habría trenes haciendo el mismo viaje cada 20 minutos ese día. Borussia Dortmund estaba jugando contra el Liverpool en los cuartos de final de la Europa Lea-

gue esa noche, en lo que *BILD* había bautizado como "El Retorno del Rey" (el monarca siendo Jürgen Klopp).

Un conocedor del fútbol hubiese encontrado el viaje como muy agradable. Renania del Norte-Westfalia es una interesante región. Es el Estado más poblado de Alemania, conocido localmente como "das Land von Kohle und Stahl" (la tierra del carbón y el acero). Después de la Segunda Guerra Mundial, RNW se transformó en la región potencia que reconstruyó a Alemania de las cenizas. Allí, debajo de las sombrías olas de la industria en la era de la posguerra, los clubes comenzaron a desarrollar equipos ganadores. Es un escenario muy parecido a aquel en el cual el Celtic de Glasgow prosperó en el siglo XX: "Los adoquines fríos y húmedos del éxito", como había descrito *The Herald*.

El área históricamente les dio la bienvenida a muchos clubes de fútbol gracias a la fuerte industrialización de Alemania Occidental a comienzos del siglo XX. Sean Brown escribió: "La historia de la región es de migración continua".[65] Con la aparición y expansión de la producción industrial, vino una gran demanda de trabajadores. Los migrantes llegaron de toda Europa, particularmente de zonas que alguna vez habían sido Prusia. La palabra alemana para Prusia, *Borussia*, vendría a identificar a varios clubes fundados en aquel momento en la región: el Borussia Dortmund y el Borussia Mönchengladbach son dos ejemplos bien conocidos. Como en Gran Bretaña años antes, con el advenimiento de un mayor tiempo libre el fútbol se ofreció como un activo de la comunidad y fue adoptado por los hombres trabajadores en cada ciudad, pueblo y suburbio de RNW.

La popularidad del fútbol aumentó drásticamente en Alemania durante el Tercer Reich. En 1936, el club de RNW Schalke (también conocido como S04) atrajo a 75 000 fanáticos cuando jugó contra el Nürnberg en Stuttgart. Es interesante que una entidad de los suburbios de la ciudad del acero, Gelsenkirchen, cultural y económicamente detrás de Essen, Duisburg y Dortmund en ese momento, fuera capaz de atraer a tantos fanáticos de toda Alemania. Lo

---

65   Brown, S (2013). *Football Fans Around the World: From Supporters to Fanatics*. Nueva York: Routledge. 62.

hicieron a través de su estilo, conocido como *Schalker Kreisel*, que involucraba un perfecto juego de conexiones, llevando al club a convertirse en la base del seleccionado nacional. Su popularidad también se debía al ambiente político del momento. El partido Nazi había destruido el movimiento socialista y trabajador, y en consecuencia ambas fuerzas carecían de un centro organizacional. "En esos círculos, una demostración de simpatía por el FC Schalke 04 significaba una demostración de simpatía por el ya inexistente movimiento laboral",[66] hallaron Tomlinson y Young, en especial si el Schalke era considerado un club de trabajadores.

9:32 a. m.

En la actual Colonia, la Catedral es la imagen más famosa que se tiene de la ciudad. Grande y ominosa, con dos agujas gemelas oscuras, es el punto de interés más visitado en Alemania, con más de 20 000 personas cada día dando un paso más allá de su umbral. En los siglos XVIII y XIX las iglesias tenían que ser los edificios más altos sobre el terreno; la altura que alcanzaban era un tributo a Dios. Pero al evolucionar la sociedad, las prioridades cambiaron. Hoy en día los rascacielos construidos para instituciones financieras son los edificios más grandes, con los estadios deportivos a menudo en segundo lugar. El dinero y el deporte importan más que la religión para muchos en el mundo moderno. La Catedral de Colonia, sin embargo, cubriendo los trenes bajo su sombra mientras se van, es una contradicción amenazante. Mide 516 pies de alto, con el RheinEnergieStadion, el hogar del club local, FC Köln, midiendo (solamente) 108.

Se pueden usar a los inquilinos del FC Köln para examinar las relaciones de los fanáticos en Alemania. Mientras que en el fútbol inglés la rivalidad es la amenaza más obvia entre los clubes, en este país los equipos tienen amistades dentro de su región y de su Liga. El Borussia Dortmund, por ejemplo, es amigable con el FC Köln y, como consecuencia, el Köln se ha sumado a la rivalidad del Dortmund con el Schalke 04. También tienen una rivalidad con el

---

66   Tomlinson, A. & Young, C (2006). *German Football: History, Culture, Society.* Nueva York: Routledge. 8.

Gladbach, basada en la competencia de los dos clubes por el éxito a finales de la década de 1970, y mantienen una tensión con el Fortuna Düsseldorf, ya que son las dos ciudades más grandes en la RNW con poder económico. El Bayer Leverkusen, un club bien respaldado por el dinero de la compañía farmacéutica Bayer, no es del agrado de muchos fanáticos de la región y más allá. Pero debido a que son muy próximos el uno del otro, entre el Köln y el Leverkusen existe el mayor desagrado. Sin embargo, para que los partidos se consideren un derbi, como encontró Ruud Hans Koning, estos tienen que ser competitivos. Ningún club en la región mantiene un fuerte desagrado por el Bochum o el Paderborn, a pesar de su localidad, ya que no son fuerzas competitivas.

9:40 a. m.

El tren de esa mañana, con eficiencia alemana, pasó por ladrillos apilados y paletas sin usar, con chimeneas humeantes y cielos grises dominando el fondo. Llegó a Leverkusen, el hogar del Bayer 04, y el cielo se espesó. Fundado por trabajadores de la compañía química Bayer, cuyo logo (encontrado en los paquetes de aspirina) ilumina la ciudad desde una torre de fábrica, el club languidecía en las divisiones bajas de Alemania hasta 1980. Teniendo el logo de la compañía en su equipación y su nombre en su título, el Bayer Leverkusen fue históricamente vilipendiado. El ascenso del club pueblerino Hoffenheim, respaldado por el millonario Dietmar Hopp, sin embargo, y la influencia de Volkswagen sobre Wolfsburg, distrajeron a muchos seguidores alemanes, que valoran la equidad económica y deportiva del Leverkusen. Con el RB Leipzig en la Bundesliga desde 2016, el Bayer comenzó a verse tradicional.

Su mayor punto reciente llegó en 2002 cuando, con Lucio en la defensa y Michael Ballack, el considerado niño dorado de su generación, en el mediocampo, llegaron a la final de la Champions League, venciendo tanto al Liverpool como al Manchester United en el camino. En abril de 2002, estaban camino al triplete (al aspirar a ganar el título de la Bundesliga, la Copa DFB y la final de la Champions League), pero terminaron en mayo con las manos vacías. En lo que sería el verano más decepcionante de su carrera, Ballack incluso llegó a perder la final del Mundial contra Brasil. El Leverkusen entró en una espiral de rendimiento medio por muchos años, hasta que en 2014 nombraron a Roger Schmidt. La junta del Leverkusen, envidiosa del modelo creado en el Dortmund, decidió que una fuerte identidad de juego era necesaria para expandir el club. Observaron cómo se desempeñaba el Red Bull Salzburgo, más notablemente contra el Ajax en la Europa League, y contrataron a Schmidt con base en su enfoque.

Schmidt implementó un sistema 4-2-4, más por su presión de alto voltaje que por su tradicional propósito ofensivo. En una Liga de Klopps y Guardiolas, él hizo del Leverkusen el mejor club en transiciones de la liga. "Son uno de los mejores y más intensos equipos en Alemania", sentenció el técnico español.

Pero el 5 de marzo de 2017, Schmidt fue despedido (otra víctima de la regla Béla Guttmann[67]). "Pienso que Roger Schmidt es definitivamente uno de los mejores entrenadores. Pero tenemos que actuar ahora si no queremos perder contacto con nuestros objetivos", dijo el director deportivo Rudi Voller. Para entonces, sin embargo, el estilo de juego de Schmidt se había vuelto un sinónimo en todos los clubes de Alemania, me dijo Tobias Escher, escritor de *Spielverlagerung.de*: "La presión con una estructura alta es una tendencia universal. Todos ellos (los clubes) siguen su modelo táctico. Es la manera en la que un montón de equipos juegan, incluso los clubes de Red Bull. Cuando vino Guardiola, la nueva idea del juego de posición fue implementada y Thomas Tuchel la adaptó al Dortmund, así que hay dos escuelas de pensamiento batallando ahora".

—¿Pero Klopp y Schmidt no inventaron la presión, o sí?

—No. Todos los jugadores tienen que jugar juntos defensiva y ofensivamente. Eso comenzó en la década de 1930 con Otto Nerz y Sepp Herberger. No tienes que decirle a un delantero alemán que

---

67 El gran entrenador austrohúngaro una vez dijo: "El tercer año es fatal. Si un entrenador se queda en un club más que eso, sus jugadores se vuelven aburridos o complacientes y los oponentes comienzan a trabajar en contraestrategias". Él lo sabía. Guttmann entrenó a 25 equipos en una carrera de 40 años, incluyendo a Porto, Benfica, Milan, Sao Paulo y Honvéd.

debe presionar tras una pérdida, él sabe que tiene que hacerlo. Klopp y Schmidt solo modificaron el estilo.

En Alemania los jugadores son buenos técnicamente, pero excepcionales tácticamente.

—¿Hay algo en la educación de los jóvenes que está formando a estos jugadores?

—Sí, pero tenemos que volver en el tiempo a la década del 2000. Nos volvimos complacientes después de 1990 cuando ganamos la Copa del Mundo, en un momento en el que el sistema juvenil estaba cambiando. Tenías la idea de presión de Sacchi y la idea de juego de Cruyff, y las academias de jóvenes se estaban desarrollando en ese tiempo. En Alemania, sin embargo, esto no ocurrió. Cuando fuimos derrotados en la fase de grupo de la Euro 2000, todo cambió.

La DFB fue a los Países Bajos, Francia y España para descubrir cómo estaban formando el talento y crearon el modelo PEPT. "Prácticamente fundaron academias de jóvenes y hoy tienes esta situación en la que hay regulaciones estrictas sobre ellas. Si un club quiere obtener una licencia para la Bundesliga, debe tener una cierta cantidad de campos de entrenamiento para el equipo juvenil, e incluso necesita cierto sistema de iluminación. Entonces, toda entidad necesita tener cierto número de jugadores de su propia academia en el primer equipo y ahora tenemos un montón de entrenadores que hablan en lenguaje táctico desde el Sub-10 para arriba. A esta edad desarrollan hambre por aprender nuevas ideas. Esto es un cambio cultural, porque en la década de 1990 la táctica no era un tema tocado para nada, mientras que los futbolistas ahora se enfrentan constantemente a ella".

10:03 a. m.

Después de 23 minutos, en la estación Düsseldorf, 100 fanáticos más se alinearon, la mayoría de ellos vestidos de rojo. Esta es la ciudad capital de Renania del Norte-Westfalia y el hogar del tercer aeropuerto más transitado de Alemania. En ese lugar habían viajado y se habían quedado los fanáticos del Liverpool, llevando una atmósfera con ellos al momento de pisar el tren —para disgusto del conductor—.

A media hora en auto hacia el oeste de Düsseldorf, no en la ruta del tren, pero vale la pena visitarla, está Mönchengladbach. Con una población de 250 000 habitantes, la ciudad es poco más que un área extra de otros lugares. El club local, Borussia, sin embargo, tiene una historia más fantástica. Hasta 1959 nunca había competido en una liga más alta que la Oberliga West, una división *amateur*, pero en 1963 comenzó a jugar con un talentoso local de 19 años llamado Günter Netzer, y empezó a ganar. En 1966, junto con sus futuros rivales Bayern Múnich, el Gladbach fue promovido a la Bundesliga. Mientras que Múnich era una región de gran poder financiero, Mönchengladbach no lo era. El club tenía poco para gastar. El Borussia, por lo tanto, promovía futbolistas de las divisiones inferiores, como Berti Vogts y Jupp Heynckes.

Netzer era la estrella del equipo. Se convirtió en el símbolo del Borussia de la misma forma que Franz Beckenbauer se volvió el del Bayern. Ambos jóvenes llegaron a representar la agitación sociopolítica en el sistema de valores de Alemania desde 1968 en adelante. Nacieron en hogares simples el año en el que la guerra terminó y jugaron para clubes cercanos a sus pueblos. "(Netzer) se convirtió en el querido de los intelectuales de izquierda, quienes veían en él a alguien que rompía con las tradiciones conservadoras dentro y fuera del campo", escribieron Tomlinson y Young.[68] El mediocampista conductor de autos deportivos, antes de firmar para el Real Madrid, tuvo el mismo efecto en el Gladbach que el que tuvo el joven Cruyff en el Ajax.

Su entrenador en ese tiempo, Hennes Weisweiler, ahora tiene la academia de entrenadores donde él enseñaba (*Sporthochschule*), llevando su mismo nombre. Es una escuela para la clase alta en Colonia (hogar del departamento de análisis de la DFB) para los mejores pensadores de Alemania, incluyendo a Roger Schmidt, quien equilibraba diez meses de estudio con roles tanto de ingeniero mecánico como de entrenador jefe del SC Preußen Münster;

---

68   Tomlinson, A. & Young, C (2006). *German Football: History, Culture, Society.* Nueva York: Routledge.

y Joachim Löw, donde él divisó la filosofía de entrenamiento que apoyó a Alemania en su triunfo en la Copa del Mundo 2014. La historia tiene una forma de repetirse a sí misma. Sepp Herberger, 50 años antes, habiendo ganado el Mundial para Alemania Occidental (con un equipo de jugadores *amateur*), volteó a la *Sporthochschule* para encontrar un sucesor potencial. El personal de allí estaba entusiasmado por un jugador de Colonia llamado Hennes Weisweiler, que era el mejor entrenador de los 80 del curso. Y así, al igual que ocurrió con Jürgen Klinsmann y Löw, Herberger lo hizo su asistente, formándolo para hacerlo el próximo entrenador del combinado nacional.

Pero Weisweiler era un pájaro hogareño y solo quería trabajar en Renania, así que en 1958, a los 38 años, se convirtió en el jefe de la *Sporthochschule*. Todos sus talentos fueron donados a enseñar a futuras generaciones de directores técnicos, además de impulsar a los clubes locales, más que al seleccionado. Trabajó como entrenador del Köln y el rival Viktoria Köln, antes de ser nombrado para ese puesto en el Borussia Mönchengladbach en 1964. Su estilo de juego en el club, que ha continuado a través de los años con jugadores como Igor Belanov y Marco Reus, era atacar y contraatacar. Muchos en Alemania todavía llaman a un gol anotado en una contra un "Gladbach".

En Niederrhein, Weisweiler construyó un equipo técnico, el cual describió así: "Fuerte en la contra, con un enfoque orientado al resultado".[69] Las ideas que reunió como jefe de la *Sporthochschule* eran innovadoras, las mejores en Alemania, si es que no lo eran en Europa (la mayoría de las demás naciones no estudiaban el entrenamiento en el momento), y llevó todo lo que aprendió —en psicología, ejercicios de entrenamiento y táctica— al pequeño Gladbach. Ganaron la Liga en 1970, 1971, 1975, 1976 y 1977, con el danés ganador del Balón de Oro, Allan Simonsen, al frente, y también levantaron la Copa de la UEFA en 1975 y 1979.

Pero el dinero habla. O al menos se ha hecho más ruidoso con los años. Atrás quedó la era de "que gane el mejor equipo", re-

---

69 Weisweiler, H. (1980). *Der Fussball. Taktik, Training und Mannschaft.* Schorndorf.

emplazada por una era de "que gane el más rico". Los años dorados del Gladbach terminaron muy naturalmente: los adolescentes Berti Vogts y Jupp Heynckes se hicieron veteranos, obtuvieron sus calificaciones como entrenadores y se retiraron. Fueron reemplazados por nuevos prodigios, específicamente un chico llamado Lothar Matthäus, pero era de Baviera, no de RNW, así que cuando el FC Bayern hizo una oferta récord por él, cuando tenía 23 años, se fue. El fútbol se hizo muy grande para pueblos pequeños y el Gladbach se quedó detrás.

De vuelta en Colonia, en 1983, 20 000 locales acudieron al funeral de Weisweiler. El servicio fue en la gran Catedral —solo otros dos hombres en la historia han recibido ese honor—, con el subsecuente renombramiento de la *Sporthochschule* en su honor, un gesto acertado. Ahora en el complejo, representantes de la Bundesliga y la DFB se unieron para crear un esquema de entrenamiento para todos los técnicos de las mejores cuatro divisiones. "La Asociación de Fútbol Alemana está actualmente convencida de que un nivel adicional de entrenamiento es requerido con el fin de cumplir las exigencias de los entrenadores en el nivel *top* absoluto —escribe su web oficial—. La German Football League (DFL, por sus siglas en alemán) también es de esa opinión, por eso la licencia de profesor de fútbol ahora es un prerrequisito para estar en un puesto de director técnico en la Bundesliga y en la Tercera Liga". Reconocidos por ser más que entrenadores calificados por la UEFA, una escala más alta que una Licencia Pro, los alemanes que alcanzan el nivel de élite son capaces de convertirse en "profesores de fútbol" en la escuela, como Hennes Weisweiler.[70]

---

70   La calidad del entrenamiento en Alemania es complementada con la cantidad de potenciales entrenadores *Bundes* que tienen. De acuerdo con la UEFA, hay 28 400 entrenadores con licencia B en Alemania, mientras que hay solo 1759 en Inglaterra. Un contraargumento, por lo tanto, es que es más difícil para los entrenadores alemanes llegar al nivel *top*, de ahí que Schmidt tuviera que trabajar en Austria antes de llegar al Leverkusen, pero como una nación competitiva hay un goteo de conocimiento que madura la calidad de *amateur* a élite.

10:21 a. m.

Después de dejar Düsseldorf, a los 18 minutos el tren llegó a Dortmund. "Oh, when the Reds!" ("¡Oh, cuando los *Reds!*", en español) llegó a gritos desde el otro extremo de la plataforma, mientras los fanáticos del BVB y el LFC caminaban juntos al unísono. Ese probaría ser un día de festividades, con amistades formadas a ambos lados. Los dos clubes compartían similitudes de antemano: ambos tenían una *Kop stand* (la tribuna principal del estadio —la del Dortmund, considerablemente más grande; la del Liverpool, más famosa—), con ambos grupos de jugadores versionando "You'll Never Walk Alone" ("Nunca caminarás solo"). Fue en 1996 que la banda local Pur Harmony grabó su toma de la canción, reproducida en el Westfalenstadion antes de los partidos, pero fue introducida por primera vez al fútbol alemán en 1977 por los fanáticos del Borussia Mönchengladbach, habiendo hecho duetos con los fans de Liverpool en bares y restaurantes en la final de la Copa de Europa en Roma. Una amistad emergió esa semana de mayo y continuó con los años, haciendo que muchos fanáticos del Gladbach vieran en el Dortmund a viejos amigos; sus banderas estaban entre las rojas en la plaza Alte Market.

El lugar estaba a tope. Fue ahí que los fanáticos, tanto rojos como amarillos, se reunieron para beber y cantar. Pancartas colgaban de cada poste y árbol; algunas regulares, la mayoría nuevas. Muchos de los nuevos carteles fueron adaptados para el evento y combinaban imágenes de la cara de Jürgen Klopp con los colores de la bandera tricolor de Alemania: la *Bundesdienstflagge* ("Bandera del servicio federal"). Unos 15 años antes, cuando el Liverpool llegó a Dortmund para la final de la Copa de la UEFA, no había banderas amarillas, rojas y negras alemanas en la multitud, a pesar de que el club tenía a Christian Ziege, Markus Babbel y Didi Hamann jugando en ese entonces. Esta moderna apreciación angla de Alemania, del fútbol alemán y su cultura es un fenómeno alimentado por la desilusión. Los fans británicos viajan a Alemania cada año en masa para reencontrarse con el juego que una vez conocieron: para pararse, cantar y beber cerveza de forma muy inofensiva.

Chris Williams está familiarizado con ambos equipos como fan del Liverpool y escritor de la Bundesliga. Viaja a menudo a Dortmund, por lo que estaba en su zona cuando nos reunimos en la plaza. Rojo y amarillo se entremezclaban mientras humo pirotécnico y pelotas de fútbol compartían el aire. "¿Por qué los británicos buscan ahora el fútbol alemán?", pregunté. "Es muy similar, un juego de la clase trabajadora con una pasión similar —respondió—. Supongo que me emociona ver el fútbol de Alemania que no puedo obtener más en Inglaterra. No es un juego de 90 minutos: empieza el minuto en el que te despiertas y cuando te reúnes con los amigos en el *pub*, luego cuando caminas hacia el campo. Esa emoción se traslada a los estadios en Alemania, pero tristemente se ha ido de los campos ingleses. Alemania todavía tiene esa historia de amor entre el fanático y el club, la cual no ha sido erosionada por la búsqueda de ordeñar financieramente a los aficionados. Los clubes aquí todavía son parte de la comunidad".

Una apreciación por el fútbol alemán ha florecido en Gran Bretaña debido a, en ausencia de una mejor palabra, la excelencia "británica" de su juego. Este amor entre Liverpool y Dortmund fue, más que un reconocimiento de clubes de fútbol similares, también una muestra de progreso en la sociedad europea. En Liverpool, 4000 personas fueron asesinadas durante los bombardeos —la segunda mayor cantidad después de Londres— a manos de la Luftwaffe alemana. En respuesta, los Aliados destruyeron el 54% de Dortmund (así como el 64% de sus vecinos de Düsseldorf y el 61% de Colonia). Horripilantes pérdidas de vidas ocurrieron en ambos bandos. Pero ahora, en esta mañana de abril, las ciudades de Liverpool y Dortmund se mezclaban y bebían juntas, cantando las canciones de cada una y llevando los colores de cada equipo. No había xenofobia, no había miedo por el otro, sin pensamientos o menciones de la guerra. Más que una ocasión deportiva, esta era, maravillosamente, una promoción de la paz.

El club simbólico del afecto británico, el Borussia Dortmund, es más atractivo para los fanáticos que cualquier otro equipo en Alemania. Sus colores, el ferviente compromiso de sus seguidores, el atractivo estilo de juego, la cerveza —son "geniales" por defini-

ción—. Algunas entidades poseen un número de estos rasgos —el Ajax tiene estilo; el Besiktas, atmósfera; el Barcelona, jugadores—, pero el Dortmund es un fantástico brebaje de todas estas cosas. Facilitando su atractivo está una capa adicional de misterio, ese rasgo esencial que Albert Einstein describió como "la fuente de todo verdadero arte y de toda ciencia". Debido al misterio del Dortmund, sus tácticas difíciles de analizar y su olvidada historia de lucha, los fanáticos de Gran Bretaña se sienten atraídos a ellos.

El día siguiente

Hay un campo de fútbol gris en la Olga Straße en Gelsenkirchen en el que los hijos de los migrantes locales juegan. İlkay Gündoğan era uno de ellos, así como Mesut Özil —ambos son típicos de la ciudad y su región extendida—. Durante el apogeo industrial de Renania del Norte-Westfalia, los migrantes, o *gastarbeiters*, fueron invitados a venir desde Turquía como "trabajadores huéspedes". Pero cuando las minas cerraron y la industria partió, ellos se quedaron y la integración se volvió un problema. El unificador social, como suele ser el caso, fue el fútbol. Pequeño, pero inteligente, siempre jugando contra chicos mayores, Özil representó a los clubes de vecindario Teutonia, Falke y Rot-Weiss antes de que el gigante local, el Schalke 04, tan omnipresente como las chimeneas que se asoman, lo buscara para su academia.

Con su apariencia distópica—una burbuja blanca rodeada de árboles de bosque y un paisaje de fábricas de fondo—, la academia Knappenshmiede del Schalke, traducida como "fragua de mineros", se ve como un escenario de una novela de Suzanne Collins. El complejo está repleto de historia. El Schalke era el mejor club en Alemania en las décadas de 1930 y 40, y no lo ha olvidado. Hay estándares aquí, un deseo de ganar que hace a Knappenshmiede una de las mejores canteras de Alemania. Junto con Özil, cuando Alemania ganó la Copa del Mundo de 2014, esta fue asistida por los graduados del Schalke: Manuel Neuer, el ganador del Guante de Oro del torneo, y Benedikt Höwedes, que jugó cada minuto. Los tres futbolistas pasaron a través del modelo PEPT y han representado a Alemania juntos desde que eran chicos.

El S04 también abarca una historia sociológica de la región. El túnel de jugadores en el Veltins-Arena, por el que los jóvenes avanzan, es un corredor temático de un pozo de mina, con una tenue iluminación y paredes de carbón a cada lado. Cuando se busca talento, el Schalke recurre a esa historia para atraer a los jugadores a que se unan. La de ellos es una de las áreas de captación más fuertes del mundo, junto con las del Dortmund, el Gladbach y el Leverkusen, entre todas las Ligas juveniles. Pero la competencia es buena. Los ha ayudado a formar a Max Meyer, Joël Matip, Leroy Sané, Kaan Ayhan y Julian Draxler. No tener una competencia fuerte y regular puede ser un obstáculo, como se descubrió en Turín con la Juventus.

El entrenador del Sub-19, Norbert Elgert, le dijo a la *BBC World Service* que hay cinco pilares que sostienen la filosofía de Knappenshmiede, la cual juzga a los futbolistas en:

1. Técnica, espacio y tiempo para el jugador con la pelota

2. Inteligencia de juego y táctica

3. Habilidad atlética, especialmente velocidad de movimiento

4. Fortaleza mental y física

5. Capacidad/idoneidad para jugar en el primer equipo

Con las industrias locales fallando, Knappenshmiede prueba ser una contradicción en términos de negocio. La Asociación de Clubes Europeos, con más de 200 clubes miembros, manda delegados al Schalke cada año para aprender de ellos. Un tema que discuten es: "¿Cuáles son los mecanismos exitosos de cooperación entre el primer equipo y la academia?". Cuesta tres millones de euros al año mantener la academia, así que el Schalke tiene que justificar el gasto al preparar jóvenes para el plantel profesional que se puedan retener o vender. La transferencia de Leroy Sané por 40 millones de euros al Manchester City probablemente cubrió el costo de Knappenshmiede por una década. El extremo, una vez más, es un futbolista técnicamente dotado formado a través del PEPT. Siendo niño, asistió tanto a la academia del Leverkusen como a la del Scha-

lke antes de decidirse por la última. Allí su familia lo llevaría a entrenar tanto a la Knappenshmiede como al centro local de la DFB.

En 2015 hizo su debut para el seleccionado de mayores, lo cual era de esperarse. No porque su padre jugara con Joachim Löw en el Freiburg —el entrenador nacional es un amigo cercano a la familia—, sino porque la DFB tenía control sobre todos los mejores jóvenes en el país y moldeó a un jugador técnico de estilo alemán. Al crecer, se entrenó bajo el mismo estilo que sus futuros compañeros del combinado nacional, haciendo que su transición fuese perfecta. "Vemos un tremendo potencial en él", dijo Löw antes de su debut, hablando en nombre de toda la DFB. La historia de Sané comenzó en Renania del Norte-Westfalia, pero el punto del PEPT es que por más que el escenario fuera Brandeburgo o Sajonia, o incluso un pequeño pueblo en Mecklemburgo-Pomerania Occidental, como el de origen de Toni Kroos, habría tenido el mismo final. Ninguna piedra se deja sin voltear.

CAPÍTULO 18

EL EFECTO MINA DE ORO: EL FEYENOORD DE RÓTERDAM

De la estación de Herzogenrath (de nombre muy alemán), toma 12 minutos llegar a la estación de Heerlen (de nombre muy neerlandés). El viaje a través de la frontera no ve cambios en la vida de ninguna manera. La moneda sigue siendo la misma; las personas siguen siendo las mismas y, extrañamente, a pesar de la barrera idiomática, los acentos son similares. En un día claro en los Países Bajos, uno puede ver por kilómetros a la redonda. La mayoría de las tierras están por debajo del nivel del mar y estarían propensas a las inundaciones si no fuera por el sistema inteligente de diques y represas. Un lector que desee tomar una gigantesca gira de fútbol en Europa similar a la de este libro debe empezar con una exploración en miniatura de los Países Bajos. Los trenes de InterCity comienzan en Maastricht y tienen paradas en Eindhoven, Breda, Róterdam, La Haya, Ámsterdam y Alkmaar. Los clubes pertenecientes a estas ciudades son muy acogedores e imparten seminarios a lo largo de la temporada sobre sus métodos. Por el camino, tulipanes de todos los colores crecen uno al lado del otro. Las vacas pastan, los ríos serpentean e innumerables molinos de viento giran con la suave brisa. Sin embargo, lo más común son los campos de fútbol:

aparecen al lado de las iglesias y las granjas, en lugares en los que simplemente no deberían estar.

Hay más de 3000 clubes *amateur* en los Países Bajos. Las familias pertenecen a su club local y usan sus sábados para ver jugar a padres e hijos antes de irse en bicicleta a casa. A diferencia del fútbol *amateur* en Gran Bretaña, con vestuarios fríos como una piedra y espíritu machista, los clubes neerlandeses tienen cómodas casas club y terrenos artificiales. El deporte también es diferente. Los futbolistas *amateurs* del país mantienen el balón en el piso e intentan manipular el espacio. En cambio, los de Gran Bretaña confían en sus tendencias masculinas, la agresión y despejes altos hacia arriba en el campo, usualmente porque el campo es tan pantanoso que el balón no se puede rodar sobre él. En la versión neerlandesa del juego, hay períodos de posesión largos y controlados, mientras que en la británica hay cambios rápidos en la tenencia. En los próximos capítulos sobre el Feyenoord y el Ajax, descubrirán grandes paralelismos del desarrollo del fútbol en los Países Bajos. Son dos maneras contrastantes de producir jugadores que, por el bien del juego neerlandés, están siendo forzadas a trabajar juntas. Ambas metodologías, dependiendo de la temporada, pueden ser replicadas en Gran Bretaña y otros lugares también.

MOTIVACIÓN INTRÍNSECA

Antes de su nombramiento como director de fútbol en el Brentford, el danés Rasmus Ankersen escribió *The Goldmine Effect* (El efecto de la mina de oro), un libro sobre los secretos del alto rendimiento en los deportes. En resumen, Ankersen pasó siete meses viajando por el mundo, visitando "minas de oro" en las que se desarrollaba el talento. Entre otras, incluyó Bekoji, un pueblo en Etiopía donde se producen los mejores corredores de distancia media; el club de atletismo MVP en Kingston, Jamaica, hogar de los mejores velocistas; Iten, un pueblo keniano que forma sobresalientes corredores de larga distancia, y Brasil, por las favelas de donde emergen excepcionales futbolistas. Para identificar y reconocer los ambientes golpeados por la pobreza donde el talento no solo se desarrolla, sino que se sostiene, Ankersen contrarrestó la creencia de que el talento de élite necesita instalaciones de élite para alcanzar su nivel más alto. En cambio, *The Goldmine Effect* descubrió, entre una cantidad de otros hallazgos, que el deseo interno de un atleta —su motivación intrínseca— importa más que la riqueza de su entorno.

Antes del libro de Ankersen, se pensaba que Usain Bolt y Asafa Powell —y, de hecho, otros velocistas de clase mundial de Jamaica— tenían lo mejor de la ciencia atlética contemporánea, permitiéndoles desempeñarse a ese alto nivel. Lo que encontró Ankersen en Kingston, sin embargo, fue un campo duro y seco, una pista de hierba hastiada y algunos oxidados discos de peso fuera de un cobertizo. Una cita reveladora del fundador del club de atletismo, Stephen Francis, a Ankersen explica la filosofía de las minas de oro: "Un ambiente de desempeño no debe estar diseñado para la comodidad, sino para el trabajo duro. Tiene que mostrarle a la gente que el camino al éxito es largo e incómodo".[71]

El peligro de ofrecerles a los deportistas lo mejor en términos de instalaciones, patrocinios y elogios es que ellos pueden llegar a confiar en esos factores externos y pueden ser llevados a un estado de complacencia: entornos lujosos tienen el potencial de disminuir el esfuerzo. El fútbol está cargado de historias de jóvenes que obtuvieron mucho muy pronto. La investigación de Ankersen encontró que cualquiera puede producir una mina de oro, siempre que inspire confianza en los atletas que asisten. Escribió: "Tiene que ver más con tu habilidad para capitalizar el talento que ya existe. Las minas de oro no van a ser descubiertas. Van a ser abiertas".

La primera impresión del complejo conjunto del primer equipo y la academia del Feyenoord en Róterdam es de una mina de oro gastada. En la visita, el tranvía se detuvo junto a De Kuip, el estadio inminente, intimidante e histórico, forjado en hierro corrugado y hormigón. Para el observador casual es algo horrible, pero para los fanáticos del fútbol es hermoso. La cara de Dirk Kuyt sonríe desde una cartelera al lado de la de Giovanni van Bronckhorst —el entrenador, nacido en Róterdam—. Pasando el estadio, sobre el camino

---

71   Ankersen, R (2012). *The Goldmine Effect.* Londres: Icon Books Ltd.

y entre algunos árboles, está una colección de campos de fútbol. El complejo Varkenoord del Feyenoord es tan poco ceremonioso que comparte sus puertas con un garaje de coches y un arroyo lleno de basura. Está abierto al público (y a los patos) y tiene musgo creciendo a través del pavimento en algunos sitios. Inicialmente, Varkenoord parece ser una colección de terrenos de la Liga de los domingos, salvo por una dispersión de carteles de patrocinio de Opel. Hay, de hecho, 19 campos de entrenamiento diferentes de varios tamaños.

En uno, un grupo de adolescentes en sudaderas estaban jugando de manera informal hasta que un solitario guardia de seguridad los alejó. El equipamiento se mantiene dentro de contenedores oxidados con insignias descoloridas del Feyenoord pintadas. "Mano a mano" se lee el mensaje debajo. Es imposible no dejarse seducir por todo eso. El campo más alejado de la entrada, donde se entrena el primer equipo, tiene cinco líneas verticales pintadas en él, creando secciones para que los futbolistas puedan ver dónde están ocurriendo las superioridades numéricas. Sin embargo, incluso para llegar a ese terreno de juego hay que pasar por un camino de concreto cubierto de musgo.

"Cuando llueve, el camino a la sesión de entrenamiento se inunda. Veo a padres viniendo del trabajo en sus mejores trajes y zapatos, y tienen que caminar por el barro. Sí, nos reímos, pero eso es lo que hace especial a este club", explica Glenn van der Kraan, jefe de la fase de desarrollo e investigador de desarrollo de talento. Y agrega: "No tenemos una cúpula dentro de la cual poder trabajar. Vamos a la playa y corremos en la lluvia con el viento en nuestras caras. Eso los desarrolla como personas. Tu vida no es un camino recto en el que puedes ir donde quieras: tienes que luchar". El Feyenoord cree que Varkenoord desarrolla carácter: "Nuestros fanáticos no quieren a un delantero por 30 millones de euros, quieren ver a un jugador que venga de la academia. ¡Es asombroso!".

De hecho, tiene razón. Son un club especial al que las personas de la ciudad le han dado forma. Róterdam tiene una población ruda y de clase trabajadora. Es el hogar del puerto más grande de Europa, que fue bombardeado hasta el suelo durante la Segunda

Guerra Mundial. Hay un fuerte orgullo cívico aquí, un aislamiento construido a lo largo de los años. Mientras Ámsterdam sueña, Róterdam trabaja, según dice la gente. Se necesita un tipo de futbolista fuerte y rudo para jugar en el Feyenoord, así que los entrenadores de aquí crean más que cualidades técnicas.

El mensaje que da Van der Kraan se alinea perfectamente con el libro de Ankersen: "Las personas del resto del mundo, y especialmente en Inglaterra, están haciendo lo que sea para desarrollar talento. Y si miras los complejos ahí, ¡es una locura! Les decimos a los niños que tienen que dar el primer paso desde aquí hasta el primer equipo. No te podemos dar lo que quieras ahora, depende de ti hacerlo. Muchos niños de 15 y 16 años tienen contratos con agentes y patrocinadores y, al final, lo único que importa es que lleguen al primer equipo". Uno de los libros favoritos de Van der Kraan es *The Social Animal* de David Brooks, sobre la movilidad social y la ambición; el tema es desarrollar un hambre particularmente resonante en los niños. "Gran parte de la vida se trata de fallar, aunque lo reconozcamos o no, y tu destino está profundamente formado por qué tan efectivamente aprendas de los fallos y te adaptes a ellos", escribe Brooks en el libro. Sin darse cuenta, el Feyenoord ayuda a formar más destinos con sus campos de entrenamiento inundados que otros clubes en otros lugares.

NOSOTROS ANTES QUE YO

La mayoría de las academias tienden a enfocarse en desarrollar al individuo para que se enfoque en llegar al primer equipo (el Ajax marcó la tendencia), pero el Feyenoord no es como otros clubes. Aquí el objetivo es desarrollar al equipo (por ejemplo, el Sub-15) y no solo al individuo dentro de él. "Si no pueden jugar juntos, no van a llegar al primer equipo. Todos los clubes que visito hablan sobre los cuatro aspectos (físico, mental, técnico y táctico), pero nadie habla sobre la habilidad de jugar juntos —comenzó Van der Kraan—. Si tomas a Luis Suárez, por ejemplo, en el Liverpool él era el individuo y las personas dudaban de si podría hacerlo en el Barcelona, pero él se ha adaptado para ser parte del conjunto. Eso es lo que hacemos con nuestros niños. Queremos a los mejores

chicos en el grupo para que jueguen juntos. Los niños saben con quién pueden jugar y es por eso que nuestra mentalidad de grupo es tan importante, ya que, mientras que es esencial desarrollar las habilidades técnicas, al final del día tienes que ser capaz de desempeñarte en un equipo. Tienes que trabajar duro para el otro y esa es la manera de jugar del Feyenoord".

El jefe de su academia, el nacido en Róterdam, Damien Hertog, está de acuerdo en que este foco de equipo es único de la academia del Feyenoord, pero insiste en que no está hecho en detrimento de la individualidad: "Hay un malentendido si la gente piensa que no desarrollamos individuos también. Desarrollamos un individuo que puede jugar como parte de un equipo, lo cual es algo distinto. Pero la persona con la mayor posibilidad de lograr llegar a un conjunto es la que entiende el valor de ser parte de uno".

En 1992, el Manchester United tenía un grupo de jugadores jóvenes que pasaron por la academia juntos y entraron en el primer equipo. David Beckham, Nicky Butt, Ryan Giggs, Gary Neville, Phil Neville y Paul Scholes se convirtieron en el producto del club. El Ajax en 1995 ganó la Champions League con un grupo similar de futbolistas de la academia que también progresaron desde el mismo ambiente. Edwin van der Sar, Edgar Davids, Clarence Seedorf y Michael Reiziger conocían cada uno el estilo del otro de arriba a abajo, mientras el resto de Europa no lo hacía. La historia del fútbol está llena de triunfos de la cantera, desde los Leones de Lisboa pasando por el Barcelona de 2010. Sin embargo, la probabilidad de que haya jugadores jóvenes pasando juntos por una academia es ahora bastante baja debido al énfasis en desarrollar al individuo. El Feyenoord podría ser la excepción. "Queremos que todos tengan fe en el mismo sueño. Cuando se están entrenando y miran a la izquierda pueden ver el estadio, y ellos saben que en realidad tienen una oportunidad de ser jugadores del Feyenoord porque muchos otros niños ya han pasado por el sistema", dice Glenn.

Dentro de un edificio de bloques de cemento, todos los entrenadores juveniles del Feyenoord se sientan alrededor de una gran mesa y comentan sobre los futbolistas de sus grupos, incluso si no les afecta. El entrenador del Sub-16 sabrá todo acerca del grupo

Sub-6, y viceversa. Hay una unidad, un espíritu de "nosotros contra el mundo" que junta a todo el complejo. Fomentar ese espíritu es crucial. Así lo explicó Glenn: "Nuestro eslogan es 'sin palabras, solo acciones', y eso es lo que queremos en el campo. Queremos que trabajes a tope para que seas un jugador de clase mundial. Tienes que trabajar duro para que no decepciones a tus compañeros. Esa es la base para nosotros. Por eso es que pienso que este es un club familiar: estamos haciendo esto todos juntos".

El espíritu del que habla ha sido una constante en el Feyenoord desde su bancarrota en 2007. En ese entonces la junta, el entrenador y los fanáticos decidieron unánimemente enfocarse en la academia en vez de gastar en jugadores de otros lugares. El Feyenoord produjo a Jordy Clasie, Stefan de Vrij, Bruno Martins Indi, Leroy Fer, Daryl Janmaat y Gini Wijnaldum. En la Copa del Mundo de Brasil 2014 habían formado a más jugadores en el torneo que cualquier otra academia en el mundo. Damien Hertog le otorgó el premio Rinus Michels (dado a la mejor academia de los Países Bajos) al Feyenoord cinco años seguidos. "Esa es nuestra identidad. Son las personas las que hacen especial al club. No lo puedes describir, es solo un sentimiento (que tienes) tan pronto como entras aquí. Comienza a las 8:30 de la mañana con la primera sesión de entrenamiento y termina a las 8:30 de la noche cuando la última sesión ha finalizado. Si le preguntas a Van Persie o Jordy Clasie, siempre se sintieron a gusto aquí, y eso es lo que queremos ofrecer a los jugadores", explica Glenn, y es cierto. El personal crea el ambiente cálido que no ofrecen las instalaciones: no hay campos techados, así que cuando llueve o cae granizo duro y frío, los jóvenes se quedan afuera. La firmeza tiene que estar en la tierra y en el corazón.

UNA MENTALIDAD GANADORA

Dando la bienvenida a los visitantes al pasillo del edificio de bloques de cemento está una colección de fotografías enmarcadas de graduados de la academia. Los jóvenes del primer equipo Sven van Beek y Tonny Vilhena están en las fotos más cercanas, con Royston Drenthe y Jonathan de Guzmán en las más lejanas. Vestido con una campera deportiva negra, Damien Hertog hablaba sobre la mentalidad ganadora que tienen los conjuntos jóvenes del Feyenoord: "Se trata de construir resiliencia a lo largo de su tiempo en nuestra academia. Durante las sesiones, rara vez pitamos una falta; les decimos que no se quejen y que continúen. Jugamos para ganar competiciones. En los entrenamientos, todo es acerca de recompensas y castigos. El tipo de pena depende del entrenador: algunas veces puede ser gracioso, otras pueden ser flexiones de pecho o carreras. A veces tienen que limpiar los vestuarios o cargar algo". Ese día, en la cantina, tres chicos que habían perdido en una práctica estaban esperando al resto de su equipo, sirviendo comida y asegurándose de que estuvieran hidratados. Los tres chicos lo odiaron, así que en la siguiente sesión estaban más determinados a no perder.

Como en muchas academias británicas, los padres no tienen permitido hablar. Los jóvenes futbolistas juegan en campos exuberantes con una atmósfera de *Crucible Theatre*. Tal vez esa es la manera correcta para ellos de enseñar, sin ninguna presión exterior, aunque socialmente ir de tanta serenidad a un partido profesional frente a miles de fanáticos aullando sea una evolución difícil. El jugador naturalmente se pone nervioso y puede que se desempeñe por debajo de su estándar, invitando al abuso verbal de los fanáticos y presentándole a su entrenador una oportunidad para dejar de considerarlo para los partidos. En el futuro, puede que el técnico esté menos inclinado a incluirlo de nuevo.

El Feyenoord sabe que sus jóvenes necesitan ser gradualmente expuestos a un grado de volatilidad para que así puedan hacerle frente progresivamente a la misma. Glenn explica: "Se trata de faltas y comportamiento. El comportamiento de los niños viene de adentro. Las emociones son un pensamiento que tienen y ellos tienen que lidiar con ellos. Si nunca han estado en situaciones en las que han estado expuestos, por ejemplo, o si los traemos de un club *amateur* para ir a un torneo en contra de los clubes ingleses, estarán temblando. Por esto es que nunca les decimos a los padres que no pueden mirar". Los familiares son, de hecho, animados a ser parte de la experiencia. Agrega Glenn: "El chico tiene que saber que está en el mejor club de fútbol en los Países Bajos, jugando bajo la guía de los mejores entrenadores. En un sábado, tiene que ser capaz de desarrollar su propio juego y no preocuparse por las personas mirando. Tiene que enfrentarse a situaciones a las que es expuesto".

Para promover una cultura ganadora, los niños comienzan entrenando en una práctica de dos contra dos o tres contra tres con castigos para el grupo perdedor. El Feyenoord también entiende que los chicos aprenden unos de otros y han decidido que, en vez de educarlos en el sitio como lo hacen las academias de la Juventus, el Honvéd, el Benfica y otros, es mejor enviar a sus jugadores jóvenes a una escuela para atletas de élite. "Están en una clase con nadadores que se levantan de la cama a las 4:45 de la mañana y están en la piscina de natación desde las 6:00 hasta las 9:00. Para el momento en el que nuestros chicos llegan, ya han estado trabajando por tres horas. Están abriendo los ojos a lo que otros necesitan hacer para ser lo mejor que pueden ser", dice Glenn. Así como de deportistas de otras actividades, los futbolistas de la academia aprenden de chicos de otras edades. El Feyenoord tiene un sistema de amigos que permite que niños de siete, ocho y nueve años se entrenen con otros de 11 y 12. "Podemos tener un extremo izquierdo de seis o siete entrenando con un niño en el Sub-11 o Sub-12. Los jugadores mayores muestran liderazgo, y el más joven está observando y mirando lo que se necesita para alcanzar ese nivel".

ESFUERZO

En mayo de 1940, la Luftwaffe bombardeó Róterdam mientras el ejército alemán invadía los Países Bajos, forzando a los neerlandeses a rendirse. Miles de personas inocentes murieron. Para los locales, el sufrimiento continuó cuando los nazis tomaron el control del puerto. Las fuerzas aliadas dedicaron cinco años a bombardearlo. Róterdam fue borrada: se volvió una cama de escombros aplanados. Fueron los sobrevivientes los que reconstruyeron la ciudad y fomentaron la mentalidad fuerte que se ha mantenido a través de las siguientes generaciones. La ciudad moderna es arquitectónicamente diversa, bendecida con diseños futuristas. Extravagantes edificios de metal reflejan el sol en los tranvías que pasan. Ciclistas a la típica moda neerlandesa mantienen el ritmo con los

tranvías en un camino dedicado solo para ellos. En el medio hay un canal lleno de tulipanes de todos los colores. Esta es la manera del ayuntamiento de hacer que Róterdam luzca como una ciudad tradicional del país, como Den Haag o Utrecht, pero debajo de la superficie hay una dureza de carácter nacida de la adversidad: un orgullo cívico y un sentimiento de ser diferentes. Cuando los roterdamenses vienen juntos a De Kuip, la atmósfera no tiene rival. Pocos lugares son tan intimidantes.

Mark Lievisse Adriaanse, fan del Feyenoord, reconoce —sin embargo— que su imagen como el club rasposo de Róterdam es reciente: "Desde la década de 1910 hasta comienzos de la década de 1960, el club era visto como un equipo de estética, jugando un fútbol bonito y avanzado. Esto cambió durante la década de 1970. La identidad del conjunto se convirtió en una de clase trabajadora que priorizaba el trabajo sobre la belleza". Él encuentra peligrosa la identidad más reciente, en el sentido de que los fanáticos popularizan caballos de batallas sobre otros animales elegantes, a pesar de que esto no necesariamente hace más fuerte al equipo. "Róterdam en sí misma también está cambiando rápidamente. Los edificios son tan fácilmente construidos como derribados, los vecindarios cambian constantemente. Los puertos se han mudado del interior de la ciudad a las afueras y sus trabajos están automatizados. Su población sigue siendo principalmente de baja educación, pero ya no trabaja en el puerto. Es más, la ciudad se está aburguesando muy, muy rápidamente. Esto seguramente alterará su identidad".

El roterdamés Damien Hertog entiende su tejido social contemporáneo. Como dijo una vez el favorito del club Ernst Happel: "Un día sin fútbol es un día perdido". La cita se aplica en su totalidad para las personas de allí. Hertog sabe cómo debe ser un jugador del Feyenoord, tanto en su personalidad como en su mentalidad: "Nuestros espectadores y las personas que viven en Róterdam saben lo que significa trabajar duro y tener un ingreso. Si trabajas fuerte por 90 minutos y luchas por cada pulgada en el campo, entonces los espectadores lo apreciarán más. Si no lo haces, no te aceptarán. Los fanáticos quieren ver a un equipo luchando y jugando el uno por el otro, no como individuos. Decimos 'mano a mano' en el club; es algo que representa al Feyenoord. Es una cultura del club y tenemos que llevarla a nuestros jugadores jóvenes. Entonces, hablamos de atributos que tenemos que desarrollar, los cuales son, obviamente, la parte técnica, mental, física y táctica".

Irónicamente, el jugador que más representa esos valores es Dirk Kuyt, criado en el ventoso pueblo costero de Katwijk, en la parte meridional del país, un mundo lejos de Róterdam. Sin embargo, en Katwijk creció puro, con una dieta de pescado y leche. Vio lo duro que trabajaban las personas y habría sido un pescador si no fuera por el fútbol: "Pero cuando tenía 11 años, mi padre dijo que debía quedarme en la tierra e intentar convertirme en un futbolista", recordó. Kuyt conoce el valor del esfuerzo y por eso se encuentra como el capitán del Feyenoord. No solo eso: él es actualmente el chico de oro del fútbol neerlandés, un caballero que volvió a salvar el juego de caer en la ruina. Eso es lo más irónico, dada su apariencia y su técnica, pero los neerlandeses aman a Kuyt. Para el seleccionado nacional trabajó más fuerte que ningún otro y siempre valoró su puesto. El fútbol es históricamente un deporte masculino y los jugadores del tipo de Kuyt siempre han mantenido el aprecio de los fanáticos.

En una era pasada, los jugadores neerlandeses se iban a jugar en el extranjero, a menudo a Milán o Barcelona, pero siempre regresaban para ayudar a traer una generación joven de talento. Esa era la cultura neerlandesa. Johan Cruyff lo hizo por Ruud Gullit en 1983, Frank Rijkaard por Dennis Bergkamp en 1993 y Edgar Davids por Wesley Sneijder en 2006. Ahora, sin embargo, con el declive de la Eredivisie, los internacionales neerlandeses no quieren volver a casa. Inspirado por Gheorghe Hagi, Wesley Sneijder y su vecino Robin van Persie se mudaron a Turquía; Clarence Seedorf se retiró en Brasil, habiendo crecido en la vecina Surinam y habiéndose casado con una esposa brasileña, y Rafael van der Vaart optó por el Real Betis debido a su familia española.

Kuyt vuelve a casa e inspira a todo el mundo en el país. "Dirk tiene 36 años y ha jugado en dos Copas del Mundo y en una final de Copa del Mundo. Ha ganado muchos trofeos y ha conseguido un montón de grandes logros en su carrera. No hay nadie que pueda

explicarle a un chico joven por qué debería trabajar tan duro en un entrenamiento como Kuyt: es un buen modelo a seguir", dice Hertog. En el Feyenoord, el sistema de amigos comienza con Kuyt. Glenn van der Kraan reconoce la falta de ejemplos a nivel nacional: "Tienes a chicos de 18 llegando y tomando consejos de jugadores que tienen 30 y grandes carreras. Es algo que ha cambiado y es un gran problema para nosotros. Nuestros jóvenes ya no tienen tanta autocrítica. Ya no dicen después de un mal partido: 'Vale, necesito dar un paso adelante en mi juego'. Es fácil culpar al entrenador u otros factores externos. Hay agentes de niños de 14 diciéndoles lo buenos que son. Esta generación quiere una atención positiva todo el tiempo". Por eso el profesional criado puramente Dirk Kuyt es invaluable para el Feyenoord.

UN JUEGO DESARROLLADO ARRIBA

Glenn van der Kraan estaba dirigiendo al Anderlecht con 19 años cuando, en un torneo en sus Países Bajos nativos, se enfrentaron con el Feyenoord. Stanley Brard (exjefe de la academia) y Gerard Rutjes (exjefe de la fase de desarrollo) lo escucharon hablando y comenzaron a conversar con él después del partido. Cuando se le preguntó a Glenn si quería ir al Feyenoord a trabajar, inicialmente estaba reacio. Su hermano, James, ya tenía empleo como jefe de *scouting* juvenil y los dos habían decidido que no trabajarían juntos si alguna vez surgía la oportunidad. Pero Brard fue convincente y Glenn se unió como entrenador del Sub-10. Eso fue hace seis años. Ahora es jefe desde la edad Sub-6 hasta la Sub-12 y ha desarrollado el programa *Soccer Lab* del club.

Es un sistema de datos que reúne información de jóvenes desde la percepción de los técnicos —cómo rindieron en las prácticas y en los partidos—, desde el cual Glenn puede desarrollar un calendario de entrenamiento. Lo más interesante es la investigación que hizo Glenn con la Universidad de Ámsterdam y la Universidad de Tilburgo sobre el desarrollo del talento. "Descubrí que la toma de decisiones es realmente importante. Los mejores jugadores eran los que tomaban decisiones más rápido. Todos en el mundo lo saben ahora, pero lo que quería hacer era descubrir cómo podíamos mejorar eso. Junto con uno de los mejores profesores en la ciencia del movimiento humano, hicimos una prueba para saber lo que un chico está mirando cuando está jugando al fútbol. Descubrimos que nuestros mejores futbolistas sabían exactamente dónde iba a estar el balón dos segundos antes de dar el pase. Mi objetivo era obtener todos esos datos y descubrir lo que hacen los niños y cómo podemos mejorarlos. Por ejemplo, lo que hacemos ahora es que no usamos petos cuando jugamos un tres contra tres. Hemos tenido ciertas sesiones de entrenamiento con luces, en las que entrenamos la percepción de nuestros jugadores. Ahora empezamos con más jóvenes de cuatro, cinco y seis años; en eso es que somos buenos. Mi rol es el de probar y encontrar los métodos de entrenamiento correctos para que estos chicos puedan trabajar en esas áreas".

La investigación de Glenn sobre el lóbulo prefrontal descubrió atributos que pueden ser desarrollados en niños de cinco y seis años de edad. Asegura: "Lo que encontramos fue que los niños van a una sesión de entrenamiento y luego solo reciben una pelota y juegan al fútbol de nuevo. Puedes ver una mentalidad ganadora en eso. Les decimos a nuestros *scouts* que todo es subjetivo. Todo lo que hacen es subjetivo, pero deben ver al chico jugar: ver cómo es el antes y después de una sesión, porque entonces verán qué tipo de ser humano es. Al final, no es solamente un futbolista, sino un ser humano, y puedes ver incluso a los cuatro o cinco si él tiene una mentalidad ganadora".

LAS HORAS Y EL SECRETO

Cuando estaba en Lyon, me senté a ver jugar a niños de todas las edades en un campo polvoriento debajo del puente Guillotière. Eran jóvenes artistas urbanos, los Zidanes y Riquelmes de su vecindario. Los Países Bajos reflejan a Gran Bretaña —y, de hecho, a la mayoría del oeste— en que sus niños son reclusos sociales. Los jóvenes no están jugando tanto al fútbol como lo solían hacer, secando así los pozos de talento de los que alguna vez los clubes profesionales sacaron provecho. El Feyenoord (a saber: Glenn) investigó el número de horas que sus muchachos jugaban fuera de las prácticas. La cifra apenas estaba por debajo de nueve horas por semana. En Sudamérica esa cifra era el doble. Lo que la entidad decidió hacer fue ofrecerles a los niños la oportunidad de aumentar su número de horas no estructuradas jugando al fútbol. Si una sesión comienza a las 5:00 de la tarde, a las 4:00 de la tarde los entrenadores decidían lanzar 50 balones y decirles a los chicos que jugaran libremente. "Así que hay más de 100 niños jugando una hora, tres veces a la semana, con niños de diferentes edades, de manera desestructurada. Esas horas a la semana son 150 al año, de las cuales tenemos la esperanza que inspiren a los niños a jugar fútbol cuando lleguen a casa", explicó Glenn. En su nuevo complejo, el Feyenoord quiere construir un terreno de fútbol con diferentes obstáculos, permitiendo que los niños sean creativos y se diviertan. La razón: "Pueden hacer un dos contra dos o lo que sea que quieran". El juego no estructurado permite un desarrollo social, así como técnico. Es allí que los líderes emergen y los entrenadores pueden ver quién muestra deportividad y un grado de organización.[72]

Hertog está de acuerdo en que la caída del fútbol callejero es un problema. "No es algo nuevo, pero nos preocupa de igual manera. Si cuentas las horas de entrenamiento en casa y las de aquí, hay una gran caída en general; así que muchas academias compensarán ese tiempo en el club. Quieren traer niños al club antes, donde pasarán todo el día, o tal vez su academia sea como La Masia, donde se quedan".

Él cree que los jugadores y sus padres necesitan tomar un grado de propiedad sobre sus ambiciones. Siente la necesidad de comunicarse abiertamente con los jugadores sobre el problema y espera que encuentren un tiempo para combatirlo: "Los alentamos a que jueguen más, a que se entrenen por ellos mismos y les explica-

---

72 El Feyenoord difiere del Ajax en la estructuración de sus sesiones. Mientras que el Ajax juega partidos pequeños, permitiéndoles a los niños tener muchos toques de balón; el Feyenoord lo hace en áreas más grandes, más representativas de un partido de fútbol. Glenn explica: "Queremos que nuestros chicos tengan una visión amplia del campo y participen de juegos de gran tamaño, así tienen una mejor habilidad para rendir juntos y ven toda la profundidad del terreno. Es una idea diferente, pero no hay una manera establecida de convertirse en profesional".

mos que no es suficiente tiempo aquí en la academia. No quieres tener que gastar tiempo de entrenamiento de calidad trabajando en pasar la pelota con ambos pies: deberían elegir hacer eso en casa, especialmente cuando tienen 18 o 19 años. El entrenamiento debería ser en la toma de decisiones y en encontrar espacios en el campo, no pasar el balón. Si todavía lo necesitas, entonces debes practicar en tu propio tiempo si en realidad quieres lograrlo".

Las leyendas neerlandesas como Johan Cruyff y Dennis Bergkamp trataban a la calle como su mejor amiga. Participaban de juegos no estructurados con compañeros y luego, cuando todos se iban a sus casas, pateaban solos contra la pared, juzgando su dirección y aprendiendo cómo manipular la pelota cuando venía a sus pies a diferentes velocidades. Pero esa dedicación a gastar horas solo con un balón no tendría que parar cuando un futbolista se vuelve profesional.

Hertog me pregunta si he visto la entrevista de Robin van Persie hablando acerca de Bergkamp. La he visto. En ella, Van Persie detalla la dedicación que Bergkamp puso en su oficio: "No tengo suficientes palabras para describirlo. Una vez terminé mi entrenamiento más temprano y estaba viéndolo desde el *jacuzzi*. Justo se había recuperado de una lesión y estaba haciendo un ejercicio que involucraba pasar y rematar, con tablas y maniquíes. Me senté y esperé a que cometiera un error, pero nunca lo hizo. Tenía las manos arrugadas por la bañera. Hizo ese ejercicio por más de 45 minutos y no cometió ni un solo error. Para mí fue arte".

Hertog sonríe al pensar en ello: "Por qué hay que juzgar a un jugador de 15 años si se está entrenando al 70% de su capacidad, porque incluso Van Persie aprendió después. Hay jugadores que quieren trabajar duro en cada sesión y también hay otros que son más relajados y solo quieren tener la pelota, pero son realmente dotados y creativos, solo con falta de ritmo de trabajo. Tal vez ese jugador se dé cuenta cuando vea trabajar a Dirk Kuyt, como Van Persie vio a Bergkamp".

SINCRONIZACIÓN

Con tantos factores por considerar, ¿cuándo sabe Hertog que un jugador está listo para el primer equipo? "Nunca lo puedes saber con seguridad. Pero tienes expectativas y tienes tu experiencia con la que puedes comparar cosas, con anteriores jóvenes como Clasie, De Vrij y Wijnaldum. Así que rara vez leemos mal cuando un jugador está listo", responde. Es importante para Hertog no enviar un futbolista al primer equipo muy pronto, ya que hay un alto riesgo de atrofiar su desarrollo. "Pero conoces sus atributos y habilidades, y puedes decir cuándo está listo. Los entrenadores hablan mucho sobre los jugadores y hay muchos ojos observándolos. También tenemos técnicos en la academia que han jugado en el nivel más alto del fútbol, así que eso ayuda cuando estamos tomando decisiones".

En el Feyenoord, Roy Makaay es uno de esos entrenadores. El Ajax, de manera similar, tiene a Bergkamp y a Winston Bogarde trabajando con sus atacantes y defensores, respectivamente. Si uno visita el retiro tranquilo del PSV a las afueras de Eindhoven, Bolo Zenden, Andre Ooijer y Mark van Bommel pueden ser vistos. Esto es una idea neerlandesa para mejorar no solo a los jugadores jóvenes, sino también a los técnicos, quienes son capaces de trabajar junto con los retirados y aprender de ellos: "Pienso que es bueno tener diversidad en tus entrenadores para los conjuntos juveniles —explica Hertog—. La importancia del *staff* que jugó al nivel más alto es que sabe lo que se necesita para jugar ahí, así que hay detalles que son vistos en el fútbol de clase mundial que pueden contar a nuestros jugadores jóvenes. Es importante compartir ese conocimiento. Pero tenemos técnicos que no han jugado al fútbol profesionalmente y que son buenos socialmente con los futbolistas, que tienen paciencia y que pueden estimular más su desempeño. Son chicos que han trabajado por años y entrenado como profesores, así que saben cómo comunicarse con los niños. Se requiere más que conocimiento sobre lo mejor del juego para ser un buen entrenador".

CAPÍTULO 19

ENTENDIENDO AL AJAX DE AMSTERDAM: LITERATURA

La manera en la que la mayoría de los equipos juegan en la era moderna se puede remontar al Ajax. Arrigo Sacchi, habiendo pasado los comienzos de sus 20 años vendiendo zapatos, vio viejas cintas de video del Ajax en la década de 1970 y formuló un estilo que transformó el fútbol italiano. "Solo ha habido una revolución táctica real y ocurrió cuando el fútbol cambió de un juego individual a uno colectivo —dijo—. Pasó con el Ajax". El Milan de Sacchi, el Barça de Guardiola y el Dortmund de Klopp: todos los pioneros modernos fueron influenciados por el Ajax.

Ámsterdam es uno de los centros creativos del mundo y una tierra fértil para el desarrollo del fútbol. El Ajax, su club, es el eterno innovador; a menudo, otros equipos se copiaban y beneficiaban de sus métodos en una era televisada. Debido a eso, constantemente tienen que reinventarse a sí mismos, creando una nueva forma de desarrollar futbolistas talentosos cada par de años. De alguna manera, logran mantenerse por delante del grupo. Está en su ADN ser precursores; está en su cultura jugar de forma atractiva. Dentro de sus lineamientos hay una apreciación artística: debe utilizar un 1-4-3-3, debe incluir a jóvenes excepcionales y debe dominar la pelota.

Sin embargo, tal es la pasión de sus antiguos jugadores y directores por la entidad y tan poderoso es su valor como institución nacional que los desacuerdos en la dirección del club son tan comunes como los tulipanes amarillos en los Países Bajos. El Ajax ha pasado por mucho en años recientes. Con el fin de apreciar los métodos que utilizan ahora, debemos rastrear sus comienzos.

Róterdam, trabaja; Ámsterdam, sueña. Aunque hay que tener cuidado de no soñar mucho al visitar la ciudad. Los canales y los cafés, las bicicletas y las casas que parecen caja de zapatos; después de un rato, todo eso luce igual en el aire brumoso. Ámsterdam es la capital cultural de los Países Bajos, incluso si La Haya representa la capital política. Hace 60 años, la ciudad difería bastante de la bulliciosa, fiestera e intelectual Ámsterdam de hoy en día. En una época de blanco y negro, los hombres se quedaban por años viendo la misma lluvia caer en los mismos canales. Esa agua negra ahora brilla en sombras de injusticia; un tinte entre liberal y crudo, dependiendo de la percepción. Sin embargo, junto con el turismo de mal gusto todavía late un profundo corazón filosófico. Las calles más tranquilas lejos de la *Centraal Station* mantienen una mayor sofisticación. El dinero dado al gobierno desde el turismo de marihuana es donado a los museos, las galerías, los teatros y las salas de conciertos.

En la década de 1960, los neerlandeses comenzaron a formar su identidad moderna. Sacudiéndose la inactividad de la ocupación alemana, una cultura joven privada de derechos despertó. Esa generación posguerra de hippies, tristes y cansados de las batallas, se extendió por el mundo occidental en uno de los primeros ejemplos de consciencia global unida. Los estudiantes que vivían en Ámsterdam hicieron de la ciudad una meca para los hippies viajantes, bohemios y Provos. Todo el rato la mayor parte de la nación permaneció conservadora (y, de hecho, continúa siéndolo), a pesar de que su epicentro cultural progresivamente se transformara en una metrópoli tolerante.

Como a menudo tiende a ser el caso, el fútbol reflejaba a la sociedad. El AFC Ajax, uno de los equipos más grandes de la ciudad, aunque no particularmente exitoso, se convertiría en una extensión de esa era de visión hacia el futuro de Ámsterdam. El inglés Vic Buckingham mezcló una tradicional formación WM con la creencia de que la pelota debía ser pasada entre los compañeros (algo pionero en su tiempo). "El fútbol de posesión es lo bueno —le dijo a David Winner en *Brilliant Orange*—, no patear y correr".[73] Antes de partir del entonces *amateur* Ajax, Buckingham presentó a un delgado amsterdamés del este de la ciudad para su debut. La madre de Johan Cruyff trabajaba como personal de limpieza en el estadio De Meer y él se unió al club cuando tenía diez. Con su cabello largo, un comportamiento arrogante y su costumbre de fumar mucho, Cruyff parecía un Provo. No lo era: era un rebelde, pero compartía su creencia de que el mundo podría cambiarse y, como ellos, intentaba hacerlo. Su estilo de juego fluido, muy distinto a cualquier cosa vista antes, unido a su naturaleza abierta, hizo de Cruyff un símbolo de su generación. Pero aun con todo su talento, la gran explosión del Ajax no ocurrió hasta que el profesor de escuela Rinus Michels fuera nombrado entrenador. Fueron él, Cruyff y otros chicos talentosos de los vecindarios de la ciudad (Piet Keizer, Ruud Krol y Sjaak Swart) quienes impulsaron al AFC Ajax a que pasara de ser un club semiprofesional de comunidad a convertirse en el campeón europeo de la década.

MICHELSISMO

La escuela JC Amman para sordos de Ámsterdam era una de las primeras de su tipo cuando abrió en 1912. Su visión era identificar y educar a niños sordos tan pronto como fuera posible, con estudiantes de hasta tres años de edad superando allí sus dificultades. De la innumerable cantidad de personal que pasó por las puertas de la escuela en el siglo siguiente, ninguno fue tan reconocible como Rinus Michels. Durante su estadía en la escuela, el futuro entrenador del Ajax, el Barcelona y los Países Bajos aprendió cómo comunicarse efectivamente. Tenía que organizar a los niños para que se enfocaran únicamente en él mientras gesticulaba y demostraba las técnicas de gimnasia. Luego, como un entrenador internacional,

---

73   Winner, D (2001). *Brilliant Orange: The Neurotic Genius of Dutch Football*.
     Londres: Bloomsbury.

Michels se pararía justo frente a sus jugadores para entregar sus instrucciones; en parte, eso le atribuyó su apodo de El General.

Con Johan Cruyff como excepción, un requisito previo habitual para muchos técnicos exitosos ha sido una carrera como jugador no tan espectacular (Mourinho, Wenger, Benítez).[74] Michels cumplía con esa regla, como un número nueve poderoso físicamente y promedio técnicamente. Su habilidad cabeceando ayudó al Ajax a ganar el título en 1947 y luego en 1957. Una lesión lo forzó a retirarse temprano (en sus 30) y, por lo tanto, en una era preprofesional, Michels comenzó a trabajar en la escuela.

En 1965 volvió al Ajax como entrenador. Vieron el trabajo moderno que estaba haciendo en el club *amateur* JOS como técnico a tiempo parcial y se movieron rápidamente para llevarlo de vuelta. El equipo estaba peleando el descenso cuando llegó, pero al año siguiente ganó la Liga. El entrenamiento aumentó su intensidad y emergió un enfoque táctico real. El alejamiento de Michels de la vieja formación inglesa de WM para pasar a una de 1-4-2-4 se ajustaba al Ajax, especialmente a Johan Cruyff. La libertad concedida a los futbolistas era una extraordinaria idea innovadora para ese tiempo. Comprimir el espacio y hacer que el campo pareciera más pequeño cuando no se tenía el balón, antes de dispersarse y hacer el terreno tan ancho y largo como fuera posible cuando disponían de él, eran dos principios de juego —ambos siguen siendo parte del plan de la academia hoy en día—.

Al instruir a su conjunto en reaccionar cuando ganaba y perdía la pelota, Michels se convirtió en uno de los primeros técnicos en desarrollar conscientemente cómo sus dirigidos se aproximaban a las transiciones. "Para ser capaces de mejorar el desempeño en el fútbol moderno es absolutamente necesario tener transiciones rápidas de la defensa al ataque, y al contrario", escribió.[75] El 11 inicial del Ajax también era libre de intercambiar posiciones, siempre que

---

74 Quizás esto esté cambiando una vez más, considerando que muchos de los mejores entrenadores del juego —Simeone, Guardiola, Ancelotti, Zidane— tuvieron carreras espectaculares como futbolistas.

75 Michels, R (2001). *Team-building: The Road to Success.* Países Bajos: Uitgeverij Eisma bv. 107.

un compañero llenara el espacio vacío. En las prácticas a menudo lanzaban y atrapaban la pelota dentro de su distribución, en vez de pasarla con los pies, permitiéndoles identificar los momentos para moverse. "Si le pasas el balón a A, ¿cómo le llegará a B?". Michels le enseñaba a su equipo a hacer pases "tontos" al compañero equivocado, ya que así sería presionado y se abriría el espacio para que recibiera el objetivo previsto originalmente. Hoy en día esta acción se conoce como "trampolín" y es a menudo empleada por el mediocentro al recibir de sus centrales para abrir un hueco en el medio del campo. Todo el mundo en el Ajax era un creativo que pensaba tres pases por delante del juego.

En *Brilliant Orange* ("Naranja brillante") de David Winner, el defensor versátil Ruud Krol explicó la razón detrás del sistema *Totaalvoetbal* ("fútbol total") de Michels, que convenció a él y a sus compañeros a usarlo: "Hablábamos acerca del espacio de una manera práctica. Cuando estábamos defendiendo, las distancias entre nosotros tenían que ser muy cortas. Cuando atacábamos, nos esparcíamos y usábamos las bandas. Nuestro sistema también era la solución para un problema físico. La forma tenía que ser del 100%, pero ¿cómo podías jugar 90 minutos y mantenerte fuerte? Si yo, como lateral izquierdo, corría 70 metros por la banda, no es bueno si corro inmediatamente de vuelta a mi posición inicial. Así que si el mediocampista izquierdo toma mi puesto, entonces se acortan las distancias".[76]

Winner escribió que los neerlandeses analizan el espacio más intensamente que otras naciones, porque el país tiene muy poco lugar. El equipo de Michels de las décadas de 1960 y 1970 incorporaba no solo el estado de ánimo libre de la época, sino también la apreciación neerlandesa de este concepto. Como los modernos Feyenoord y Athletic Bilbao, estaban formados por la sociedad que los rodeaba.

Bajo la dirección de Michels, el Ajax desarrolló las raíces de su estilo de presión que se mantiene hasta hoy, el cual era "indepen-

---

76   Winner, D (2001). *Brilliant Orange – The Neurotic Genius of Dutch Football*. Londres: Bloomsbury

diente a la vez que simultáneo del mismo proceso promulgado por Viktor Maslov en el Dynamo Kyiv", explicó Jonathan Wilson. Michels dijo de su versión: "Cuando se pierde la posesión, muévete rápido y pon una presión inmediata en el jugador con el balón. Defensivamente, esto significa que estás alejando la pelota de tu propia portería, y para la construcción significa que creas una situación de contraataque si se recupera". A menudo decía que el *Totaalvoetbal* era necesario, que él solo lo empleaba debido al bloque defensivo profundo del rival. Cambios frecuentes de ubicación entre las líneas sorprendían al oponente en una época en la que marcar al hombre era común. Cada futbolista del Ajax era capaz de participar en la fase de ataque, en tanto y en cuanto también se sintieran responsables de la fase defensiva sin egoísmo.

En 2001, con 72 años, Rinus Michels compartió una vida de conocimiento acumulado sobre el entrenamiento en el fútbol en su libro *Team-building: The Road to Success* ("Construcción de equipo: el camino al éxito"). Las primeras páginas cuentan con una preciosa analogía comparando el proceso de construcción de equipo con la música clásica. Escribió:

> Entre mi colección de videos de análisis de partidos y encuentros exitosos del Ajax, el Barcelona y el seleccionado nacional neerlandés se encuentra una cinta en la cual se describe el enfoque del director mundialmente famoso (Leonard) Bernstein. Muestra cómo Bernstein comienza un ensayo con una orquesta filarmónica de América. El director les pide a todos los miembros de la orquesta que toquen una parte de su arreglo musical. Escucha con concentración y solo asiente de vez en cuando. Después de unos pocos minutos, Bernstein analiza, usando palabras cuidadosamente elegidas, lo que ha escuchado. "Individualmente todos están muy consumados, pero como orquesta deben viajar un camino largo y difícil. Piensan que han alcanzado el último nivel, pero la perfección en una orquesta puede ser llevada del 95 al 100%". No solo es tarea del director asegurarse de que cada

uno de los músicos individuales sea capaz de contribuir, sino que también debe garantizar que el resultado sea armónico.

Lo que Michels creó en el Ajax fue armónico: su estilo bordeaba lo artístico. Podían anotar un gol cuando quisieran, pero eso sería muy obvio. En cambio, pasaban el balón, movían al rival y creaban espacios. Un gol llegaría eventualmente, pero los pasajes de juego previos contenían tanta belleza como el movimiento de la red. Era estéticamente brillante y los neerlandeses lo amaban. Sus años de construcción del equipo culminaron con el triunfo en la Copa de Europa de 1971 contra el Panathinaikos de Ferenc Puskás y, gracias a sus cimientos, el Ajax ganaría las próximas dos Copas de Europa sin él. Fueron el primer club en dominar el trofeo desde el Real Madrid en la década de 1950. Para entonces, Michels estaba en el Barcelona con Johan Cruyff, terminando su espera de 14 años por La Liga. En 1974, juntos llevaron al seleccionado neerlandés a la final de la Copa del Mundo. Desde un comienzo poco espectacular en un club semiprofesional en el que Michels vendía revistas los fines de semanas para un ingreso extra, el Ajax que dejó era digno de su Dios griego homónimo: un guerrero imponente de gran fuerza y estatura.

En la era contemporánea, el equipo todavía mantiene una visión "Michelsiana" de cómo debería jugarse al fútbol. En la biografía reflexiva de Dennis Bergkamp, *Stillness and Speed* ("Quietud y velocidad"; escrita por David Winner una vez más), él habla a menudo sobre el entrenamiento del equipo juvenil del Ajax. La apreciación de fútbol total del espacio, las distancias y la sincronización de movimiento se convirtió en un tema dentro del escrito, ya que describe cómo el club les entrega esos mensajes a los jóvenes. En 2013, cuando se publicó, Bergkamp explicó: "Se trata de medir. Cruyff habla de eso con los jóvenes del Ajax ahora. Medir ofensivamente, pero también defensivamente. Todo se trata de distancias. De dónde está la brecha, (pues) conozco la velocidad de Patrick (Vieira, un receptor de uno de los pases de Bergkamp); así que conozco el espacio en el que estará en dos o tres segundos".[77] Michels le

---

77 Bergkamp, D. & Winner, D (2013). *Stillness and Speed: My Story*. Gran Bretaña: Simon & Schuster.

enseñó a Cruyff a encontrar la belleza en la asistencia, quien luego le enseñó a Bergkamp. Este, cuando visité el club, era el mentor de las futuras generaciones, de nombres aún desconocidos.

Michels estaría orgulloso de saber que los hilos que cosió todavía atan a su club. Una vez declaró: "Estoy especialmente feliz con el hecho de que he sido capaz de ayudar a hacer que la manera neerlandesa de jugar al fútbol sea famosa por todo el mundo". Entonces, estaría extasiado al saber que su estilo ahora define al espectáculo moderno.

CRUYFFISMO

La convención es una mentalidad que puede ser desafiada. Un verdadero amsterdamés sabe esto. Así se lo enseñó Cruyff.[78] Como entrenador, sus equipos compartían el mismo brillo fluido que lo definía como jugador. Era "Michelsiano" por naturaleza, pero con un foco agregado en mantener la posesión. "Hay solo una pelota, así que necesitan tenerla", era su mensaje. En su autobiografía, Cruyff explicó el juego posicional que caracterizaba a sus equipos: "No es el poseedor el que decide a dónde va el balón, sino los jugadores sin la pelota. Sus carreras determinan el siguiente pase. Por eso es que me vuelvo loco cuando veo a jugadores parados en el campo. Jugar así para mí está fuera de discusión. En posesión, 11 futbolistas tienen que estar en movimiento. Pero con distancias bien sincronizadas. No es una cuestión de cuánto correr, sino de

---

78   Cruyff fue un regalo de Dios. Algunas personas están bendecidas con ideas, pero se alejan tímidas de ellas por miedo a la vanidad. Algunas personas están bendecidas con habilidades naturales, pero su talento es tan raro que no lo entienden. Cruyff no era ninguna de esas personas. Su habilidad futbolística era tan buena, tan bella, que lo hizo el mejor jugador del mundo. No solo eso, sino que él entendía por qué lo era. Solo él comprendía cómo jugar como Cruyff. Su volteada —el toque que hacía hacia adentro con dirección a su propia portería para fingir un cruce antes de girar hacia atrás a una zona peligrosa—, aunque él dijera lo contrario, demostraba un grado de pensamiento previo. Tenía una solución para cada problema en el juego. Y luego de terminar su carrera como futbolista, continuó para ser un celebrado visionario como entrenador. Ni Maradona, ni Puskás, ni Pelé, ni Di Stefano ni cualquiera de los otros grandes pueden presumir de tal influencia. Considerarlo héroe local viene bien: fue un prodigio que superó su enorme potencial. Johan fue, para muchos, lo más grande del fútbol.

a dónde correr. Crear triángulos constantemente significa que la circulación del balón no está interrumpida".[79]

En los entrenamientos, detenía las sesiones y corregía el posicionamiento de los jugadores: "Muévete un metro a la derecha y tendrás un mucho mejor ángulo para el pase". En su mente, jugaba punto por punto desde el portero, Menzo, hasta Van Basten, al frente. Como jugador, Cruyff organizaba a sus compañeros a su alrededor. Apuntaba a espacios vacíos y los movía a su alrededor como peones en un tablero de ajedrez. Ya pensaba sobre el juego a un nivel más profundo que ningún otro, así que cuando se hizo técnico su filosofía estaba formada. Su equipo del Ajax jugaba un 1-3-4-3 con tres defensores, cuatro mediocampistas, dos extremos de juego externo y un delantero. El 1-4-4-2 había aumentado en popularidad en el continente como una formación que estiraba el terreno tanto vertical como horizontalmente, así que Cruyff intentó contrarrestarla: "Si tienes a cuatro hombres defendiendo a dos delanteros, solo tienes seis contra ocho en el centro del campo: no hay manera de que puedas ganar esa batalla. Teníamos que poner a un defensor más adelante". Mantener la posesión era central para la versión de Cruyff del fútbol total de finales de la década de 1980.[80]

Johan había jugado con otros nativos de Ámsterdam en la década de 1970 y valoraba las posibilidades que traían los jugadores de la academia. Un Ajax construido bajo su visión premiaría a la cantera por sobre cualquier cosa. Aron Winter fue promovido para reemplazar a Ronald Koeman (quien polémicamente firmó para el PSV y se convirtió en un pilar para su equipo ganador de la Copa de Europa), mientras que los otros graduados incluían al portero Stanley Menzo, el joven extremo Dennis Bergkamp, Richard y Robbie Witschge, John Bosman y el talentoso dúo de Frank Rijkaard y Marco van Basten, cuyas carreras se entrelazarían exitosamente en Milán.

---

79   Cruyff, J. (2016) *My Turn: The Autobiography.* Pan Macmillan. Londres.
80   No hace falta decirlo, pero el Ajax contemporáneo permanece bien versado en mantener el balón. En la academia, vería cómo los jóvenes combinaban pases alrededor de los maniquíes, con movimientos sin costuras. "Lo que ves es lo que Cruyff quería", me diría un entrenador joven.

Como dato interesante, el Ajax de Cruyff también tenía al joven escocés "la siguiente gran cosa" llamado Ally Dick (quien en el presente les enseña a los chicos de escuela del Stirling Albion una versión escocesa del *Totaalvoetbal*). Muchos años después, Dick le dijo a *The Herald* que el entrenamiento de Cruyff estaba más allá de lo que se había encontrado en Gran Bretaña: "Esa era una gran diferencia entre el fútbol inglés y el neerlandés en ese tiempo: ellos trabajaban mucho más fuerte. En la pretemporada, entrenábamos mañana y tarde, y por una semana luego jugábamos cada noche un partido contra rivales locales". Él había sido el jugador más rápido en Escocia, pero, como recordó, Van Basten lo cubría de polvo.

El fútbol "Cruyffista" era una evolución necesaria al de Michels. Mientras que las variaciones originales del *Totaalvoetbal* consideraban elementos de trabajo de acondicionamiento físico —muchas carreras, desdobles externos e internos—, la versión de Cruyff se enfocaba en el posicionamiento, en la sincronización de pases y movimiento, en crear sobrecargas y tomar la decisión correcta sobre a quién pasarle el balón y cuándo. "Juegas al fútbol con tu cabeza y tus piernas están ahí para ayudarte", les diría Cruyff a los jugadores, reforzando que sus ojos eran más importantes. "Ellos deberían ver una situación y hacerla hermosa", comentaría. Creando situaciones de uno contra uno por todo el campo y ganándolas (a través de un pase o un regate, o al estar ya parado en una posición inteligente detrás del hombre), Cruyff creía que estaba lanzando al adversario al caos.

Hoy en día, la filosofía del Ajax comienza con entrenamientos de situaciones de uno contra uno, con un gran énfasis en desarrollar al individuo. El trabajo de Cruyff revolucionando la academia del Barcelona es a menudo alabado, pero en el Ajax su toque de Midas también se sintió. Al final de la temporada de 1987, ganaron la final de la Recopa de Europa contra los campeones de Alemania Oriental: Lokomotive Leipzig. El año siguiente, Cruyff volvió al Barcelona como técnico. Antes de su regreso (los calendarios gregorianos en Cataluña se refieren en broma a "AC" como "antes de Cruyff"), el Barcelona había ganado solo tres títulos de Liga en 30 años (uno fue con él allí como jugador). Nunca habían ganado la Copa de Europa. Había poca asistencia, deudas paralizantes y murmuraciones venenosas. Gracias a la ideología de Cruyff, en total el club ganaría cuatro títulos ligueros consecutivos; le dio forma a la escuela de pensamiento *Barçajax*.

VANGAALISMO

Una buena referencia para el fútbol neerlandés "moderno" fue ofrecida por Simon Kuper en París. Él creció en los Países Bajos y está emocionalmente atado a *De Oranje* (como se le dice al seleccionado). Junto con el resto de la nación, fue lastimado por la mala campaña de clasificación ocurrida bajo la dirección de Guus Hiddink que vio a la pequeña Islandia ir a la Eurocopa de 2016 en su lugar. Cuando se le preguntó si el Ajax o el PSV ganarían otra Copa de Europa, Simon respondió: "No, porque hay dos problemas separados ahora. La Liga no puede competir económicamente, ya que tiene un acuerdo televisivo muy pequeño, el cual ha sido el caso por 20 años. Sin embargo, no nos detuvo de producir muy buenos futbolistas. Teníamos malos clubes, pero un buen combinado nacional (pensando en Robben, Van Nistelrooy, Sneijder). Ahora tenemos malos clubes y un mal combinado nacional. Ese es el nuevo problema, que no había ocurrido antes". Sin embargo, bajo la dirección de Louis van Gaal en 1995, antes de que el fútbol fuera demasiado dependiente del dinero, los neerlandeses tenían buenos jugadores y buenos conjuntos.

Como Michels y Cruyff, Van Gaal creció en las calles de Ámsterdam jugando al fútbol. De adolescente iba a De Meer y veía desde las gradas mientras Rinus entrenaba a Johan y su equipo del Ajax. Pocos años después fue fichado por ellos, pero nunca jugó para el primer equipo. Van Gaal era un mediocampista ofensivo, y ya tenían al mejor en Cruyff. De hecho, toda la carrera de Louis ha sido medida, tal vez inspirada, por la sombra de Johan Cruyff. Se dice que la apertura de la década de 1960 ha sido desperdiciada por el católico devoto Van Gaal. Si Cruyff personificaba la era con su cabello largo y su hábito de fumar seguido, la vida limpia de LvG era su antítesis. Combinaba la enseñanza con un rol a tiempo parcial de futbolista arrogante y seguro de sí mismo. Discutía con sus

entrenadores, quienes le pedían que disparara más —él prefería pasar el balón—. Al retirarse, Van Gaal fue designado coordinador joven en el Ajax, armado con un plan para regresar al club a la grandeza. Pero se suponía que Ámsterdam solo era lo suficientemente grande para Johan Cruyff. Los dos hombres eran como científicos discutiendo sobre los detalles más específicos de la investigación. Tan cegados estaban de su propio valor que a menudo fallaban en ver que compartían una línea filosófica, una interpretación de un héroe mutuo: Rinus Michels.

En ser atento, obsesivo, confiado y apasionado con sus jugadores jóvenes, Louis van Gaal es un típico entrenador neerlandés. A Cruyff y Michels les gustaba crear confrontación para aumentar el esfuerzo de sus dirigidos al darles tiros libres en el entrenamiento, que en realidad no lo eran. Van Gaal solo quería crear armonía. Dondequiera que Cruyff se iba, aparecía Van Gaal. ¿O pudo haber sido al revés? El fútbol de Van Gaal dominaba la posesión en un mayor grado que los conjuntos de Michels o Cruyff, pero era más robótico de acuerdo con este último; menos fluido, muy reglamentado y ensayado. Como Michels, la pelota era movida frente a un bloque bajo para abrir espacios. Si un hombre era presionado por dos jugadores, eso significaba que había una ventaja numérica en otro lugar en el campo para ser aprovechada.

André Villas-Boas (el gran aprendiz de José Mourinho), un estudiante de segunda generación de Van Gaal, explicaba el enfoque del neerlandés: "La idea de Louis van Gaal es una de circulación continua, de un lado al otro, hasta el momento en el que, al cambiar la dirección, se abre un espacio por adentro y pasas a través de él. Así que provoca al oponente con una tenencia horizontal, hasta el momento en el que va a empezar a presionar por desesperación".

El peligro de jugar con ese estilo es que si los jugadores no están posicionados correctamente para recibir (en un ángulo diagonal) y la trayectoria del pase es lateral, entonces quedan abiertos a un contraataque. La razón por la que los futbolistas reciben en un ángulo diagonal es que así están entre las líneas verticales y horizontales, en un área donde la defensa rival no sabe a quién de ellos le toca marcar.

Cruyff valoraba la libertad, pero Van Gaal favorecía la disciplina. "El fútbol es un deporte colectivo y los miembros del equipo, por lo tanto, son dependientes el uno del otro. Si algunos jugadores no llevan a cabo sus tareas apropiadamente en el campo, entonces sus colegas sufrirán", le dijo a Kormelink y Seeverens.[81] Debido a que era profesor, Van Gaal sabía cuándo ofrecer un consejo y cuándo quedarse callado. Cada detalle era trabajado: rematar, pasar, driblar. Hablaba mucho con los profesionales más jóvenes y tenía un propósito para su inclusión: "Los futbolistas que han tenido su educación en el Ajax y están ahora establecidos en el primer equipo actúan como guardianes del estilo del Ajax. Los jugadores que vienen de afuera tienen que hacer ajustes".[82] Van Gaal expuso su plan y sus dirigidos lo aceptaron.

Desde una perspectiva táctica, LvG compartía muchos principios básicos con Cruyff. Ambos creían que la fase de posesión debía construirse desde el portero y que el Ajax era más fuerte cuando tenía el balón. Pero mientras Cruyff les permitía a sus conjuntos tener flexibilidad, Van Gaal entrenaba cada acción y reacción. Para él, el sistema era primordial. Nunca trabajaba en un plan B en el entrenamiento, solo en el sistema. Si sus jugadores lo perfeccionaban, entonces no habría necesidad de una alternativa. Bergkamp dijo de él: "Louis es didáctico. Les da a sus futbolistas instrucciones para hacer que funcione el sistema, que es sagrado. Todos los jugadores son iguales para Van Gaal. Los grandes nombres no existen para él y todos están subordinados al equipo y al sistema, su sistema".

Habiendo llegado como un joven coordinador, Van Gaal quedó fascinado con los talentos de Seedorf, Davids y Reiziger. Exigió que fueran promovidos al primer equipo tan pronto como surgiera una oportunidad. Por lo tanto, es una pequeña ironía que, cuando se convirtió en el entrenador de la plantilla profesional, fuera un chico finlandés obsesionado con el fútbol y no un amsterdamés local quien mejor representaba al conjunto del Ajax en la década de 1990. Observado por Ton Pronk mientras jugaba para el MyPa en

---

81   Kormelink, H. &, Seeverens, T (1997). *The Coaching Philosophies of Louis van Gaal and the Ajax Coaches.* Países Bajos: Reedswain Inc.

82   Ídem

Finlandia, Jari Litmanen no estuvo mucho tiempo fuera del ejército. Sus amigos lo llamaban "Diego" por su cabello largo, negro y de aspecto sudamericano, y por su habilidad similar a la de Maradona. Pero Van Gaal no estaba impresionado con Litmanen al principio. Todavía tenían a Bergkamp en el rol de número diez, hasta que en 1993 fue transferido al Internazionale. Van Gaal no iba a jugar con dos números diez —esa no era la manera del Ajax—, así que Litmanen tenía que esperar.

Con la partida de Bergkamp, Litmanen prosperó, ganando la Eredivisie en 1994; fue votado como el Futbolista del Año con 26 goles. Van der Sar se maravilló con la dedicación de Finn. Él los convencería a él, a Overmars y a Davids a quedarse después de las prácticas para hacer ejercicios adicionales, mientras que, camino a los partidos, en el autobús, Litmanen y el larguirucho portero mantenían largas conversaciones intelectuales. Ese nivel de pensamiento fue escuchado y valorado por el entrenador. LvG hablaba constantemente con sus jugadores y buscaba darles puntos desde su libreta; valoraba especialmente la dedicación de Finn. Un ambiente académico sería fomentado en el Ajax.

En los entrenamientos, Van Gaal promovía la comunicación. Animaba a sus jugadores a cuestionarlo a él y a los demás constantemente. Culminó en uno de los más grandes triunfos del fútbol: la victoria de la Copa de Europa de 1995 sobre el AC Milan. Esa victoria en Viena le permitió a Kormelink y Seeverens revisar la filosofía táctica y de construcción de equipo que Van Gaal instauró en el Ajax, la cual abarcaba aspectos de Michels y Cruyff y todavía se aplica a muchas partes del enfoque moderno del club:

1. Creó un modelo de juego y animó a los jugadores a que invirtieran en él.

2. Mantuvo altos niveles de disciplina en los entrenamientos, así como a través de estándares personales.

3. La formación podía adaptarse al rival, pero el estilo se mantenía constante.

4. Cada jugador tenía un rol a seguir dentro de la estructura.

5. La estructura permitía jugar triangulaciones y combinaciones de pases, y así la posesión podía ser reciclada.

6. Presionaban alto y rápido para evitar el éxito del rival en las transiciones.

7. Eran pacientes y esperaban a que se presentara el pase correcto.

8. Apreciaba el valor intangible de los jugadores jóvenes de la academia.

LA REVOLUCIÓN DE TERCIOPELO

Su declive fue lento y dolorosamente obvio. Desde 1995 a 2010, el Ajax solo ganó cuatro títulos de Liga de 15 posibles. Mientras el fútbol se hacía cada vez más dependiente de la riqueza, la Eredivisie de los Países Bajos fue pasada por alto por los patrocinadores e inevitablemente se quedó detrás. Si el Ajax hubiera igualado los salarios que se ofrecían en otros lugares, podía haber construido sobre el éxito en la Champions League de 1995 y dominado Europa por los años venideros. Como sucedió, el dinero estaba en otro lugar y todas sus estrellas jóvenes se fueron. Edgar Davids, Patrick Kluivert y Michael Reiziger (AC Milan), Clarence Seedorf (Sampdoria), Finidi George (Betis), Kanu (Inter), Marc Overmars (Arsenal), Van der Sar (Juventus) y, finalmente, Litmanen, Frank y Ronald de Boer (Barcelona) se habían ido para el cambio de milenio —la mayoría de ellos en transferencias gratuitas—.

Lo más dañino para el Ajax no fue la pérdida de personal, sino la pérdida de identidad. Su estilo es primordial —el juego de posición es esencial—. Por lo tanto, si cualquier futbolista deja la institución —como ha ocurrido en cada mercado de traspasos en los años recientes—, un reemplazo tiene que ser capaz de subir de la academia y tomar su lugar. Venden sus jugadores orgánicamente para abrir los espacios que llenan los nuevos canteranos. Es parte de un plan de sucesión. "Queremos tener el mejor equipo de jóvenes de Europa", dijo luego Van der Sar, como director de mercadeo. Para cada posición, el Ajax tiene una lista de juveniles listos para dar un paso al frente. Cada futbolista está calificado y los entrenadores juzgan cuándo es el momento para que progrese. Una vez que es vendido alguien establecido del primer equipo, una porción de la ganancia es reinvertida en la academia, alimentando así un ciclo que hace que emerja más talento. La camiseta tiene un valor mayor al del hombre que la lleva debido al enfoque de cascada que tienen, al enseñar el mismo sistema en cada conjunto de las divisiones inferiores. Bajo la dirección de Martin Jol, un "extranjero" de La Haya nombrado en 2009, ese no fue el caso. El Ajax se volvió dependiente de los individuos en vez del equipo y, como consecuencia, perdió su identidad.

Pararon de ser orgánicos y, en cambio, se volvieron un club genérico desempeñándose por su capacidad financiera. Cruyff se frustró. "Este es el peor Ajax que he visto", dijo desde su hogar catalán.[83] Disgustado con el número de personas trabajando para la institución que simplemente no entendían al Ajax, organizó una revolución: Frank de Boer sería el director técnico; Wim Jonk, el coordinador juvenil; Dennis Bergkamp, el enlace entre la academia y el primer equipo; Bryan Roy, el entrenador juvenil, y, reemplazando a los hombres de traje detrás de escena, Van der Sar se convertiría en el director de *marketing*, con Marc Overmars trabajando como director deportivo. Jaap Stam y Ronald de Boer volverían, luego, a ser técnicos en la academia. "Cruyff se mantendrá involucrado con la implementación de su visión de fútbol en el club", dijo un comunicado del club en abril de 2012.

El primer teniente de Cruyff en la revolución, Dennis Bergkamp, describió la academia del Ajax a la que había entrado en ese momento: "Si ves a los entrenadores que tenemos ahora, son muy diferentes. Todos tienen sus insignias, todos son muy simpáticos, todos saben exactamente cómo jugar al fútbol y qué clase de ejercicio deberías hacer, por cuántos minutos, con qué distancia entre las porterías y dónde deberían estar los conos. Tal vez ese es el

---

83 Born, E (2014). *Blizzard: The Velvet Revolution*. 14th ed. Sunderland: Blizzard Media Ltd.

problema. Nosotros nunca tuvimos esa clase de atención (como jóvenes), así que éramos más autodidactas".[84]

Bergkamp sentía que los futbolistas del primer equipo del Ajax no tenían soluciones para cuando las cosas salían mal: miraban a la banca y preguntaban: "¿Qué hacemos ahora?". En los días de Cruyff como entrenador, los jugadores tenían la personalidad para sobrepasar las dificultades. Los directores técnicos les daban más libertad en la academia, pero eran capaces de pensar por sí mismos, al ser autodidactas. Van Gaal, en un sentido, se benefició de eso con su equipo de 1995. En la guerra civil que vendría, Bergkamp sería uno de los aliados más cercanos a Cruyff. Un resultado de la revolución de Johan era que los jóvenes aprenderían detalles específicos sobre resiliencia y técnica de futbolistas retirados. El Ajax ya no produciría jugadores de fábrica que fueran todos iguales: en cambio, tendrían un cerebro.

Cruyff sabía que la institución no podría competir con los oligarcas financieros del fútbol moderno, así que no tenía sentido tratar de vencerlos en su propio juego. Como una vez bromeó: "Nunca he visto una bolsa de dinero meter un gol". Era su creencia que el Ajax tenía que abordar las cosas de una manera distinta, de una que se ajustara a ellos y no a sus rivales capitalistas. Decidió que la academia debía parar de producir robots y pasar a crear jugadores con personalidad (como él). Especialmente, el Ajax debía parar de comprar extranjeros sin un corazón *ajacied*, algo con lo que Van Gaal probablemente también habría estado de acuerdo. A diferencia de las típicas revoluciones políticas, esta funcionó. Bajo la dirección de Frank de Boer, el Ajax ganó cuatro títulos ligueros consecutivos desde la temporada 2010/11 hasta la 2013/14, reformando su identidad en el proceso y creando un sistema de cascada en las edades de la academia que se alineaban con el primer equipo.

Pero detrás de cada rayo de luz acecha una nube. Los neerlandeses tienen una palabra para las cosas que se caen a pedazos cuando todo está yendo bien: *plankenkoorts*. En su tiempo se aplicó al teatro, cuando el actor olvidaba sus líneas frente a una audiencia.

84 Bergkamp, D. & Winner, D (2013). *Stillness and Speed: My Story*. Gran Bretaña: Simon & Schuster.

Ahora, en la mayoría de los casos, es usada para hablar de fútbol. El PSV ganó dos títulos de Liga mientras la revolución comenzaba a debilitarse. La relación de Wim Jonk con el equipo técnico y de dirección se rompió completamente, así que se fue. Cruyff reaccionó de forma molesta y se alejó de su puesto de asesor. Parecía que su reinado sería desmantelado. Pero después de su triste muerte en 2016, una comprensión de su genialidad barrió a toda la ciudad de Ámsterdam y muchos en el Ajax decidieron, deliberadamente, mantener sus enseñanzas. "La manera en la que trabajamos aquí es parte del legado de Johan", confirmó el joven entrenador Peter van der Veen durante mi visita. El espíritu de innovación de Cruyff permanecerá por siempre entrelazado con el Ajax de Ámsterdam.

CAPÍTULO 20

LA RECETA DE LA COCA-COLA

La metodología del Ajax es un resultado de tres evoluciones: la libertad creativa de Rinus Michels, el juego posicional de Johan Cruyff y el foco en la posesión de Louis van Gaal. Ese es el proceso de evolución en el que se conservan los rasgos exitosos, y todo lo demás es desarrollado o reemplazado gradualmente. Allí el Ajax ha inventado y reinventado su modelo de desarrollo sobre el transcurso de 40 años para mantener su identidad de precursor. Tan exitosos son en la formación de jóvenes que son el punto de referencia al que otras entidades aspiran (y a menudo plagian). Este, siendo apropiadamente el epicentro de pensamiento del fútbol, fue el final perfecto para mi viaje.

Damien Hertog deja salir una risa atónita por la pregunta. Estábamos en un campo de golf al lado de *De Toekomst*, las mundialmente famosas instalaciones de la academia del Ajax, continuando con nuestra charla de fútbol. Hertog estaba allí para ver al equipo Sub-17 del Feyenoord, el cual, en un par de horas, superaría al Sub-17 del Ajax. "¿Cuál fue la respuesta de Peter?", esquiva la pregunta con sus ojos todavía sonrientes. Se refería a Peter van der Veen, uno de los entrenadores juveniles más conocidos del Ajax y buen amigo de él —jugaron juntos para el Excelsior Rotterdam en la dé-

cada de 1990—. Le digo a Damien que me iba a reunir con Peter al día siguiente, así que era el primero en responder la pregunta de cómo luciría el fútbol en el futuro. "El desafío para nosotros es ser creativos y hacer algo con lo que sorprendamos al resto del mundo —dice—. Por supuesto, puedo decir fácilmente que luce de esta manera: que es más compacto, con menos espacio y todo el mundo es físicamente más fuerte; pero todos sabemos que será así. En los Países Bajos siempre hemos sido creativos y en el futuro lo seremos para encontrar oportunidades para ser mejores que el resto".

El Feyenoord desarrolla las funciones cognitivas de sus jóvenes para que tomen decisiones óptimas. Hertog está inspirado por la velocidad de pensamiento de futbolistas como Andrés Iniesta y Toni Kroos. "Amo a los jugadores pequeños, inteligentes y que toman decisiones. No solo porque son pequeños, ¡me gustan los altos también! Puedes ser físicamente fuerte, pero la mente siempre es más rápida, así que pienso que (el fútbol) irá en esa dirección, con más jugadores que tomen decisiones más rápido".

El día siguiente, Peter van der Veen del Ajax respondió la pregunta desde un punto de vista de desarrollo juvenil, en lugar de reflexionar sobre el espectáculo en general. "Bueno, verás, en la cima del fútbol europeo se juegan 60 partidos en una temporada. Las chispas se han ido y el fuego se muere un poco. Aquí pensamos que los mejores talentos nunca se lesionan —dice, citando a los "viejos" Luis Suárez e Ibrahimović como ejemplos—. Debe tener una gran oportunidad para lograr llegar al primer equipo si nunca se ha lesionado, porque entonces es capaz de evolucionar. Pero es un paso diferente lograr llegar a la cima del nivel europeo. ¿Por qué Messi y Ronaldo son tan buenos? La motivación interna es la respuesta. Ronaldo tiene una bicicleta en su piscina para mantenerse en óptimas condiciones. Los jugadores deben preguntarse: '¿Estoy más motivado que otras personas?'. Eso es lo más importante. Tenemos pocos futbolistas en la academia cuya motivación sea increíble. ¿Y en términos tácticos? Nosotros (los entrenadores de la academia) tenemos que seguir el juego y predecir cómo lucirá en cinco años".

EL FUTURO

Peter estaba entrenando a tres chicos residenciales en un ejercicio de remates cuando llegué. Consistía en un pase cronometrado alrededor de un maniquí sobre el borde del área y un centro al delantero. El pequeño "número 9" debió haber hecho 20 tiros a la portería mientras estuve allí, a partir de varios envíos. Esto es parte del legado de Cruyff: él estaba determinado a mejorar al individuo con tareas aisladas para arraigar la técnica a la memoria muscular a través de la repetición. Peter fue bastante ruidoso a lo largo de toda la sesión, alentando a los futbolistas y celebrando cada gol.

De Toekomst se traduce como "el futuro". Un puente separa a la academia y el Amsterdam ArenA, el estadio de 53 000 asientos del Ajax.[85] La estructura puede ser vista como una metáfora de un viaje desde el fútbol juvenil al mayor: "Solo estás a un puente de distancia de tus sueños". Al grupo de Abu Dhabi del Manchester City le gustó esa idea y decidió construir sus instalaciones de última generación para jóvenes al lado de un puente cerca del Etihad. En los días de partido, tanto el City como el Ajax caminan con sus chicos sobre esas estructuras para que cumplan su labor de alcanzar balones. Ellos creen que escuchar el aullido de los fanáticos ayuda a los jóvenes a entender el significado del club.

Mientras Peter trabajaba, yo exploraba el complejo. Como en el Feyenoord, un río estrecho corre a través de *De Toekomst*, proporcionando una sensación de tranquilidad. Mientras paseaba, un coche con jóvenes escandinavos rubios y sus padres llegó para un encuentro; todos parecían fanáticos del Ajax. Vieron al capitán del club, Davy Klaassen, caminar hacia la recepción y lo acosaron por *selfies* (olvidando el amor paternal, eran los padres los que estaban adelante en la fila).

El conjunto Sub-18 se estaba entrenando en un campo lejano. En ese momento, crucé una colección de pequeños puentes para

---

85 Poderosos y enormes tapices que representan momentos significativos en la carrera de Cruyff cuelgan en cada cuarto del exterior del estadio. Tristes amsterdameses se paraban debajo de ellos mirando en silencio. No se tomaban fotografías, solo había luto.

llegar a donde estaban. Habían terminado, ansiosos por salir del frío. Jaap Stam tomó a un joven defensor al final de la práctica y estuvo diez minutos mostrándole movimientos defensivos. El muchacho estaba parado bajo la llovizna mientras asentía, ambos aparentemente ajenos al hecho de que eran las únicas dos personas que quedaban en el terreno de juego. Hertog había descrito los pequeños conocimientos adquiridos por los futbolistas de clase mundial como invaluables. Stam se agachaba, gesticulaba, se movía y apuntaba, explicándole al chico cómo encargarse de los mejores atacantes, como había hecho él con Ronaldo y Christian Vieri. Pocos meses después, el exdefensor empezó su carrera como entrenador principal de un primer equipo en el Reading FC.

Inspirado por el ambiente, de vuelta en el interior del complejo, le pregunté a Peter van der Veen cómo era trabajar con nombres como Stam y Bergkamp. Él reconoció el conocimiento que comparten con los futbolistas, pero también señaló la experiencia que les pasan a otros técnicos: "Observé a Stam hacer una clase maestra de defensa y después tuve la posibilidad de preguntarle a qué se refería en algunos puntos". Además de eso, el Ajax cuida a sus entrenadores y valora la educación: "Tenemos la oportunidad de cursar un máster de entrenamiento en el Instituto Johan Cruyff. Todo el mundo aquí ha pasado por la universidad y cada viernes vamos allí y asistimos a clases sobre cosas como practicar el contacto con los medios de prensa". Como consecuencia, el Ajax mantiene un conocimiento sobre su personal, con *De Toekomst* actuando como un "Ágora" del fútbol —un lugar de discusión filosófica—.

EL SECRETO DEL AJAX

Algunos lugares tienen un aura, un sentimiento de sustancia y credibilidad. *De Toekomst* es uno de esos lugares. Los estándares arraigados en la academia del Ajax están entre los más altos del mundo. Van Basten, Rijkaard, Seedorf, Bergkamp. Los nombres caen en cada campo, llenando a los jugadores de motivación. Toman confianza al saber que pertenecen a un club que es de lo mejor de los Países Bajos. Para los entrenadores de aquí hay una presión por mantener las tradiciones y la historia de la institución. "Yo me divierto —dice Peter van der Veen—. Veo cosas bellas en la mañana con las habilidades que tienen. Cuando trabajas aquí, te ves involucrado en situaciones por todo el mundo que no ocurrirían si no trabajaras para este nombre. Estaba en el St George's Park hace tres años cuando jugamos un torneo allí. A los otros técnicos que estaban observando les pidieron que escogieran algo táctico del partido, y yo tuve que presentarlo y explicarlo". Tal es la consideración que tienen los compañeros (y rivales) sobre el Ajax; cada uno de sus métodos es estudiado y analizado.

A lo largo de muchos años, esa filosofía de desarrollo ha evolucionado. Para el Ajax, como en el Feyenoord, el impulso que nace naturalmente dentro de cada individuo es esencial, buscado y aprovechado, permitiéndoles a los entrenadores crear un ambiente ganador infeccioso. Van der Veen asegura: "Es una mezcla de todo. Lo más importante es la motivación intrínseca. Si un jugador no tiene ese impulso, entonces no podemos hacer nada. Necesitan tener fuego dentro de ellos, pero también puedes crear un ambiente en las sesiones que apoye ese fuego. En la práctica de hoy viste a los dos chicos que más estaban anotando; bueno, el ganador recibiría una bebida de mi parte. Me quedé con los resultados y fue 12-8. En las sesiones de equipo, el perdedor siempre tiene que hacer cosas como una carrera, mientras que el ganador obtiene el descanso y una bebida, ¿sabes?". Peter sigue diciendo que ganar no es ofensivo, sino una parte crucial del desarrollo del futbolista. Nutriendo un amor por la competencia en los conjuntos jóvenes, eventualmente llegarán al primer equipo con el tipo de deseo requerido para tener éxito en el fútbol. En todos los deportes, incluso en el ajedrez, hay un ganador y un perdedor.

Formar a jugadores como lo hace el Ajax es una receta secreta. Sin embargo, como todas las grandes ideas, no hay un gran misterio en ella. Implica preparar al joven para el fútbol del primer equipo desde su primera sesión en el grupo junior; como constelaciones alineándose. El sistema aquí es un 1-4-3-3. El Ajax incluye siempre el "1" porque el portero es el primer atacante que construye acciones. Cuando trabajaba como entrenador del Barcelona, Cruyff quería que su guardameta fuera un "jugador de campo" —de esa

manera, colocaría a 11 futbolistas—. El rol del portero ha avanzado al de uno que juega el balón, por lo cual en el Ajax se ha visto por muchos años a los jóvenes que actúan en esta posición participando en ejercicios de pase con compañeros.

Para Peter, el secreto de crear a un jugador del Ajax comienza con enseñarle al niño cómo ganar una batalla de uno contra uno. Por ejemplo, el mediocampista izquierdo encarando al lateral derecho. Los jóvenes trabajan en dos contra dos y tres contra tres en espacios reducidos en los que tienen muchos toques de balón. Los principios de la formación 1-4-3-3 aumentan de complejidad mientras el chico se hace más grande. Peter explica cómo evolucionan sus dirigidos de edades intermedias (Sub-13/Sub-16): "La manera en la que construimos un equipo de 11 con nuestro Sub-13 (porque ellos no juegan 11 contra 11 a esta edad, pero se necesita entender los principios tácticos) es jugando con el portero y una defensa para salir desde atrás. En el Sub-14 hacemos que los mediocampistas trabajen junto con los últimos tres jugadores ofensivos. Y luego en el Sub-16 se trata del equipo y su movimiento. Si lo entrenas, entonces el Sub-14 se trata más de todos, así que trabajamos con las tres líneas. En el Sub-13 son dos líneas, así que hay más foco en el individuo en ese grupo de edad".

Con el Sub-13 desarrollan la construcción de jugadas desde las posiciones de base (portero y defensa), y permiten que los atacantes trabajen instintivamente. "Creamos la sesión para enseñarles cuáles son las oportunidades. Por supuesto, los dejamos que las encuentren ellos mismos, pero les hacemos preguntas como: '¿Por qué piensas que debes ir allí?'. Y lo sientes en el juego, todo está relacionado. Desde el primer equipo bajando hasta el juvenil, todos juegan de la misma manera, con las mismas características. Esa es nuestra receta de la Coca-Cola".

"Pero, ¿cómo se mantiene innovador el Ajax si todos quieren copiar su receta?", pregunto. Pensando lógicamente, Peter dice: "Vemos lo que los mejores equipos pueden querer implementar en los próximos cinco años e intentamos ser los primeros en hacerlo. Tenemos que ser creativos e intentar cosas nuevas. Si pensamos que es mejor para nosotros, entonces lo intentamos y no nos quedamos quietos. Queremos ser los primeros, ser especiales. Eso es lo que tenemos en este club más que en cualquier otro de los Países Bajos". Y potencialmente del mundo. Mientras Peter toma un sorbo de agua, Edwin van der Sar pasa caminando junto a nuestra mesa con un grupo de clientes. Dennis Bergkamp está sentado a dos mesas. Me arrepiento de no traer un libro de autógrafos.

—¿Algún ejemplo de su innovación?

—Bueno, si ves cómo juegan el lateral izquierdo y el extremo izquierdo del Bayern Múnich (Alaba ocupa lo que es conocido como un "espacio intermedio" delante de los dos defensas centrales, en un carril justo por fuera de los mediocampistas centrales; Douglas Costa se queda bastante por afuera y estira el terreno horizontalmente), hacemos eso en el Sub-13.

Luego veré al lateral derecho del Ajax ir hacia dentro del campo con la pelota verticalmente, a través de la zona intermedia y una posición central, mientras el extremo derecho se queda por afuera y atrae a los defensores con su ubicación. "Sabemos que es lo nuevo y lo estamos implementando. Vemos que ayuda y los futbolistas entran a espacios en los que no solíamos fijarnos. El rival piensa '¿Qué está pasando?', ya que está bajo presión. Hicimos una práctica de siete contra siete en ciertos espacios con cuadrados delimitados, y el lateral derecho y el extremo derecho no podían estar en la misma línea vertical. Cuando estoy en el banquillo, solo les digo a los jugadores '¡Extremo!', y lo hacen. A veces lo realizan en el momento correcto y dicen: 'Vaya, tengo espacio', lo cual para mí, como entrenador, es satisfactorio de ver".

Seccionar el terreno de juego para los ejercicios como lo describe Peter es un testimonio para la teoría de que el fútbol es más parecido que nunca al ajedrez. En especial, considerando el tablero de esta actividad y cómo los peones solo pueden derrotar a su oponente en diagonal; los jugadores están pensando más sobre su posición lateral y longitudinal. El fútbol ha tomado aspectos del sistema *Totaalvoetbal* de Michels, esa apreciación de la manipulación del espacio, y lo ha desarrollado en un deporte más rápido y de más transiciones. En su libro, *Football & Chess: Tactics, Strategy, Beauty*

("Fútbol y ajedrez: táctica, estrategia, belleza"), Adam Wells escribe cómo la simplicidad fundamental de ambas disciplinas, debido a la libertad dada para que los futbolistas tomen decisiones, también los hace paradójicamente complejos: "Cada movimiento o acción afecta todo lo demás a su alrededor. Una pieza o un jugador mal posicionados puede ser ruinoso".[86] El mejor jugador de ajedrez del mundo, Magnus Carlsen de Noruega, es fanático del Ajax y en el pasado ha discutido tácticas de fútbol con Joel Veltman, defensa del Ajax. Es cultura neerlandesa el analizar y considerar los problemas antes de ofrecer una solución intelectual.

SOY AMSTERDAM

Debido a que el nivel en el desarrollo de talento en los Países Bajos es tan alto, los clubes más ricos de Europa eligen a los mejores jugadores del país a una edad cada vez menor. Pero en un verdadero espíritu amsterdamés no hay problemas, solo soluciones. El Ajax buscó solucionar este inconveniente y decidió afinar los lazos emocionales que se pueden forjar en los futbolistas más jóvenes. Mientras que el Feyenoord tiene el sistema de amigos con los jugadores, el Ajax tiene tutorías. Peter explica: "Trabajo como mentor para diez chicos. Intento darles más atención a ellos que a otros en el equipo. Hay tres futbolistas en el equipo Sub-16, dos en el Sub-15, tres en el Sub-14 y dos en el Sub-13. Cada viernes hacemos un análisis de video con nuestros diez jugadores y preparamos clips. Entonces, voy a sus escuelas y a sus hogares solo para crear un lazo con ellos, para impulsar su desarrollo más de lo que lo harían en cualquier otro club. Ellos obtienen más atención y cada entrenador obtiene diez chicos. Hemos estado haciendo esto por dos o tres años hasta ahora".

El Ajax sintió que debía formar vínculos más fuertes con los jóvenes para convencerlos de que *De Toekomst* era el mejor lugar para estar. Visitan a los muchachos en su casa, van a sus cuartos y juegan a la consola con ellos. Los niños le enseñan al entrenador sus aficiones en su residencia, subconscientemente asociando a

---

86 Wells, A (2007). *Football & Chess: Tactics, Strategy, Beauty*. Devon: Hardinge Simpole. 7.

ese técnico con una vida de hogar familiar (y un ambiente amoroso). Nadie deja por completo una casa llena de amor —siempre permanece cerca del corazón—, así que, al formar un lazo con los niños bajo su tutoría, los entrenadores del Ajax crean una atmósfera familiar en la academia.

Después del almuerzo, una multitud de locales entraron al miniestadio para ver la batalla entre los Sub-17 del Ajax y del Feyenoord. Los directores técnicos de ambos equipos se abrazaron como hermanos mayores —todos se conocen entre sí y se reúnen regularmente para discutir los métodos para mejorar el fútbol neerlandés—. No clasificarse para la Eurocopa de 2016 aceleró el diálogo y los grandes clubes decidieron que, con el fin de mejorar la calidad del desarrollo de talento, debían jugar más seguido de forma competitiva. Ahora este partido entre el Ajax y el Feyenoord se jugaría tres veces cada temporada, así como los partidos contra el PSV y el Twente.

"El talento forma talento y los mejores futbolistas jóvenes necesitan ser desafiados —había explicado Hertog el día anterior—. Tenemos un beneficio en los Países Bajos de que somos un país pequeño con muchos jugadores; solo hay dos horas en coche de un extremo al otro, así que siempre puedes jugar. La competencia es crucial y discutimos un montón con otros equipos sobre cómo mejorar nuestra competición. En vez de participar en una Liga con 16 equipos como hicimos el año pasado, ahora tenemos dos divisiones con ocho conjuntos en cada Liga. Nuestros equipos juveniles ahora juegan mucho contra el Ajax y el PSV", dijo Hertog.

El partido de esa tarde fue una demostración de una determinada y apasionada presión de parte del Feyenoord, y de pases dinámicos y rápidos de parte del Ajax. El mejor jugador del Feyenoord fue un mediocampista izquierdo con cabello como Ruud Gullit. Era rápido, habilidoso y directo. Busqué su nombre en el programa: se leía Tahith Chong. Incluso los fanáticos del Ajax en las gradas lo aplaudían por su desempeño. El lateral derecho del Ajax no fue capaz de estirar el juego verticalmente como lo hacía normalmente por la velocidad de Chong en los contraataques. El pequeño Gullit proporcionó cuatro asistencias. Tres meses después fue ficha-

do por el Manchester United. Igual de impresionante para el Ajax fue su extremo derecho, quien aseguró que ese flanco fuera un espectáculo de habilidades de calidad ofensiva. Al anotar, el joven saludaba al costado del terreno a su padre: Patrick Kluivert. Justin Kluivert era el capitán del equipo y uno de los mejores prospectos del Ajax. Dos ancianos con gorras planas frente a mí asentían con aprobación; su mensaje no verbal se entendía: los Países Bajos tienen un futuro emocionante con jugadores como estos.

GLOSARIO

Estos son términos que aparecen a lo largo del libro que puede que no sean familiares para todos los lectores (pero probablemente lo sean para muchos). Con propósito de fluidez, por favor refiérase a ellos aquí.

Alto: o más alto; cerca de la portería rival.

Ancho: la longitud de una línea horizontalmente.

Bajo: cerca del arco propio.

Bloque: una colección de jugadores en múltiples líneas. Por ejemplo, un "bloque bajo" es una disposición baja de líneas.

Fase: un momento particular en el partido; están las de ataque y las de defensa.

Inferioridad numérica: lo inverso a lo anterior; estar superado en cantidad.

Lado ciego: detrás de una línea o de la presión rival, donde no se puede ver al jugador; "hacer una carrera por el lado ciego". Defensivamente, un futbolista puede mantener a un oponente en su lado ciego para prevenir que le hagan un pase.

Largo: la longitud de una unidad de jugadores verticalmente.

Línea/s: la línea horizontal dentro de una formación, como los cuatro defensas o mediocampistas. Los jugadores intentan encontrar espacios "entrelíneas" y son animados a "romper las líneas".

Presión: cerrar el espacio alrededor, sea del balón o del adversario.

Transición: el momento que ocurre entre las fases. Una transición al ataque ocurre al interceptar o hacer un *tackle* para ganar el balón. Una transición a la defensa ocurre una vez que la pelota ha sido ganada por el oponente.

Sub-8: equipo juvenil por debajo de los ocho años. Esto va hasta el Sub-21.

Superioridad numérica: una ventaja en cantidad en una parte del campo. Por ejemplo, tener tres jugadores a la izquierda del mediocampo. La idea es atraer al rival antes de cambiar el juego al espacio.

1-3-4-3 (o similares): se refiere a una formación.

AGRADECIMIENTOS

Sin el tiempo y el apoyo de muchas personas, este libro no podría existir. Primero que todo, estoy eternamente agradecido con Gareth Flitcroft, uno de los hombres más reflexivos en el fútbol, por su apoyo desde la concepción hasta la terminación del libro. A Pete Burns de Arena Sports, gracias por darme una oportunidad. Estoy en deuda con mis dos correctores y editores: Lee Baines, un buen profesor, y Will Veevers, mi buen amigo. Sean Rainey, tus gráficos son absolutamente fantásticos. Al personal y los pupilos de la Pontville School —particularmente a mis muchachos del Atlético— gracias por su fe; a ustedes les digo que, independientemente de los desafíos de la vida, si aspiran y perseveran, a la larga van a tener éxito. Y por inspirar y convencer a un novato de 25 años de que tal tarea era realizable, siempre estaré agradecido a mi maravillosa pareja Hannah Hurlow.

<u>En Inglaterra:</u> la academia del Liverpool FC, Sam McGuire. Sylvia, Paul, Edna, Rachel y Lily Fieldsend por su aliento. Dr. Joel Rookwood y Dr. Liam O'Callaghan por canalizar una pasión.

<u>Francia:</u> Simon Kuper, Jonathan Johnson, Cedric Hascoet, Hugo Payet-Burin, Enzo Guagnano, Dr Emmanuel Orhant, Mehdi Joumaili.

<u>España (y Cataluña y el País Vasco):</u> Ekain Rojo, Iñaki Azkarraga, Jose María Amorrortu, Albert Juncà Pujol, Albert Rudé, Jordi Colome, Neil Moran, Kieran Smith.

<u>Portugal:</u> Tom Kundert, Sandro Carriço, Nuno Maurício, Vítor Matos, Ricardo Damas.

<u>Italia:</u> Filippo Galli, Luca Hodges-Ramon, Stefano Baldini, Roberto Brovarone, Pablo Longoria, Gianluca Di Marzio, Dario Vismara, George Rinaldi, Reza Ghaemi.

<u>Austria y Hungría:</u> Rene Marić, Christopher Vivell, George Hemingway, Ábel Lorincz, Jasper de Muijnck, Ralf Muhr, Gaby Kovacs, Dagmar Glaser, Richard Kitzbichler, Oliver Zesiger.

<u>Alemania:</u> Chris Williams, Tobias Escher, Nicolai Kammann, Randall Hauk.

<u>Países Bajos:</u> Damien Hertog, Glenn van der Kraan, Peter van der Veen, Mark Lievisse Adriaanse, Steven Jones.

SOBRE EL AUTOR

DAN FIELDSEND

Daniel Fieldsend trabaja en la industria del fútbol desde hace muchos años, tras obtener una graduación universitaria en la materia. Como entrenador, trabajó en el scouting y la formación en el Liverpool Football Club. Ha escrito sobre fútbol para el Daily Telegraph y es habitual colaborador de L'Equipe.

www.ingramcontent.com/pod-product-compliance
Lightning Source LLC
LaVergne TN
LVHW090354160726
843469LV00038B/404